本書出版獲得全國古籍整理出版項目經費資助

草原金石録

王大方　張文芳　編著

文物出版社

封面設計：周小瑋
責任印製：陳　傑
責任編輯：張曉曦

圖書在版編目（CIP）數據

草原金石録／王大方，張文芳編著.—北京：文物出版社，2013.10

ISBN 978－7－5010－3570－0

Ⅰ.①草…　Ⅱ.①王…　②張…　Ⅲ.①金石—研究內蒙古—古代　Ⅳ.①K877.24

中國版本圖書館CIP數據核字（2012）第228351號

草原金石録

王大方　張文芳　編著

*

文物出版社出版發行

（北京市東直門内北小街2號樓）

http：//www.wenwu.com

E-mail：web@wenwu.com

文物出版社印刷廠印刷

新華書店經銷

889×1194　1/16　印張：16.5

2013年10月第1版　2013年10月第1次印刷

ISBN 978－7－5010－3570－0　　定價：160.00圓

圖一　元太祖成吉思汗像

圖二　元世祖忽必烈像

圖三　元上都遺址

圖四　元代應昌路古城遺址

圖五　《皇元敕賜大司徒筠軒長老壽公之碑》碑首

圖六　元上都大安閣遺址出土的漢白玉龍紋浮雕角柱

圖七　元代敖倫蘇木古城遺址

圖八　赤峰市克什克騰石林之“成吉思汗拴馬桩”石

圖九　《大元敕賜故薊國公張氏先塋碑》（正面）

圖一〇　《大元敕賜故薊國公張氏先塋碑》（背面）

圖一一　蒙哥汗三年景教碑

圖一二　《大德五年》祭祀祖先刻石

圖一三 《開山敕建龍泉寺第一代祖智然律師道行碑》

圖一四　北元博格多察罕喇嘛碑

圖一五　元上都遺址出土的刻有阿拉伯紋飾圖案的墓石

圖一六　元上都遺址出土的刻有阿拉伯祝禱文的墓石

圖一七　卧鹿纹金馬鞍

圖一八　“全寧路三皇廟内用”祭器銅簠

圖一九　“至正八年蒙山課銀”銀錠

圖二〇　鄂爾多斯地區發現的元代景教銅牌飾

目録

卷二 《創建開平府祭告濟瀆記》等碑研究……五五

卷三 《應昌路曼陀山新建龍興寺記》碑等碑研究……八九

卷五　集寧路《壯穆義勇武安英濟王崇寧護國真君》碑等碑研究

緒論　蒙古草原蒙元金石文物考録與研究

在蒙古草原地區通過考古調查所發現的蒙元古城、碑刻和金石類文物，見證了元朝時期漠南漠北蒙古草原地區的政治、經濟、文化、軍事、交通、貿易、宗教的歷史面貌，這些考古發現，是我國金石考古學的重要資料，對於研究蒙元時期的政治經濟歷史、語言文字等，提供了寶貴的新材料。

在中國統一的多民族國家的發展史上，元朝是一個重要的轉折時期。它結束了自唐末五代以來幾百年的分裂，實現了全國大統一，初步奠定了中國疆域的規模。

《元史》由於倉促成書且出於衆手，因而遺漏的內容較多。近現代以來，考古和金石資料的新發現，特別是對蒙元時期的古城考古調查，蒙元碑刻等金石資料和畏兀兒字蒙古文、八思巴文的研究新成果的推出，對於推動蒙元歷史研究産生了積極的作用。

在元代，今內蒙古大部分地區為中書省所管理的『腹裏』之地，上都以及一批路、府、州、縣設於此地，許多蒙古宗王、皇親國戚的封地也設於此。但是，《元史》中對這些重要的行政建制所記甚少。如對位在今內蒙古的德寧路、淨州路、集寧路、應昌路、全寧路、寧昌路、沙井總管府等，《元史》卷五八《地理志》云：『以上七路、一府、八縣皆缺』。事實上，這些地方的歷史、職官、人物、經濟、文化等原始資料，並沒有徹底失傳，而是保存在當地元代的碑刻等金石資料上。元、明、清以後，這些元代碑刻大部分流散並湮沒在蒙古草原上。

考慮到在茫茫草原上遺存有許多蒙元時期營建的城鎮，在其周邊散佈的碑銘等珍貴的金石文物因面臨著湮滅的危險而亟待搶救保護。故此，在國家文物局社會科學基金的資助下，我們從二〇〇五年起到二〇〇八年，歷時三年多，通過對內蒙古地區蒙元時期古城的考古調查，在古城周邊重點拓印、拍照、搶救了一批蒙元時期的碑刻和金石類文物資料，並結合元代文集中的碑文資料，對這些金石文物進行了考證和校對與研究。

三年中，我們共收集到五十餘通蒙元時期的畏兀兒字蒙古文、古敘利亞文、八思巴文、漢文碑刻、墓誌資料，以及四十餘件金屬類（金、銀、銅）印璽、符牌、徽章、禮器、衡器、貨幣等圖文資料。二〇〇八年三月，我們將課題成果呈報國家文物局並且獲得專家組通過。此項課題成果不但引起蒙元史研究界的關註，而且也引起金石考古界、北方古代民族文字研究界、北方草原古代地理與環境研究界、北方草原古代城市歷史研究界等方面的關註。

蒙元時期的草原城邑具有重要的意義和地位，人們對歷史上的蒙古草原，一般衹有逐水草而居的印象，殊不知這里也有定居的村落、城鎮和宮室，有些城鎮還是中原王朝地方行政機構與所在，它們及其歷史記載有許多已經被湮沒在茫茫的草原中。我們通過對蒙古草原古代城邑遺址的調查，通過對從中發現的金石文物的長期研究，對復原這段被湮沒和遺忘的歷史做了一定的工作。有關專家認為：《草原金石録》課題組能夠付出努力，把散佈在草原上的蒙元碑刻加以拍照、拓印、研究、出版，這是蒙元史研究的一項重要基礎工作。

一　東部蒙古宗王城邑與金石文物見證

經考古發現的蒙古草原地區大蒙古國時期的古城遺址主要有：成吉思汗的母親訶額倫太后和幼弟斡赤斤在其封地內興築的城郭，其故址在今呼倫貝爾市鄂温克自治旗巴彥烏拉古城（圖一）；成吉思汗的大弟拙赤·哈撒兒在其封地內興築的城郭，在今呼倫貝爾額爾古納河兩岸，河東岸額爾古納市黑山頭古城是其中之一；西北岸約六十公里處俄羅斯遠東地區有坤兑城，距坤兑城四十公里的烏龍桂河左支流黑爾河畔又有一座古城，附近曾出土記載拙赤·哈撒兒之子移相哥神射的畏兀兒字蒙古文《移相哥石》碑刻（現藏俄羅斯圣彼得堡國家博物館），在這通石碑上，首次發現刻有成吉思汗名諱的碑文，故此碑又名《成吉思汗石》，它也是迄今所知時代最早的畏兀兒字蒙古文石碑。

在內蒙古東部草原有一塊著名的蒙古憲宗蒙哥汗三年（一二五三）的景教瓷碑，它出土於內蒙古赤峰市松山區。碑文以古回鶻文書寫。

在這塊瓷碑中，景教徒以亞力山大帝王紀年，即公元前三一二年十月一日為紀年起點。碑文所云『從亞力山大汗算起，千五百四十六年』，按照亞力山大秤帝王紀年後的一五六四年算，相當於公元一二五三年。這一年，適值蒙古憲宗蒙哥汗三年。歷代蒙古大汗均對基督教和西方文化持尊重態度，蒙哥汗亦複如是，他在西征中曾仔細閱讀古希臘數學家歐幾里得的《幾何原理》，還請西

圖一　呼倫貝爾市鄂温克旗巴彥烏拉古城

方天文學家講授天文學，在蒙古草原接見過羅馬教皇的使者，並且給教皇回了信。在蒙元時期，基督教的一個分支——景教，在蒙古草原各地得到傳佈。至今，其遺物在這里仍常有出土發現。

景教是基督教的一個分支，總部設在大馬士革，使用古敍利亞文。元代蒙古人秤其為『也里可溫』，其意為『教主』、『上帝』。在東部草原出土的蒙古憲宗蒙哥汗三年（一二五三）的景教瓷碑，在蒙古草原地區屬於歷史最早的景教碑。此時，畏兀兒字蒙古文剛使用不久，碑上所書的回鶻文，為我國現已發現的時代較早的回鶻文實物。而且，碑文中所述的與亞歷山大紀年有關的內容，以及景教十字架圖案等，可以為研究蒙哥汗時期東西方文化交流的歷史提供資料。十三世紀初，成吉思汗統一蒙古各部時，命人以畏兀兒文記蒙古語，創立了畏兀兒蒙古文，並且逐步發展成為現今的蒙古文字。而回鶻文則於十四—十五世紀時，隨著伊斯蘭教在新疆地區的傳播，被阿拉伯字母拼寫的文字代替，逐漸廢棄不用。

元世祖至元七年（一二七〇），蒙古弘吉剌部領主斡羅陳萬戶與其妃囊加真公主向朝廷請求，在答兒海子（今赤峰市克什克騰旗達里湖）建城邑。獲准後，於至元八年（一二七一）動工，在草原上興建宏麗的應昌城。據本書所録《應昌府報恩寺碑記》、《應昌府罔極寺碑》以及儒學碑的記載，應昌城內有儒學府、佛教寺院，城西曼陀山上有龍興寺，城內有報恩寺、罔極寺，這些佛教建築金碧輝煌，影響甚大。今天，除了應昌古城遺址外（圖二），城內外其他建築皆已不存。祇有通過這些碑刻方可看到在《元史》所載之外，還有關於魯王所建應昌府及其繁華盛況的記載。

蒙古弘吉剌部地處漠南草原，是元代『漠南五投下』之一。優越的政治地位，弘吉剌部上層人士善於用人的政策，加之以張應瑞家族為代表的漢族官員的輔弼，使蒙古文化與漢文化廣泛交流，許多著名的蒙古、漢族上層人士在此留下豐富的金石資料。本書著録的刻有蒙古文、八思巴文、漢文的《大元敕賜故薊國公張氏先塋碑》、《大元住童先德碑》、《大元敕賜故竹君之碑》，特別是由元代大書法家康里巙巙書丹的碑刻作品，對於研究蒙古弘吉剌部的政治、經濟、文化、民族關係以及元代的蒙古語言文字學，元代的書法藝術和文獻資料等，具有重要的意義和價值。

元貞元年（一二九五），弘吉剌部領主在駐冬之地興建的全寧城（今赤峰市翁牛特旗烏丹鎮），與應昌城南北相隔約三五公里。大德元年（一二九七），全寧升府為路。弘吉剌部領主濟寧王蠻子台在該城修建佛寺。泰定年間（一三二四—一三二八），又在這里興辦儒學。延祐四年（一三一七），魯國大長公主在此修建了三皇廟。可見，該城當時亦有許多佛教和儒學建築。本書所收録的《全寧

圖二　赤峰市克什克騰旗元應昌路古城

路新建儒學記碑》以及蒙古貴族獻予全寧路三皇廟的銘文銅祭器等，可以證實當時宗教與儒學繁榮的情況。

在應昌路、全寧路的東南，還有蒙古宗王『昌王』亦乞列思部部長所建的寧昌路古城。成吉思汗曾將妹妹和女兒嫁給昌王孛禿，元代共有十八位公主下嫁該部，有二位皇后和一位皇妃出於該部。本書所録出土於赤峰市敖漢旗的寧昌路《加封孔子詔》碑刻，對寧昌路這個在《元史》一筆帶過的路級建制官府內官員的情況，提供了詳細資料。

在內蒙古東部地區，我們還收集了一批蒙元時期的印信符牌。主要有：『管女直侍衛親軍萬戶府』銅印，『東路蒙古侍衛親軍都指揮使司醫學教授』銅印，以及五種文字夜巡銅牌等。其中，在興安盟科右中旗發現的五種文字夜巡銅牌，牌身正面中心刻一漢文『元』字，銅牌上還鑄有漢文、八思巴文、波斯文、藏文、畏兀兒字蒙古文等五種文字。此件銅牌證明了元代使用多種民族文字的歷史，其價值可比北京元代居庸關雲台券洞內用梵、藏、漢、西夏、八思巴、畏兀兒字蒙古文等六種文字所刻的《陀羅尼經咒》、《造塔功德記》，因而極為珍貴。

二　元上都及周邊城邑與金石文物見證

蒙哥汗時，忽必烈因受命總領『漢南漢地軍國庶事』，駐帳金蓮川（今錫林郭勒盟正藍旗）。元憲宗六年（一二五六），忽必烈之謀臣劉秉忠受命，籌畫並選擇桓州東、灤水北一帶興建城郭宮室，三年後落成，初名『開平府』。其故址位於今內蒙古錫林郭勒盟正藍旗東二十公里上都河北岸。在本書中，收録了皇太弟忽必烈在即皇位之前，為了紀念開平府的建立而刻的《創建開平府祭告濟瀆記》碑文的照片。碑文不僅記載了一二五六年建立開平府初期的情況，而且也反映了當時與忽必烈繼位前後有密切關係的政治問題。這是迄今所知最早的記載開平府的石刻資料。

一二六〇年三月，忽必烈在開平召開忽里台大會，即蒙古大汗位，將開平府作為臨時首都。至元元年（一二六四）改開平府為上都，確定了大都和上都兩都巡幸制。上都作為每年春夏至秋末常駐的夏都，成為僅次於大都的全國政治、軍事中心。

至元八年（一二七一）十月，取『大哉乾元』之意，忽必烈建國號為『大元』。上都地區被確定為元朝的『腹裏』

圖三　元上都遺址航拍圖

重地。上都的交通四通八達，南有四條驛道通大都，北通和林，東通遼陽行省，西經豐州、寧夏、河西走廊通向中亞。上都成為蒙古草原上最大的城市。根據《元史》所載統計：經過多年的營建，元上都成為當時中國北方草原地帶最大的都市，在元上都地區居住有常住居民十一萬人，被秤為『巨鎮』。在上都城區內共有大小官署六十所，手工藝管理機構和廠局一百二十餘處，佛寺一百六十餘座。還有孔廟、道觀、城隍廟、三皇廟、回回寺等各種宗教寺院（圖三）。在本書中，除了對上都遺址所發現的元代碑刻予以收録，還對元代文集中保存下來的與上都有關的碑文，如《上都大龍光華嚴寺碑》、《上都翰林國史院題名記》、《上都新軍管軍千戶夾穀公墓誌銘》、《上都留守賀公墓誌銘》等也予以收録。

在元上都遺址内外，從出土文物中可以見到多元文化的表現。這里出土有道教的青龍、白虎、朱雀、玄武四神陶雕像，儒學的銅鎮尺，中國象棋棋子等各種文物。在上都周圍還分佈有為數不少的元代城址和墓葬。例如，位於錫林郭勒盟多倫縣的東涼亭遺址是為忽必烈所建的避暑行宮，位於多倫縣的砧子山墓地是元代上都地區漢族人士的墓葬所在地，正藍旗的新桓州古城是元上都的衛城，正藍旗的羊群廟遺址是蒙古人的祭祖之地。

特別值得一提的是，在元上都遺址出土的一通阿拉伯文墓石，其上刻有『奉崇高的真主之名，真主賜福於真主的使者、穆斯林的埃米爾、至仁至善的摯友穆罕默德』等銘文。這通阿拉伯文墓石，反映了生活在上都地區穆斯林民眾的信仰情況。關於元代穆斯林民眾在蒙古草原生活的情況，《元史》等記載極少。因此，出土於元上都遺址的阿拉伯文墓石的價值就顯得很重要了。

三　淨州、集寧、砂井、德寧四路古城和金石文物見證

淨州、集寧、砂井、德寧四路與東部草原的應昌路，對於元朝在北方草原地區的統治至關重要。在今内蒙古中部的汪古部領地内，金朝曾在天山縣（今烏蘭察布市四子王旗）、集寧縣（今集寧市東南）設有同北邊互市的榷場。元朝時分別將天山、集寧兩縣升為淨州路和集寧路。淨州路向北方草原通往哈剌和林的驛道上，有砂井路總管府的治所。元人陳旅明說『天山以北，趙王之封國在焉』。壬子年（一二五二）與淨州、集寧、砂井並提的按達堡子，與後來的同樣與三地並提的黑水新城、靜安、德寧同在一地無疑。

關於德寧路、按達堡子、黑水新城、靜安路的關係及所在地，著名蒙元史專家周清澍先生曾有考證：德寧路領德寧一縣，是汪古部主世居之地，在『黑水（今包頭市達茂旗艾不蓋河）之陽（北）』。原為金邊堡，因汪古部主阿剌兀思剔吉忽里與成吉思汗結盟交好，互秤按達（朋友），故名按達堡子。

元世祖時，汪古部主在此建城，秤為黑水新城。大德九年（一三〇五），以黑水新城為靜安路，領靜安一縣。延祐五年（一三一八），改靜安路為德寧路，靜安縣為德寧縣。其轄境約包括今包頭市達茂聯合旗和固陽縣境。德寧是趙王王府和王傅府所在地，建有廟學。汪古人信聶思脫里派基督教，後改從部主闊里吉思信羅馬天主教，築有教堂，其遺跡在城東北部，是我國現存最早的天主教堂遺跡。德寧路遺址就是今達茂旗敖倫蘇木古城。（見周清澍主編《內蒙古歷史地理》第二二〇頁，內蒙古大學出版社，一九九三年）。

又據文物考古人員在內蒙古第二次文物普查中，在敖倫蘇木古城附近的達茂旗古城村，發現一處小型古城遺址，經考證認為是按達堡子遺址。

元朝初年，在今內蒙古中西部地區由分封諸王所建的城邑，還有汪古部在元初於黑水岸邊（今艾不蓋河）所築黑水新城，後更名德寧路，又秤『趙王城』。元人姚燧《李氏先德碣》云：趙王『世居靜安，黑水之陽』。其故址為今包頭市達茂旗敖倫蘇木古城（圖四）。

在畢其格圖好來墓地，出土了大批景教墓頂石碑，其上刻有古敘利亞文和十字架，本書所録的『三種文字景教碑銘』，從中可以看到古敘利亞文、畏兀兒蒙古文與漢文三種文字交互使用的情況。由此可瞭解到景教徒在中國北方草原地區，以及他們從草原到內地生活的歷史，因而很有意義，亦可補充歷史文獻記載的不足。

圖四　包頭市達茂旗敖倫蘇木古城遺址

汪古部長所建的趙王城是漠南地區的重要城邑，城內有王府、基督教教堂、藏書樓和孔廟等建築。據本書收録的元人閻復的《駙馬高唐忠獻王碑》記載：王『興建廟學，裒集經史，築萬卷堂於私弟』。由趙王管轄的漠南四路文物遺存甚多，例如：在淨州路故址西南發現的《大元加封宣聖碑記》，上刻『淨州路總管府』和元成宗『大德十一年七月二十一日立』的字樣。在集寧路故址發現的《大成至聖文宣王廟學碑》，為皇慶元年（一三一二）正月刻石。碑上還有集寧總管府達魯花赤、總管的題名。

趙王的勢力範圍也在陰山以南的豐州（故址在今呼和浩特市東郊），豐州雖然不是趙王的領地（元人陳旅明說『天山以北，趙王之封國在焉』。可見其封地不包括陰山以南），但依然在豐州建有不少佛教寺院，如定林禪寺等。

本書收録的豐州定林禪寺僧智濬的塔銘，從中所見有定林禪寺、雲峰寺、三聖寺、崇口禪寺等。其中，一號塔銘記僧智濬於延祐甲寅年（一三一四）『奉趙王鈞旨賜永安主持』；二號碑銘記『特授趙王鈞旨三道，住大永安寺』。由此可知，永安寺主持是由趙王鈞旨任命的，說明當時豐州是在趙王管領之下，屬於汪古部封地範圍之內。

趙王的勢力範圍也包括了在大青山以南的東勝州、雲內州。元世祖時，汪古部長為闊里吉思。闊里吉思在與西北叛王篤哇作戰時被俘遇害，時在大德三年（一二九九），從此以後汪古部勢力開始削弱，朝廷開始在大青山以南的紅城（今和林格爾縣小紅城）屯田。闊里吉思死後，由其弟術忽難襲封高唐王，至大二年（一三〇九）術忽難加封為趙王，並即以汪古部長讓給闊里吉思之子術安。次年，術安襲封為趙王，以後的汪古部長都襲封為趙王。延祐元年（一三一四）三月，封術忽難之子阿魯禿（阿魯忽都）為趙王。因此一號和二號塔銘所記的趙王，應是阿魯禿（阿剌忽都）。這時豐州仍在汪古部管領範圍之內。

《元史·仁宗紀》記載：延祐四年（一三一七）六月壬子『安遠王醜漢、趙王阿魯禿為叛王所掠，各賜金、銀、幣帛。』反映了汪古部的勢力已不能抵禦叛王的搶掠。大致是以趙王被掠事件為契機，朝廷收縮汪古部領地範圍，將大青山以南的三州劃歸大同路管領。因此，有關文字記載豐州屬於大同路，時代較早的是延祐七年（一三二〇）。

總而言之，豐州曾經是汪古部的勢力範圍，因而任命佛寺住持之類的事務，須經汪古部長核准，豐州塔銘反映了這個歷史事實。約在延祐七年時，豐州劃歸大同路管領。此外，在豐州二、四號塔銘還刻有『德寧路諸色人匠都總管府』等字，說明這兩座塔銘也是趙王府管領工匠的官署參與刊刻的。

圖五　陰山白道航拍照片

與集寧路一樣，元代的豐州與淨州，雖然處在陰山南北的不同地域，豐州在陰山南，淨州在陰山北，其戰略地位更為重要。位於陰山南麓的豐州（故城遺址在呼和浩特東郊的白塔村），在元朝『腹裏』地區，與陰山以北的聯繫，主要靠位於陰山溝谷間的白道（圖五）。本書的《平治甸城山谷道路碑》，對於豐州經濟地理和交通地理予以詳細的記述，可補《元史》記載的不足，是研究大漠南北草原交通的珍貴實物資料。

關於這一地區重要的金石資料，還有一九七四年在呼和浩特市武川縣五家村發現的『監國公主行宣差河北都總管之印』銅印，印文中的『監國公主』是成吉思汗的三女兒阿剌海別吉。監國公主印是內蒙古地區發現的與成吉思汗家族直接有關的重要文物。

四 西部地區城邑和金石文物見證

在內蒙古西部地區，最著名的元代古城為黑城城址，城址位於阿拉善盟額濟納旗達來庫布鎮東南二十五公里，是西夏所設的十二軍司之一——黑水鎮燕軍司城駐所（《元史·地理志》在此記載可能有誤，將亦集乃路治所黑水城錯記為西夏黑山威福軍司所在地。事實上黑山威福軍司置所在今內蒙古巴彥淖爾市境內的新忽熱古城，西夏設在黑水城的是黑水鎮燕軍司）。一二七七年，成吉思汗率軍攻克該城。元朝於至元二十三年（一二八六）在原西夏黑水鎮燕軍司城舊城基礎上進行擴建，使用該城作為甘肅行省亦集乃路總管府城（圖六）。

據考古調查，黑城為早晚兩座城址的遺跡疊壓在一起，形成內外兩城，內城遺址就是西夏故城黑水鎮燕軍司城駐所；外城即為至元年間擴建的亦集乃路總管府城。經過對黑城的考古發掘，出土了大批的元代漢文和蒙古文的文書檔案，現已按文字的內容不同分別加以出版，全面再現了這座蒙元邊城各方面的內涵，因而具有重要考古和歷史研究價值（圖七）。

根據黑城出土的文獻可知，西夏時期居住在黑水城的黨項人、漢人、藏人，在蒙元時期還住在此城，蒙古人負責管理全城，由色目人協助管理。

圖六　阿拉善盟額濟納旗元亦集乃路古城

通過黑城文書，可見當時軍事、政治、歷史的過程。例如，《黑城軍糧文卷》（檔案號F一一六），記述了成宗大德四年至五年（一三〇〇、一三〇一）平定海都叛亂的重大歷史事件。皇侄海山總領漠北諸王大軍，急調亦集乃路軍糧萬石，亦集乃路僅存二千石，緊急向甘肅行省中書省申請調撥軍糧，甘肅行省也無可調之糧，衹好撥付鈔錢由亦集乃路官府糴買糧食，終於保

圖七　元亦集乃路古城內景

證了軍糧供應。這卷文書，包括亦集乃路總管府向甘肅行中書省申請調撥軍糧的申文，甘肅行中書省給亦集乃路總管府的答復，總計十四節，從中可以具體地看到這段歷史的細節（見李逸友編著《黑城出土文書》漢文文書卷，科學出版社，一九九一年）。

北元時期，蒙古守將卜顏帖木耳曾據黑城與明軍馮勝部對峙，不久兵敗黑城旋廢圮。在本書中，附録有北元時期在黑城使用的『永昌等處行樞密院斷事官府印』，印背所刻年款為『天元元年』（一三七九），此年是北元第二位大汗脫古思帖木兒建元之年，年號為『天元』，一三七八年被立為大汗。蒙古自昭宗愛猷識理達臘開始，史秤北元，脫古思帖木兒汗為昭宗弟。這枚銅印是北元樞密院所頒的高級官印，對於見證北元歷史十分珍貴。

在《元史·地理志》中，對今鄂爾多斯地區的記載甚為簡略，如果祇從《元史·地理志》看，元朝政府沒有在這里設立過行政管理機構。其實，根據對文獻和元代金石資料的考證，元朝政府對今鄂爾多斯地區的管理甚為重視，所建行政機構級別很高。

今鄂爾多斯中南部地區，在元朝時期曾是忽必烈第三子安西王忙哥剌的領地。忙哥剌子阿難達襲安西王位後，在原屬西夏的夏州東北新建了一座察罕腦兒城和宮殿，並駐兵於此。安西王阿難達是一位信仰伊斯蘭教的蒙古宗王，其屬下的許多蒙古人也信仰伊斯蘭教。為此，阿難達與蒙古大汗產生了激烈的矛盾。同期，這里也有為數不少的蒙古人信奉景教。本書所展示的有關景教實物，即發現於內蒙古的西部鄂爾多斯和包頭地區。

大德十一年（一三〇七）安西王阿難答在爭奪汗位中被賜死，元武宗一舉沒收他的領地，將其賞賜給皇太子所轄的詹事院，並設置督總管府進行管理。

至大三年（一三一〇）元武宗在此設立察罕腦兒宣慰司都元帥府。元朝在全國共設有八個宣慰司都元帥府，宣慰司為僅低於行省的行政機構，可見察罕腦兒宣慰司的重要地位。它是元代在今鄂爾多斯地區所設立的行政、軍事和交通管理的最高機構。此外，元廷還把今鄂爾多斯東北部地區，建成為草原上重要的軍事牧場。經過考古調查，現可基本確認察罕腦兒古城遺址，位於今陝西省榆林市以西，靖邊縣以北，在烏審旗毛烏素沙漠東緣、無定河鎮的三岔河古城遺址（圖八）。在這座古城遺址和周邊的元代墓葬中，出土有盤龍、獸面瓦當，陶塑人物半身像、銅帶銙等，這些文物的品級很高，對確定三岔河古城遺址即為察罕腦兒古城提供了證據。

在內蒙古西部地區還有一批較為重要的古城，例如：阿拉善盟阿右旗席勒圖古城、巴彥淖爾市臨河的高油房古城、烏拉特中旗的新忽熱古城等，均出土有較豐富的蒙元時期的文物，對研究北方草原歷史具有一定價值。

圖八　鄂爾多斯烏審旗三岔河元代古城

五　漠北地區城邑和金石文物見證

漠北是成吉思汗大斡耳朵所在的根本之地，蒙古舊都哈剌和林在漠北具有重要的地位。元人虞集對嶺北行省的特殊地位和重要性闡述極深：『嶺北行省之和林，國家創業，實始居之，於今京師為萬里，北邊親王，帥重兵以鎮，中書省丞相，出為其省丞相，吏有優秩，兵有厚餉。』本書收録的《敕賜興元閣碑》，是蒙古考古學者從哈喇和林遺址上發現的殘碑。它記述了和林定都的歷史：『太祖聖武皇帝之十五年，歲在庚辰（一二二〇），定都和林。太宗皇帝，培植煦育，民物康阜，始建宮闕，因築梵宇，基而未屋。憲宗繼述，歲丙辰（一二五六），作大浮屠。覆以傑閣，鳩工方殷，六龍狩蜀，代工使能。伻督絡繹，力底於成。閣五級，高三百尺，其下四面為屋。各七間，環列諸佛，具如經旨』。此碑是遵元順帝之命，於至正六年（一三四六）所立。由此可知，大蒙古國在哈剌和林定都的時間為公元一二二〇年，到窩闊台汗時期始建宮闕，至蒙哥汗時期，興建五級高閣。此碑可明確成吉思汗在和林定都的準確時間。

在本書中還收録了在蒙古國北邊庫蘇古爾湖西色楞格河支流德勒格爾河北發現的《釋迦院碑記》。該碑為大蒙古國時期的蒙漢文碑，是外剌部駙馬八立托與公主建立的釋迦院寺的祝願碑，又名『蒙哥汗碑』。建寺立碑的時間為一二五七年，這年正是蒙哥汗五十大壽，故建寺立碑以感謝蒙古大汗，並隆重為蒙哥汗祝壽。

忽必烈定都漠南後，漠北成為元朝的北方邊區，但大蒙古國原都城哈剌和林在政治、軍事上仍然佔有重要地位。至元十九年（一二八二），忽必烈在漠北設置和林宣慰司都元帥府，作為中書省派出機構，管理漠北軍民政務，此前還調軍在漠北地區屯戍。本書收録的《宣威軍碑》，出土於哈剌和林遺址附近。碑銘記載了忽必烈從淮東路調兵赴哈剌和林屯戍的之事。由此可知，在哈喇和林周邊有衛城屯戍。武宗大德十一年（一三〇七），在漠北設立和林等處行中書省，置和林路總管府，並分設澄海宣慰司以管轄行省西境，漠北諸王及各萬戶、千戶都受其管轄。

通過以上論述，考證了在蒙古草原地區經考古調查所發現的蒙元古城、碑刻和金石類文物，這些古城遺址和碑刻與金石類文物，見證了漠南漠北草原地區在蒙元時期的政治、軍事、經濟、文化、交通、貿易，特別是南北交流，以及東西方交流的歷史面貌。這些文物是蒙元金石考古學的重要資料，為研究蒙元時期的政治、經濟、歷史、語言文字等，提供了寶貴的新材料，這也是蒙元史研究的一項重要的基礎工作。

卷一　蒙哥汗三年景教碑等碑研究

卷一説明

本卷録入的幾件大蒙古國時期的碑銘，是在內蒙古地區收録的重要碑銘實物。其中，元憲宗蒙哥汗三年（一二五三）早期基督教（景教）瓷碑的年份為一二五三年。碑文為古回鶻文，涉及與古希臘亞歷山大紀年有關的內容，以及景教的十字架圖案等，對於我們認識大蒙古國早期的景教情況，具有重要價值。本卷中所收録的至元十五年（一二七八）故《建威都尉夫人王氏》墓誌，其時代亦在大蒙古國時期，碑文中所述內容，涉及大蒙古國監國托雷、成吉思汗公主阿剌海別吉以及汪古部在漠南地區早期的歷史，因而可補充監國托雷、公主阿剌海別吉的相關史料。在本卷所收録的碑銘中，還包括在今內蒙古中西部地區收集到的元代景教徒墓碑。這些景教碑反映了蒙古貴族中一部分人信奉基督教的歷史。從這些碑中還可看到古敍利亞文、畏兀兒字蒙古文與漢文三種文字交互使用的情況。並且可以瞭解到景教徒在中國北方草原地區，以及他們從草原到內地生活的歷史，因而很有意義，亦可彌補有關歷史文獻記載的不足。

此外為了系統地瞭解大蒙古國最早的文字，以及成吉思汗的宗教政策，本卷還附録了發現於俄羅斯的《移相哥碑銘》、山東嶗山的《成吉思汗賜邱處機聖旨石刻》，以及窩闊台汗降頒的《十方大紫微宮聖旨碑》。同時，還收録了蒙古國哈剌和林古城遺址內出土的《釋迦院碑記》、《宣威軍》碑，並對這些碑銘的各種文字做了考釋。

本卷所收有關內蒙古出土的景教碑考釋，得到了新疆師範大學牛汝極教授的熱情支持；有關畏兀兒字蒙古文蒙元碑刻的考釋，採用了內蒙古社會科學院張雙福研究員的研究成果。

在本卷的附録中，收録了內蒙古圖書館特藏的元代碑文資料。包括：閻復（一二六三—一三一二）的《駙馬高唐忠獻王碑》；黃溍（一二七七—一三五七）《金華黃先生文集》的《馬氏世譜》。此外，還録有清代蒙古史碑學名家李文田（一八三四—一八九五）的《和林金石録》中的蒙元碑刻《兵馬司達魯花赤意思馬因等題名》、《德政殘碑》、《和林倉題名》、《嶺北省和寧路和林倉題名》、《別兒怯不花德政刻石》、《嶺北省右丞郎中總管收糧記》、《咬哥題名録》、《三皇廟碑》、《三皇廟殘碑》等碑文。以上碑文均可補史傳之闕，具有較高的史料價值。

一　蒙哥汗三年（一二五三）景教碑

（一）蒙哥汗三年（一二五三）景教碑簡介

此碑瓷質，出土於內蒙古赤峰市松山區城子鄉（圖一）。瓷碑呈長方形，胎質堅硬較粗，釉呈黃白色。高四七釐米，寬三九釐米，厚六釐米。這塊碑的碑體外緣邊框用粗大的鐵銹色線條勾勒，框內繪出一個大十字架，以十字架為主體將碑面分成四部分。在十字架中心繪有一個大圓環，內繪一朵六瓣蓮花。十字架底部繪一朵九瓣蓮花。在十字架分割成的四個區域，上部的兩個空區竪寫著兩行古敘利亞文，可譯為『仰望你』（左），『信任你』（右）。語出《聖經·舊約全書》《詩篇》第三十四章第六節，又可譯為『仰之』，『信之』。下部為畏兀兒字蒙古文（圖二）。

（二）蒙哥汗三年（一二五三）景教碑文譯讀考釋

在這塊瓷碑的十字架下部的兩個空區，從左至右書寫有八行古回鶻文，共計四十一個單詞。經請教牛汝極等先生譯讀，從左至右逐行的內容如下：

第一行：從亞力山大汗算起一千

第二行：五百六十四年，桃花石（中國）

第三行：紀年牛年正月

第四行：於二十（日）。這位將軍

第五行：術安·庫木哥，在他

第六行：七十一歲時，完成了上帝的使命。

圖一　赤峰市松山區城子鄉

圖二　蒙哥汗三年景教碑

第七行：願這位大人的靈魂永久地，

第八行：在天堂安息吧！

全碑可譯為：『從亞力山大汗算起一千五百六十四年，（從）中國（紀年）算起於牛年正月二十日。術安·庫木哥將軍七十一歲時，完成了上帝的使命，

願這位大人的靈魂永久地在天堂安息吧！』

（三）蒙哥汗三年（一二五三）景教碑考證與研究

碑文中的亞力山大汗（公元前三五六—前三二三年），於公元前三三六年登位，曾遠征波斯、埃及、西亞和印度，建立起橫跨歐亞非三大洲的馬其頓帝國。他在位時，曾在埃及尼羅河口建立起著名的亞力山大城，後來該城成為早期基督教的中心。景教為東方基督教，總部設在巴格達，受希臘文化影響很深，推崇亞力山大其人。按照景教之規，景教徒以亞力山大帝王紀年，即以公元前三一二年十月一日為紀年起點。在這塊瓷碑中也使用此種紀年方法。碑文所云『從亞力山大汗算起，一千五百六十四年』，按照亞力山大帝王紀年後的一五六四年算，相當於公元一二五三年。這一年，適值蒙古憲宗蒙哥汗三年，又恰為農曆『癸丑』年，與碑中所記『桃花石（中國）算起牛年』相吻合。據此，該瓷碑紀年為公元一二五三年，即蒙古憲宗蒙哥汗三年（癸丑年、牛年）。『桃花石』一詞為唐到元時期域外人對中國的稱呼，桃花石（中國）紀年牛年正月二十日等於公元一二五三年二月十九日。

景教自唐代傳入中國，後又傳播到北方草原，成為契丹、蒙古、汪古、乃蠻、克烈等草原民族信奉的宗教之一。景教是基督教的一個分支，元代蒙古人稱其為『也里可溫』，其意為『教主』、『上帝』。此時，畏兀兒字蒙古文剛使用不久，碑上所書的古回鶻文，為我國現已發現的時代較早的古代回鶻文實物。而且，碑文中所述的與亞歷山大紀年有關的內容，以及景教十字架圖案等，可以為研究蒙哥汗時期東西方文化交流的歷史提供資料。在內蒙古遼上京、遼中京遺址、敖倫蘇木古城、北京房山縣遼代景教十字寺等地，均發現有景教徒墓碑和十字架。

在窩闊台汗統治時，大蒙古國朝中多為景教徒，如丞相鎮海、元帥按竺邇即是景教徒。在蒙哥汗時期，蒙古大汗對基督教和西方文化持尊重態度，蒙哥汗在西征中曾仔細閱讀古希臘數學家歐幾里德的《幾何原理》，還請西方天文學家講授天文學，在蒙古草原接見過羅馬教皇的使者，並且給教皇回了信。總之，蒙哥汗時期東西方交往較為密切。

赤峰市松山區出土的這塊瓷碑，其中所記的『術安·庫木哥將軍』，為景教信徒的用名。從立碑時間為一二五三年，以及碑文所言『七十一歲時』等記載，可以確信術安此人為十二世紀末至十三世紀中葉的人。

綜上所述，赤峰市松山區出土的古回鶻文景教碑，是內蒙古地區突厥學、景教研究領域的一項重大發現，是繼《烏蘭浩木碑》、《高昌王世勳碑》和《土屯木薩里修寺碑》之後的又一次新發現，值得深入研究。

『回鶻』一名為漢籍對唐代遊牧在漠北蒙古高原一帶的今維吾爾族的稱呼。據回鶻文研究家們的說法，當時他們使用的文字是古代突厥文，蒙古學研究家們則稱之為鄂爾渾文。九世紀時，回鶻汗國（七四四—八四〇）滅亡。回鶻各部分幾支西遷，其中主要一支遷到今新疆吐魯番盆地，建立起高昌回鶻王國。這時期回鶻文逐漸取代了漠北時期使用的古突厥文，回鶻文成為當時中亞地區廣泛通行的文字。十三世紀初，成吉思汗統一蒙古各部時，命人以古回鶻文記蒙古語，創立了畏兀兒字蒙古文，並且逐步發展成為現今的蒙古文字。還需說明一點，目前國內所知的景教碑，其材料多為石質。衹有松山區出土的這塊碑是瓷碑。這種用瓷代石的做法，與松山區歷史上發達的製瓷業關係密切。自遼代起，松州缸瓦窯即開始生產建築和生活用瓷。這塊用陶瓷材料燒制的墓碑，質地堅硬，字跡清晰，其美觀度優於石碑。該碑所用胎土呈灰褐色，屬於典型的缸瓦窯瓷，碑上的仿磁州窯鐵銹花色，也和缸瓦窯生產的仿磁州窯產品風格一致。它說明缸瓦窯的製瓷業生產，在大蒙古國時期並未間斷（圖三）。

蒙元時期，統治階級對宗教信仰採取了寬容並蓄的政策，景教也和佛教、道教、伊斯蘭教一樣，得到了較快的發展，在赤峰市松山區出土的這塊古回鶻文景教瓷碑，反映了景教在今內蒙古東部的傳佈情況。

關於這塊景教瓷碑主人的族屬，新疆師範大學牛汝極教授認為，其應與元代畏吾兒或回鶻後裔汪古部有關。汪古一名，《蒙古秘史》作汪古惕，《南村輟耕録》作雍古歹，《聖武親征録》作王孤，姚燧《便宜副總帥汪公神道碑》作汪骨，《元史》有汪古、雍古、旺古、甕古等不同記音。這些不同記音，均為（öngüt）的音轉，其中的『汪古惕』記音較準確。汪古一名一般認為在蒙古征金之後才開始出現，其另一稱謂『白達達或白韃靼』，也屢見於元代的史籍碑刻中。汪古部主要是遼金

圖三　赤峰市缸瓦窯遺址及出土瓷器

以來來自西域的回鶻人，尤其是回鶻景教貴族，當他們在遼金之時向東移徙時，也將景教帶到了東部。汪古部以其景教信仰聞名於世。蒙古人稱景教為『也里可溫』，畏兀兒字蒙古文記作 ärkägün，來自古代敘利亞文的 ܐܪܟܐܘܢ 'rk'wn。rk'wn，古希臘文作 Yahballāhā 或 arxiyos，其意為『教主』、『至上的』、『上帝』等。

在汪古部幾大世家大族，如馬、趙、耶律諸家中，其景教信仰以元時之馬祖常與趙世延兩家最負盛名。據馬祖常所作其祖父月合乃（即 Yawnan、Yahnan 之譯音）《神道碑》，明確指出其為汪古部所屬，而且其先代人名亦多用西方基督徒之人名。如月臺乃（另一現代漢譯名為『約翰』）之祖名『把造馬野禮屬該』等。

總之，在蒙哥汗期間，蒙古草原上使用古敘利亞文和古回鶻文的部族，是汪古部人。汪古部屬突厥語系，其先民是來自西域的回鶻人，汪古部信奉景教，其墓碑上刻寫的文字多為古敘利亞文和古回鶻文（直到元代中期以後，才少量兼用漢文和八思巴文）。因此，赤峰市松山區出土的這塊瓷碑中所寫的術安·庫木哥，應屬於大蒙古國時期汪古部的一位將軍。

二　古敘利亞文、畏兀兒字蒙古文、漢文景教徒墓碑

（一）古敘利亞文、畏兀兒字蒙古文、漢文景教徒墓碑簡介

這通刻有古敘利亞文、畏兀兒字蒙古文、漢文等三種文字的景教貴族官員墓碑，出土於內蒙古包頭市達茂旗敖倫蘇木古城遺址（圖四）外東部墓地。該碑現陳列於內蒙古博物院。

石碑質地為花崗片麻岩，舟形，殘高一〇〇釐米，寬八五釐米。正面上部刻十字架，其上左有金雞，右有玉兔，下有蓮花映托。其餘刻三種文字對照的碑文。敘利亞文居中，蒙

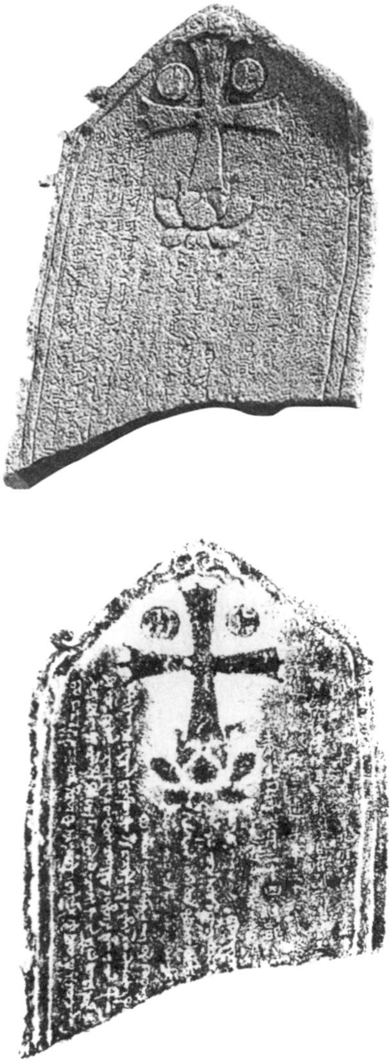

圖四　古敘利亞文、畏兀兒字蒙古文、漢文景教徒墓碑及拓片

古文居左，漢文居右。年號為泰定四年（一三二七）。碑文中所記死者為阿兀剌編帖木郄思，是突厥姓名，敖倫蘇木古城為元代汪古部首領阿剌兀思·剔吉·忽里里所建，所以該墓碑所記的死者為元代汪古部貴族人士。其身份是京兆府（今陝西省西安市）最高軍事、行政長官達魯花赤，他又擔任管理皇室或駙馬所屬工匠的怯憐口總管府副都總管。

（二）古敘利亞文、畏兀兒字蒙古文、漢文景教徒墓碑碑銘考釋

內蒙古文物考古研究所蓋山林研究員釋讀此碑為：『這座墳墓是阿兀剌編帖木郄思的，（其官職為）京兆府達魯花赤……花赤，宣來後來怯連口都總管府副都總管，又……宣二道，前後總授宣三道，享年三十六歲，終。泰定四年六月二十四日記。』

牛汝極教授關於此碑的考釋較為詳盡，其要點為：

碑文釋讀：『這是阿兀剌編木剌思——京兆府達魯花赤之墓……在十八年中達魯花赤宣來後怯憐口……從二次授宣，三十六歲……完成了上帝的使命，兔年六月二十四日記。』

碑文中的人名、地名等詞，在四行碑文中出現，经牛汝極先生考證并同意刊用（下同），意為：

第一行：Abraham 是基督徒常用人名，漢文也音譯作奧剌憨，元人馬天民長子就叫奧剌罕，曾任揚子縣與丹徒縣達魯花赤，父子曾在揚州提倡景教。

第一行：tömüräs 人名，是『鐵』tömür（阿爾泰語民族常用該詞作人名，希望此人意志堅強如鐵）的變體。

第一行：kïngčaofu 漢語『京兆府』之譯音。

第一行：taruqačï『達魯花赤』，蒙古語元代官職，為所在地方、軍隊和官衙的最 daruqačï 高監長官。蒙古語『鎮守者』的譯音，相當於突厥語的 basqaq。

第二行：sün[lä]qiula 大概是『宣來後來』之譯音，詞義待考。

第二行：ger-ün köbegüṭ『怯憐口』，蒙古和元代皇室、諸王、貴族的私屬人口。蒙古語『家中兒郎』，由『房子』+『兒子』構成。

第三行：šüin šiula 大概是漢語借詞的譯音，該詞待考。

第四行：tängri yarlïq-ïn büṭürti『完成了上帝的使命』或譯為『逝世』，是景教徒碑銘的固定套語。

第四行：ṭaβïšqan yïlï alṭïnč ay yigirmi ṭört『兔年六月二十四日』，對應於公元一三二七年七月十三日。

三　古敘利亞文景教徒墓碑

（一）古敘利亞文景教徒墓碑簡介

古敘利亞文景教徒墓碑，與前碑同地出土，均為汪古部景教徒墓碑。先後出土於敖倫蘇木古城遺址或遺址附近墓地（圖五）。此碑發現於古城南部一建築遺址台基下，殘斷為兩段，圭首，碑額刻一十字架，下托一朵蓮花，碑身刻古敘利亞文銘文（圖六）。

（二）古敘利亞文景教徒墓碑碑銘考釋

碑上刻有十三行古敘利亞文，其內容經牛汝極先生考釋如下：『以聖父聖子和聖靈的名義。馬其頓城君王（菲力浦）之子亞歷山大帝王紀年一六〇二年（一二九〇），桃花石紀年虎年十月初七日……在其三十三歲時完成上帝的使命。願人們懷念他吧！願他的靈魂在天堂安息吧！阿門，阿門！』

圖五　包頭市達茂旗敖倫蘇木古城遺址附近墓地

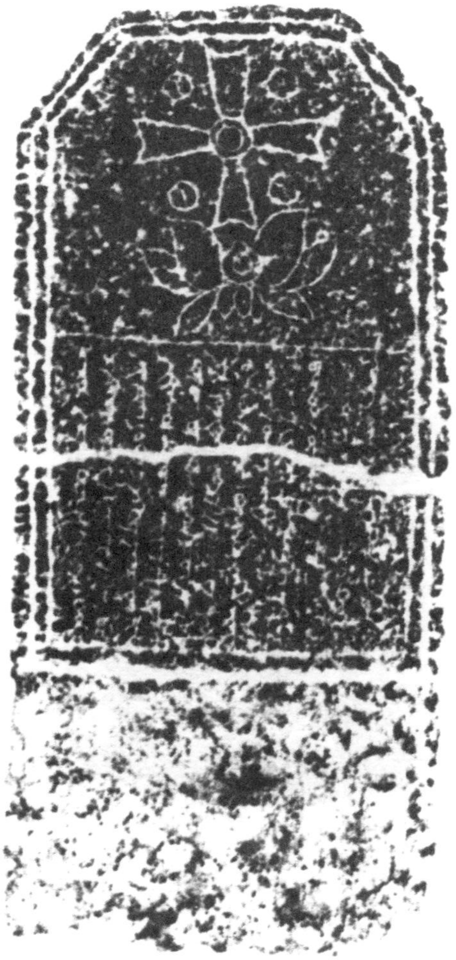

圖六　古敘利亞文景教徒墓碑拓片

四　古敘利亞文景教徒墓碑（殘碑五通）

內蒙古考古專家蓋山林先生在包頭市達茂旗敖倫蘇木古城調查中，於一九七三年，在古城西北畢其格圖好來汪古部貴族陵園內，發現五塊殘碑。這些殘碑均在墓表墓坑邊上或墓坑內。其殘損嚴重，僅見十字架、蓮花等，有的存有碑文。一—五號碑的內容經牛汝極先生考釋如下：

一號碑完整，略呈方形，上方正中有一『木』形符號，正中有三行小字，兩側邊各有一行古敘利亞文，下方刻蓮花（圖七）。

二號碑僅存中段部分，有五行碑文（圖八）。

三號碑僅殘存右下角，有兩行古敘利亞文（圖九）。

四號碑僅存文字五行（圖一〇）。

五號碑僅存上半部，最上端有一十字架，其下殘存古敘利亞文四行（圖一一）。

二、四、五號碑，簡譯為：

二號碑文：『……這是亞歷山大……之墓……三……僧眾』。

四號碑文：『……一千六百五十（年）……（敘利亞紀）年哈茲然月……二十日……作紀念吧！這是……之墓。』

五號碑文：『這是……之墓。值得歌頌的……黃金……得到無數。阿門！』

圖七　一號碑拓片

圖八　二號碑拓片

圖九　三號碑拓片

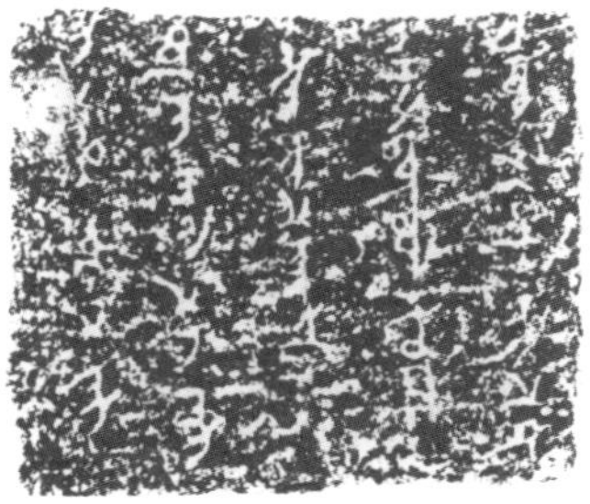

圖一〇　四號碑拓片

圖一一　五號碑拓片

五　景教《女牧師比其亞・提里爾之墓》墓頂石

（一）景教《女牧師比其亞・提里爾之墓》墓頂石簡介

該墓頂石長一〇三釐米，文字部分長五一釐米，正面有仰蓮和一行古敘利亞文（脫落較嚴重），兩側均有十字架和纏枝紋圖案（圖一二）。此墓頂石發現於烏蘭察布市四子王旗王墓梁，現存內蒙古文物考古研究所。

（二）景教《女牧師比其亞・提里爾之墓》墓頂石銘文考釋

一九九九年，牛汝極先生對此碑拍照臨摹考釋。

以下為牛汝極先生的考釋：

翻譯：

『這是女牧師比其亞・提里爾（Bičya Tilir）之墓』。

注釋：

pčy'tlyr\bičya tilir 人名，語源待考。

kw［š］tčy\qu［š］tači 應為 kwšt'nč\quštanč 之省音。

原文模擬：

標音：

pw qbr'pčy' tlyr kw［š］t'čy nyng'wl

轉寫：

bu qabra bičya tilir qu［š］tači-nïng ol

圖一二　景教《女牧師比其亞・提里爾之墓》墓頂石及銘文
（上：墓頂石俯視圖　下：墓頂石銘文局部）

附録

蒙元時期汪古部墓地的古敘利亞文景教徒墓頂石和刻有十字架蓮花圖案的墓碑，迄今發現多達百餘件，集中分佈在今烏蘭察布市四子王旗『王墓梁』和城卜子古城（元淨州路故城）外，以及包頭市達茂旗敖倫蘇木古城外東部的汪古部墓地、木胡兒索蔔爾嘎古城外東北部。此外，還散見於這兩個旗的沙貝庫倫、德里森胡圖克城之西畢其格結拉嘎、戈壁山丹、紅旗牧場、查干敖包、柴木代灘等地。

這些墓頂石大多是用花崗岩製作，其大小是有規定的。墓頂石的樣式，依照了棺材的形狀，幾乎全是頭部方形，三面有浮雕圖案，其中一面是十字架，頭部上面的圖案也有以花紋浮雕代替十字架的。身部靠近上面的部分有四條或兩條線，組成各種各樣的屋頂部，兩側面分成兩段，浮雕著雲紋、寶相花、唐草、蓮瓣等紋樣。身部由與頭部相接的首端至末端，其身部緩緩傾斜，越往下越低。部分墓石背部陰刻著古敘利亞文碑銘。其形式與頭部高、底部低、上部傾斜的棺材差不多，是棺蓋的模擬形式。汪古部境內的墓頂石雖有精粗之別，但從總體上講，均屬蒙元時期景教徒所常用的墓石的式樣（圖一三）。

這類墓頂石常見的浮雕圖案是在正中上部為大十字架，十字架下為蓮花托（圖一四）。這是景教在中國傳播後所產生的具有象徵意義的特殊圖案，十字架與蓮花座相配，體現了西方基督教與東方佛教和中國民間文化交融的歷史現象。

圖一三　包頭市達茂旗出土的古敘利亞文景教徒墓頂石

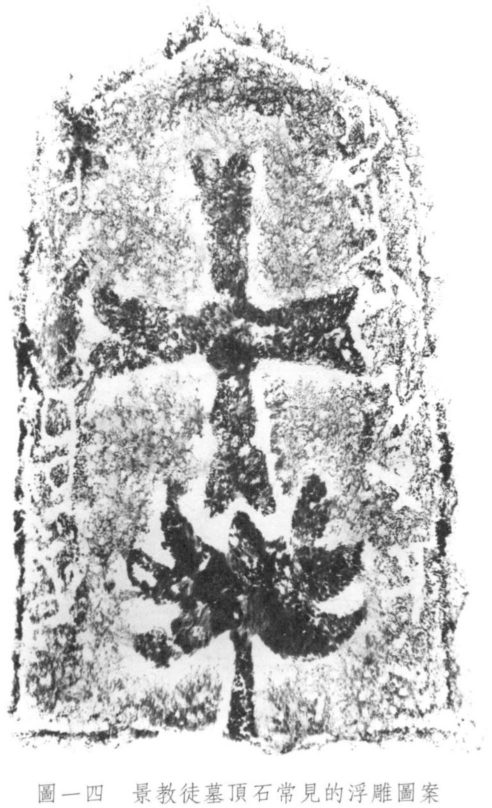

圖一四　景教徒墓頂石常見的浮雕圖案

六　至元十五年（一二七八）《建威都尉夫人王氏》墓誌

（一）至元十五年（一二七八）《建威都尉夫人王氏》墓誌簡介

此碑由內蒙古博物院于寶東研究員，於二〇〇〇年從呼和浩特市保合少鄉野馬圖村徵集並考證。該碑質地為白色大理石，長方形，高九八釐米、寬七〇釐米、厚一六釐米。誌石正面四周刻有雙線邊欄，欄內陰刻楷書共計二十八行，每行字數不等，多者三十九字，字體工整纖秀，字跡淺細，因石質較鬆軟，故許多字已漫漶不清（圖一五、一六）。

據墓碑第一行碑文『大元國至元十五年歲次戊寅二月二十六日』（圖一七）推算，該碑為一二七八年所刻。于寶東研究員在考釋論文中認為誌文主要記述了該墓誌的主人王氏及其夫『前金世襲千戶建威都尉』從金朝入仕蒙元，以及在蒙元被汪古部的實際首領阿剌海等三位公主先後委以『總持民政』的事跡。都尉及夫人王氏死後合葬於『天德城北三十里北山之陽』。該墓誌的發現，對研究蒙元時期汪古部的歷史、婦女地位、民族關係、政治地理都是極為重要的素材。對此，于寶東先生有如下考釋和研究。

（二）至元十五年（一二七八）《建威都尉夫人王氏》墓誌銘文考釋

該墓誌銘文雖已殘缺，但主要內容猶存。為求原貌，按其原有格式抄録如下：

唯大元國至元十五年歲次戊寅二月二十六日己□□□□□□□□□□□□□□□□□□□
亥殯於城之戊地太夫人迺　前金世襲千戶建威都尉之夫人也推都□□□□□諱仲□□□□
之慶鐘金源曾祖奉國將軍泰神祖鎮國將軍乞剌父安遠將軍買奴安遠□□□公公□□例贈□
威年一十八歲□繼世襲千戶統領神臂諸軍侍於　前金宸極正授建威都尉□□□□□□遙領
許州昌武軍節度使借職兵部尚書充國信副使勒恪宿衛雅見重於上加以資兼文□□犯上直諫
上以是重之遂賜夫人命之曰侯四海寧一朕當以公主湯沐之半媵之其見重如此太夫人□河間
人姓王氏父業儒以進士第貲累鉅萬常所負不給者皆面毀其券其鄉號曰王佛家夫人□□□懿

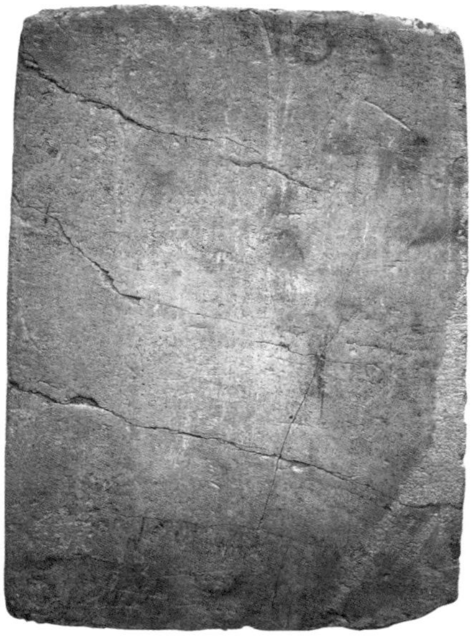

圖一五　《建威都尉夫人王氏》墓誌

長選侍　中宫恩渥浹洽以才名動京師積翠披香遊□夫人與焉必以右之烈女賢後幾諫　中宫
上愈重其志節上以都尉勳舊特賜夫人焉後值　天兵北援　上遣都尉為國信使至北見　監國
北王羈留不得歸　天輔大德曆數有在神戈南指　帝命惟□夫人契闊六塵之際有公先夫人遺
女豪者強為娉夫人即露刃以死自誓遂撥跡達於北與都尉相得□　監國長公主位下寵渥日□
令公總持民政堂華命之後民陰□□公以德化治民□牧富樂公之德也不幸捐禄於天山之府會
□年五十有四實戊申年也遺三子皆幼有覬覦之輩夫人素以風節自持凜然莫敢犯者　上位□
乃不冠之丈夫也不失舊秩涖正教子皆以義方奴耕婢織雞司犬衛各得其所滑吏豪宗斂手重跡
風化大行曆侍　三朝公主累遷全行省事攝省權者幾二十年嘗覲　今上中宫每賜錦袍□車珍
味其貴盛如此三子即長皆文偉顯仕長曰汝嘉字良佐文華國語□無不偕□有政譽佩金符位總
管後讓其弟良輔告以侍親讀書為事　上位以其孝讓遂擢為　郡王府相職仲曰汝洸字良弼生
而淑實詩筆遒健職俸禦年二十二卒季曰汝霖字良輔文辭雅致尤長於春秋佩金符位終總管良
弼子曰氏實字子季性淳雅嗜詩書佩金符見任總管良佐有三女二婦名家其一未笄太夫人暮年
遂委政 子孫不複事事道服玉麈以經史自娛閨閣雍肅雖千百口常嗃嗃然諸兒婦晨昏儼侍儼君
首□襲衣襜如慄如每進饋侍膳徹餃方退終太夫人世不敢少怠苟逢佳節淑時聚親舊侍讌銀□
金鴨稟□□□一時之勝必期太夫人朶頤而止享年柒拾八歲屬纊不之以□於牖下嗚泣□□富
金鴨稟□□□一時之勝必期太夫人朶頤而止享年柒拾八歲屬纊不之以□於牖下嗚泣□□富
兩朝富貴□□而樂子孫□賑以保終始者哉長子王相良佐□□告葬□期已定之求志之僕世受
卯冀之恩況□□之親雖才陋學鄙義不得辭姑□為之志合葬於天德城北三十裏北山之陽實至
元十五年歲次戊寅七月壬午　越□二日甲申也　銘日
金源□□騎□□鄉　□堂盛□□□彰　兩朝富貴□親隆昌　子孫綿綿天地以長
君□高□北山之麓　仲□□□□□□□當陽友全五福　琬琰刻之變遷□□□

圖一六　《建威都尉夫人王氏》墓誌拓片

圖一七　墓誌拓片局部，首句以“唯大元國至元十五年”開篇

（三）至元十五年（一二七八）《建威都尉夫人王氏》墓誌研究

第一，墓主人及其夫君的身世。

墓主人姓名，雖已缺損，但存有『前金世襲千戶建威都尉之夫人』之句。千戶、建威都尉的姓名，已經擦損，隱約可辨：『公諱仲口口』、『慶鍾金源』等字跡，知其當為女真人。『都尉』之曾祖奉國將軍泰神、祖鎮國將軍乞剌、父安遠將軍買奴。『建威將軍』一職，始於金哀宗正大二年（一二二五），《金史》卷四四《志第二五》記載：『議選諸路精兵，直隸密院，先設總兵六員分路揀閱，因相合併，每總領司率數萬人。軍勢既張，乃易總領為都尉，班在隨朝四品之列，曰建威、曰虎威、曰破虜、殄威、鷹揚、虎賁、振武、折沖、蕩寇、殄寇。』

墓誌記都尉死於『戊申年，……年五十有四』，戊申年為一二四八年，以此推算其生年為一一九五年，當金國易總領為都尉時，即正大二年時，已年逾三十歲，被授予的建威都尉，或即此年。史稱：都尉一職，『必以先嘗秉率權者居是職，雖帥府行院，亦不敢以貴重臨之』，足見其非尋常官職可比。碑文中說，都尉『年一十八歲，繼世襲千戶，統領神臂諸軍』，看來其被授予『都尉』，也是順理成章的事。據史書記載，天興初年（一二三二），『有十五都尉，先六人升授，在京建威奥屯斡里卜……』（《金史》卷四四《志第二五》）可知建威都尉是在京城的軍官。根據誌文『宸極正授建威都尉』，『宸極』指的是宮廷，即宮城，並稱都尉『勤恪宿衛』，意指是戍守京城的軍官，還曾遙領昌武軍節度使、借職兵部尚書等職。誌文稱都尉『雅見重於上』並非僅為褒揚之辭；還被『特賜夫人』，並許諾『俟四海寧一，朕當以公主湯沐之半賸之』，足見對都尉夫婦的器重程度。夫人享有『半公主湯沐』之待遇，已不啻為皇帝之『半女』的程度。後來，都尉又以『國信使』的身份出使蒙古，見到了監國，因『北王羈留不得歸』，開始了在蒙元的仕宦生涯。

誌文中沒有明確說明羈留『都尉』的北王是何人，以及留在大蒙古國之後是否就到了汪古部等。但後來，夫人因都尉先夫人留下的女兒被當地豪宗『強娉』欺淩時，遂『撥跡達於北』，與丈夫俱隸監國公主位下，且受寵日加，說明都尉本人在奉使時，並沒有完成使命，而是遭到蒙元的羈押，並成為公主的怯憐口（即屬民）。都尉在金朝的不凡經歷與才干，被監國公主發現並委以『總持民政』的重任。其政績也充分顯現出來，後來『捐禄於天山之府』，即病歿。去世之年為『戊申年』（一二四八）。當南宋淳祐八年（一二四八）。由於都尉是以『國信使』身份往見監國。當時，大蒙古國的監國是拖雷。從成吉思汗去世到窩闊台即位，拖雷監國祇有近一年的時間（一二二七—一二二八），以此年為計，都尉到蒙古國時應在一二二七年或一二二八年，也與其出任都尉的時間相合。都尉至蒙元後便遭到扣留，到他去世時，服侍蒙元貴族已有二十餘年。

都尉的夫人，是誌石的主人。據誌文：夫人為『河澗人，姓王氏，父業儒』，應是金朝河澗縣漢族王姓之家的女子，後來被金朝『選侍中宮』，因『以才名動京師』而得到皇上的重視。從誌文中王氏因丈夫前妻女兒被當地豪宗強娉時，『露刃以死自誓』，遂『撥跡達於北』的記敘來看，她不僅容貌出眾，有較高的文化修養，且嫻熟武備，是位『奇女子』。否則一位弱女子，不但『露刃』相抗，且能在戰亂中從內地到千里之遙的北地尋夫，是不可想象的。《蒙韃備録》中說『（監國公主）今領白韃靼國事，日逐看經，有婦士數千人事之』，王氏應在這數千人之列，且是其中的佼佼者。這從其『素以風節自持』，上位（汪古部首領）秤之為『不冠之丈夫』，便可看出。所以『不失舊秩』，繼承了丈夫的職業，直到晚年。

王氏的另一項功績，在於教導子孫有方。都尉去世時，『遺三子，皆幼』。王氏『涖政教子，皆以義方』，三子即長『皆文偉顯士』。長子汝嘉，字良佐，位總管，後以孝敬老母為由，將總管職位讓給幼弟良輔。『上位』因其『孝讓』，擢為『郡王府相職』。次子汝洗，字良弼，為奉御，即在皇宮任職，季子汝霖，字良輔，從長兄處接任總管一職，直到去世都在任上。而良弼的兒子子季，在太夫人去世時，正擔任總管一職。『上位』是誰呢？就是監國公主下嫁的汪古部首領。由此可見，『都尉』一族，從金國到達蒙元之後，祖孫三代都在汪古部位居顯職，可謂『怯憐口』中一大家族。

第二，『監國公主』和『三朝公主』。

在王氏墓誌中，曾先後提到『監國公主』和『三朝公主』。

『監國公主』，即阿剌海別吉。關於阿剌海別吉的事跡，在正史、別史、傳世碑文中都或多或少有所記述，這些史料有《元朝秘史》第二三九節將阿剌合（別乞）名的女子與汪古部』、《史集》第一卷下冊『（成吉思汗）第二女——阿剌海別乞，將她嫁給了汪古部主的兒子鎮國』、《駙馬高唐忠獻王碑》（《元文類》卷二三）、《趙王先德加封碑》（《中庵集》卷四）、《王傅德風堂碑》（陳垣《馬定先生在內蒙古發現之殘碑》，《華裔雜志》一九三八年第三卷第一期）、《繁峙王氏世德碑》（《山右石刻叢編》卷三；卷二五）、《山西通志·仕實録》（《山西通志·仕實録》）、及《元史》等。對監國公主的研究也較具體，相關的文章有洪均《後妃公主表補輯》（《元史譯文補正》卷三）、日本學者那珂通世《成吉思汗實録》（日本明治四十年出版），屠寄《蒙兀爾史記》（卷三六）等。而研究比較深刻的是周清澍先生《汪古部與成吉思汗家族世代通婚關係》（《元蒙史劄汪古部事輯之四》、蓋山林先生《陰山汪古》（第四三、四四頁），丁學芸先生《監國公主銅印與汪古部遺存》（《內蒙古社會科學》二〇〇〇年第三期）等。

據丁學芸先生考證，監國公主阿剌海，是成吉思汗的第三女，曾先後嫁予汪古部首領阿剌兀思、鎮國、不顏昔班和孛要合。她以公主的身份權勢很大，能秤『監國』便足以說明問題。南宋趙珙《蒙韃備録》秤她：『今領白韃靼國事，……凡征伐斬殺，皆自己出』，『所謂白韃靼者，……其國乃韃主成吉思汗公主必姬管事』。阿剌海，不僅掌管汪古部政事，其許可權還遠及山西、河北等地。所以，有的史書說，『阿剌海所監者，漠南國事』（《內蒙古社會科學》二〇〇〇年第三期）。此說雖有推斷之處，但也不是完全沒有根據的。早在一二一七年，成吉思汗尚未西征，阿剌海公主已被秤為『監國公主』。『都尉』被羈留大蒙古國及王氏『達於北』之後，隸屬『監國公主位下』，寵渥有加。根據周清澍先生考證，『監國公主至少統治汪古部二十年』（《元蒙史劄》汪古部事輯之四）。

『都尉』在汪古部總持民政，正是應監國公主之命而行使的。

關於『三朝公主』，實際是指蒙元王朝下嫁汪古部的三位公主。監國公主阿剌海是其一，另外兩位應該是獨木干公主和月列公主。

獨木干公主，《元史·諸公主表》、拉失篤丁《史集》、閻復《駙馬高唐忠獻王碑》、《三路達魯花赤劉公墓幢》、《西京大華嚴寺佛日園照明公和尚碑銘》（《定襄金石考》四）等史料中均有記述。周清澍、蓋山林兩位先生也有專門探索。獨木干公主，是元睿宗拖雷之女，她幼於蒙哥汗而長於旭烈兀汗。嫁給汪古部孛要合之侄郇王聶古。獨木干公主是繼監國公主阿剌海之後，又一位極具影響的女性。釋祥邁《西京大華嚴寺佛日園照明公和尚碑銘》說她：『權傾朝野，威振一方』。一二五二年，獨木干公主加徽號『佛日園照』。一二五七年，元廷『分撥平陽一千一百戶，為獨木干公主分戶』。此時正值太夫人王氏，在汪古部『攝省權』，『涖政教子』的時期。

月列公主的事蹟，史料記載較少。《諸公主表》謂：『趙國公主月烈，世祖女，適拜哈子趙武襄王愛不花』。根據王氏墓誌，王氏逝於至元十五年（一二七八）。所以，墓誌中所說的『歷侍三朝公主』，那麼最後一位公主，肯定為月烈無疑。

從王氏墓誌可以看出，王氏為中原漢族儒生的女兒，她在北方少數民族佔統治地位，特別是貴蒙賤漢的蒙元時代，何以能『歷侍三朝公主』、『攝省權幾二十年』、連歷『兩朝富貴』呢？究其原因，不外以下兩個主要方面：

其一，蒙元之際，由於蒙古軍隊的西征南伐，男子的主要活動都集中於行軍打仗中；而統一於蒙古的其他部族的使命，主要也是跟隨黃金家族征戰。這樣，後方的生產與生活必然主要由婦女來承擔。汪古部，由於在成吉思汗統一蒙古各部時便舉部來歸，且又在蒙古入關時，汪古部以其地理條件等因素自願充當嚮導，深得成吉思汗的信任，並約為世代『聯姻』。這樣，黃金家族的公主下嫁到汪古部，其特殊的身份和地位，在特殊的環境和時代，必然更加特殊。所以監國公主、獨木干公主均長期主政，甚至『監國』。至於月列公主，因其所處時代稍晚，全國已基本統一，戰亂平息，因此是否主政，目前還沒有發現相關的資料。但從王氏墓誌中，『歷侍三朝公主』的記述來看，月列公主下嫁汪古部期間（至少前一段時期）王氏仍能攝省權，那麼，月列公主的地位和權勢，由此而言也是顯而易見的。正是在這樣的背景下，有文化修養、有能力的王氏在都尉去世後，被同為女性的『上位』公主們看重委以重任，也是時勢造就的。

其二，是王氏的自身條件決定的。如前所說，王氏是中原宿儒的女兒，不但人材淑美，且文武兼備。早在金朝時，便被懿選中宮，以『才名動京師』，深得金朝皇帝青睞，『上愈重其志，上以都尉勳舊，特賜夫人焉』。這是何等的榮耀。來到北方之後，與都尉在監國公主位下，『寵渥有加』，都尉去世後，更是『以風節自持，凜然莫敢犯者』。因此，上位（汪古部首領）稱讚她：『乃不冠之丈夫』。所以才『不失舊秩』，繼承了丈夫職任。

由於她傑出的理政才能，使得『滑吏豪宗，斂手重跡，風化大行』，因此她的地位甚至超過其夫，至『累遷全行省事』，這裏的『全』或即『權』之誤，即『攝』之意。曾奉命覲見蒙古大汗，得到優厚的賞賜，故誌文中有：『其貴盛如此』之句。

翻開元史，有關黃金家族的婦女影響政治、控制朝政、左右局勢的記録，甚為豐富。如成吉思汗的正妻孛兒帖、太宗之後脱烈哥那、世祖之後察必以及本誌文中涉及的監國公主、獨木干公主，等等。這是由於環境、條件以及其身份地位使然。而王氏以入侍蒙元的漢族女性之身份，竟能步入蒙古上層統治的殿堂，且『攝省權幾二十年』，又『涖政教子』，使子孫均『文偉顯仕』，佩金符，位高職，這在蒙元歷史乃至整個北方民族歷史上也是罕見的。

至於都尉及夫人王氏位居何種官職，誌文沒有説明，這也是與歷史背景相符合的。他們的大部分時間生活在汪古部的境內，當時，汪古部主要領地是德寧、淨州、砂井、集寧等地。在金元之際，汪古部一直用自己簡單的方式行使權力，從當時北方草原地區各部族的政治、經濟、文化發展的實際進程來看，也不大可能有類似中原王朝那樣一整套周密而完備的統治機構。所以，各種史料中，常常以『……位下』表達某一部族首領的統治權，而首領以下這些人居何種官職，往往表述不清。因此，都尉及夫人入侍蒙古之後，處在監國公主位下，因都尉曾在金朝位居要職，文武兼備，有不尋常的經歷與才能，所以為監國公主看重，委以『總持民政』的要職。由此看來，他們職位相當於後來的『王相』或『總管』。都尉病逝後，夫人王氏『不失舊秩』，而攝行省事，所涉及的應該是淨州路，有可能是整個汪古部的民政權。到夫人暮年，『不復事事』之時，也正是元世祖統一中國，在全國推行路府州縣的統治機構之際。汪古部也納入了全國統一的行政區劃之內，設立了相應的總管、『王傅府』、『郡王府』等。因此王氏的兒孫們也就相繼擔任了『總管』、『郡王府相』等要職，這實際是從其父母那裏承襲的官職而已，祇是此時名秤有所變更罷了。

第三，墓地考略。

根據送碑者的描述，于寶東本人到誌石出土的實地進行調查。其地屬呼和浩特市新城區北郊（圖一八）保合少鄉野馬圖村，墓地在村西北約二公里的地方。地勢北為高山（大青山），左右兩側為山體伸展而突起的高坡，右前方一條山澗小河，前為平原，這是一處樹草繁茂、風景極佳的『風水』寶地。據村民講，是因村辦磚廠取土燒磚時，挖出一片墓地，僅出土的墓誌石就有八通之多，至於是否出土其他文物，已不得而知。現原地殘存有缺頭的青石豬、獅子等石刻。而出土的墓誌，除這通王氏墓誌之外，其餘七通皆不知去向。由

圖一八　呼和浩特市北郊（大青山南麓）

此推斷，這里應是都尉的家族墓地。

根據墓誌，太夫人死後『殯於城之戌地』，與都尉『合葬於天德城北三十里北山之陽』。天德城，即今呼和浩特市東郊『萬部華嚴經塔』所在的白塔村古城。據史載：『豐州天德軍節度使，秦為上郡北境，漢屬五原郡……後周置永豐鎮，隋開皇升永豐縣，改豐州，……唐武德元年為豐州總管府，後唐改為天德軍』（《遼史》卷四一《地理志》）。遼天德軍屬西南招討司，金朝初年，仍名為豐州天德軍，後改為天德總管府。

王氏墓地正處於白塔村北約三十里的北山，與墓誌記載相吻合。

那麼，天德城一帶究竟是否屬汪古部的領地？若是，又何時劃入汪古部的管轄範圍？目前尚無統一的認識。一種觀點認為：『早在元代之前，汪古部已經遷到陰山南北一帶，從金代末年的阿剌兀思剔吉忽里始一直是大青山南北的主體民族』（蓋山林《陰山汪古》），元代馬可波羅來華時路過呼和浩特東豐州（豐州在遼金時是節度軍，軍名天德），所以馬可波羅按照當地習慣仍稱其為天德軍。所以，持這種觀點的人認為將黑水城新城、豐州和東勝州，視為汪古部的首府都是有根據的。但為什麼元代的漢文史料沒有記載呢？是由於蒙古軍占領大青山以南地區之後，連人帶地暫交汪古部管轄，由此認為豐州的居民為汪古部領主的屬民，其地為汪古部的屬地。因此，汪古部的基本領地是大青山以北的集寧、淨州、德寧、砂井等世襲領地，而大青山之南的豐州、雲內、東勝三州是汪古部後來一定時期的領地。

與之持類似的觀點則認為：大青山後的砂井、集寧、淨州、按達堡子等地的人戶歸汪古部管領，確認這些地區是汪古部世襲的封地。同時『汪古部的實際領地範圍，包括了大青山以南的豐州、東勝州、雲內州等三州。這是阿剌海公主任監國公主後擴張的勢力範圍，因此在元王朝建立初期，承認歷史事實，仍屬於汪古部管領，也不是由汪古部和大同路共同管領』（李逸友《元豐州塔銘》，《內蒙古文物考古》一九九六年第一、二期）。祇是到延祐四年（一三一七），趙王被叛王所掠後，朝廷收縮汪古部領地範圍，將大青山以南的三州劃歸大同路管領。

還有一種觀點比較謹慎，認為汪古部的基本領地是砂井、集寧、淨州、德寧四處，這也是歷史明確記載的。但『豐州和東勝州是汪古部的領地在元代的史料中沒有記載，更無法證明這兩地是領地的中心或首府』（周清澍《汪古部的領地及其統治制度》，見《元蒙史劄》，內蒙古大學出版社，二〇〇一年七月）。但同時也認為『馬可波羅等書的記載也不能據以無稽之談』，因此認為『祇能說，趙王是這幾州（豐州、東勝、雲內）許多戶的領主』。由此也就基本上否認了這幾個州是趙王領地的說法。

當然，上述觀點還列舉了許多輔助性的論據，在此不做評價。但從王氏墓誌的記述中，是否能找到一些有關豐州屬地的線索呢？

誌文中有：『公，不幸捐祿於天山之府』。天山，即天山縣。《金史·地理志》：『淨州、下刺史。大定十八年以天山縣升，為豐州支郡……，北至界八十里，户五千九百三十八，縣一。天山，舊為榷場，大定十八年置。』（卷二四《志第五·地理上·淨州路》）《元史·地理志》云：『淨州路，下，領縣一，天山下。』（卷五八《志第十·地理一·淨州路》）天山縣，即為淨州路治所。

淨州何時設路與縣？《元史》沒有說明。最早有淨州路記載的是延祐三年（一三一一）十一月『增集寧、砂井、淨州路同知，府判，提控、案牘各一員』（卷二五《本紀第二五·仁宗二》）。考古工作者在淨州路西南文廟的建築遺跡中發現《大元加封宣聖碑記》石碑一通，上刻有：『淨州路總管府……，大德十一年（一三〇七）七月二十一日立』等字。因此，至遲在一三〇七年，淨州已設置為路。而都尉及夫人王氏活動的時代遠早於淨州設路之前。故王氏碑文中不見有類似路、縣治所名秤，而是籠統地將後來的淨州路秤之為『天山之府』。

天山縣，即淨州路故址，在今四子王旗城蔔子古城。正是《元史》所說：『北至界八十里』，即在距離大青山一線的界壕八十里的地方。既然都尉在『天山之府』任職，死後因何葬於距離天山縣近百里的陰山之陽呢？而此處為屬於豐州（天德城）的轄地，都尉夫人王氏死後，又與夫合葬於此。這是否說明豐州是汪古部領地的一個證據呢？

都尉被監國公主委以『總持民政』的職權，雖然，誌文並未提及總持民政的轄地範圍，但從王氏『累遷全（權）行省事』可以看出，他們所管轄的範圍至少在『一路』以上。雖然當時有陰山為界，但淨州—豐州一帶因同屬於監國公主領地，所以都尉及夫人管轄的範圍，就極有可能涵蓋這兩個後來設有嚴格界線的地區。

基此，我們有理由認為豐州一帶在大蒙古國建立到元代初期，確屬汪古部的轄地。由於豐州在陰山南麓，冬季相對淨州等地要溫暖得多，天德城作為汪古部首領冬季的行宮是極有可能的。正如義大利學者魏崧蒽蕾所說：『通常，以遊牧生活為主的蒙古族部落興建的首都至少有兩個：一個是夏都，一個是冬都，所以元代蒙古人也保留了這習俗』（《敖倫蘇木古城——中世紀內蒙古景教城市》，《內蒙古文物考古》二〇〇一年第二期）。

馬可波羅認為天德城是汪古部的統治中心，也有可能據上述情況而說的。另外，都尉和王氏何以葬在離天德城三十里的『北山之陽』，如據《蒙韃備録》，監國公主『有婦十數千事之』，若王氏在這數千人之列的說法成立的話，王氏的居住地是由監國公主的起居而定的。那麼，監國公主的主要活動（或生活）地點應在天德城。至於今達茂旗敖倫蘇木，根據已故李逸友先生的考證，是汪古部後築的黑水新城（李逸友《元豐州塔銘》，《內蒙古文物考古》一九九六年第一、二期）。其建城時間雖無確切記載，但大體時間在十四世紀八十年代左右。即遠遠晚於監國公主生活的年代。衹有到了大德九年（一三〇五）才有『以黑水新城為靖安路』（《元史》卷二一《本紀第二一·成宗四》）。延祐五年（一三一八）『改靖安路為德寧路』，這就是汪古部後來世居的趙王城。王氏墓誌，雖沒有明確說明天德城是汪古部長及『三朝公主』的居住地，但這種線索卻是較清楚的。

基於碑文殘損較重，且記述也較簡略，因此有些問題還尚不清楚。

關於都尉的族屬問題，既然都尉的曾祖父、祖父、父均為金朝的將軍，而都尉十八歲便世襲千戶，其父祖也是千戶無疑，且都尉在年紀很輕時便被授予秉有帥權的建威都尉，足見其正是名門望族，但究竟屬女眞哪一支，與完顔氏有什麼關係，還不好確定。

誌文表明，都尉及夫人歸大蒙古後，便隸屬監國公主位下，生活在汪古部的淨州一帶，而淨州在金元之際屬馬氏汪古。關於馬氏，現在對其族源已基本確定，即他們是外來的，最早居住在西域。遼道宗咸雍年間遷徙於臨洮，遼亡後他們被金廷強遷於遼東，後來舉族遷到陰山淨州的天山縣（黃溍《金華黃先生文集》第四三卷，《馬氏世譜》）。他們信奉聶思脱里教，即景教。而都尉一家亦來自金廷，且能在馬氏為中心的淨州一帶『總持民政』，馬氏與都尉家族有無關係？就信仰而言，都尉家族不甚清楚，而王氏之父為河澗宿儒，且在當地有『王佛家』的美秤。王氏年老以後，便委政子孫，以經史自娛，可見其有信仰佛教的可能。而都尉及夫人去世後沒有葬在景教盛行的淨州，而是葬於豐州境內距遼代建造的『萬部華嚴經塔』（圖一九）僅三十里的北山之陽。而這裏自遼代始，便是佛教勝地。都尉一族葬於此是否與其信仰有關係呢？

前文所說，都尉一家應是女眞望族，其曾祖名泰神、祖名乞剌、父名買奴，均極具少數民族名字的特點，而都尉的三個兒子及孫子的名字，儼然是漢族了。如長子汝嘉，字良佐；次子汝光，字良弼；季子汝霖，字良輔；良弼子民實，字子季等等。這可能與王氏為漢族女子，且有很深的儒家文化背景有關。但這是否從另一方面説明，在蒙元之際，因汪古部地接內地，受中原文化影響較深呢？

王氏墓誌的發現對於研究、補充汪古部乃至蒙元時期的歷史都是極為重要的。它同時還對學界提出了幾個疑問，即馬氏汪古的來歷，以及他們同遼朝的關係，還有耶律子春一家的史實等，這些都亟待探索。

圖一九　呼和浩特市東郊萬部華嚴經塔

七　《大德五年（一三〇一）》祭祀祖先刻石

（一）《大德五年（一三〇一）》祭祀祖先刻石簡介

圖二〇　包头市達茂草原

該刻石位於包頭市達茂草原（圖二〇）。其左側刻款：『大德五年四月四日記』，元成宗『大德五年』為公元一三〇一年。

畫面共刻有五人，男主人端坐高臺正中，妻妾分別端坐於其左右，妻妾膝下各立一侍人（圖二一）。據考，此圖刻畫了當時當地一個顯貴人家祭祀祖先的場景，這在內蒙古草原地區十分罕見。

圖二一　《大德五年》祭祀祖先刻石

八　移相哥（也松格）碑銘

（一）移相哥（也松格）碑銘簡介

十九世紀初葉，俄羅斯考古學者在今中俄界河——內蒙古呼倫貝爾市額爾古納河西岸的俄羅斯吉爾吉拉古城（又秤移相哥宮殿），發現了記録移相哥遠射之事的石碑，碑文為回鶻蒙古文，漢譯為：『成吉思汗討擄薩爾塔兀拉人還師，大蒙古國全體那顏聚會於不花火赤哈兒之地之際，移相哥射，矢中三百三十五庹遠。』它是現存時代最早的畏兀兒字蒙古文碑，現存於圣彼得堡美術博物館（圖二二）。

（二）移相哥（也松格）碑銘考釋與畏兀兒字蒙古文的拉丁文轉寫

內蒙古社會科學院張雙福研究員指出：《移相哥（也松格）碑銘》，使讀者一開始根據碑銘起始句秤為《成吉思汗石》，不確。成吉思汗西征得勝回朝途中聚會於某地（不花忽赤哈兒），進行射箭等男子三項比賽，移相哥以射三三五庹奪冠（一庹等于五尺，三三五庹乘以五等于一六七五尺；一六七五尺除以三等于五五八．三三米。——作者註）。至於聚會某地，學術界尚未考證出何地為『不花火赤哈兒』，因石碑斷裂，此詞筆劃稍有損傷，已經不易辨認，釋讀也有一定困難。學者們一般讀為『buqa sučiqai\ buqa suǰi γai』，似不確。張雙福先生釋讀為『buqa quči γar』，不花火赤哈兒之地約在哈密一帶。該碑文計五行，行文採用二位尊敬格式，以新行頂格書寫和降一格書寫方式來表示。其拉丁文轉寫如下：

yisüngge-yin kösiyen bičigesu

第一行：činggis qaγan-i

第二行：sartaγul irge taγuliǰu baγuǰu qamuγ mongγol ulus-un

圖二二　移相哥（也松格）碑銘照片和拓片

第三行：　noyad-i buqa qučiɣar qoriɣsan-tur

第四行：　yisüngge hontudur-un ɣurban ǰaɣud ɣučin tabun aldas

第五行：　-tur hontudlaɣ-a

（三）移相哥碑與移相哥

移相哥（约一一九二—一二六七），為成吉思汗的侄子，其父為成吉思汗的大弟哈薩爾，移相哥是哈薩爾諸子中最負盛名的一位。拉施特《史集》記載『據傳他（哈薩爾）的子女四十人左右。但其中著名而享有盛譽者祇有三人：也苦、移相哥和脫忽。』

一二一九年，移相哥隨成吉思汗西征中亞地區花剌子模國（又稱薩爾塔兀拉國）。經過五年的戰爭，於一二二五年底班師。當大軍行進至蒙古國西境額爾齊斯河源頭之地時，成吉思汗『降旨設置大金帳，舉行了大聚會及大宴。』並在聚會期間進行了射箭比賽，移相哥矢中三五五庹遠。為了紀念這罕見的射程，成吉思汗降旨刻碑，以示紀念。

一二三五年，斡闊台汗招集漢族工匠投入大量財力物力，修建了蒙古國的都城哈剌和林。與此同時，東道宗王們也在自己的分封地上修建了城郭宮殿。就此俄羅斯考古專家們挖掘烏龍留貴河流域吉爾吉拉古城（俄羅斯考古專家稱它為『移相哥宮殿』）時，發現它在建築結構、建築材料、裝飾藝術等方面不但與哈剌和林相同，其建築物的頂蓋同樣也是用紅、黃、綠色琉璃瓦當做成的。在額爾古納河左岸——我國呼倫貝爾市額爾古納右旗境內發現的黑山頭古城（圖二三），與俄羅斯境內烏龍留貴河流域的康堆古城、吉爾吉拉古城（移相哥宮殿）正成鼎足之勢。三座城址相距不遠，古城形制及出土文物都比較一致。可見它們的關係甚密，都是哈薩爾家族居住的城苑。『移相哥和拙赤哈撒兒氏族的禹兒惕和遊牧營地，在蒙古斯坦的東北部額兒古納河、闊連海子和海拉爾河一帶』（俄羅斯境內的烏龍留貴河為額爾古納河支流）。

圖二三　黑山頭古城

九　成吉思汗賜邱處機聖旨石刻

（一）成吉思汗賜邱處機聖旨石刻簡介

該聖旨碑刻共為兩通，現存青島嶗山太清宫，為成吉思汗頒賜全真道首邱處機總領天下出家人士的聖旨碑（圖二四）。是年為公元一二二三年，太祖成吉思汗十八年。

其一：

欽差近侍劉仲禄奉成吉思皇帝聖旨，道與諸處官員每（們）：

邱神仙應有底（的）修行院捨等，系逐日念誦經文，告天底人每與皇帝祝壽萬萬歲者。所據大小差發賦税都休教著者。據邱神仙底應系出家門人等隨處院捨，都教免了差發賦税者。其外，詐推出家影佔差發底人每，告到官司治罪。斷按主者奉到如此，不得違錯。須至給付照用。右付 神仙門下收執。

照使所據，神仙應系出家門下精嚴住持院子底人等，並免差發税賦。準此！

癸未羊兒年三月 日（注：年月上鈐『御寶』）。

其二：

宣差阿里鮮面奉成吉思皇帝聖旨：邱神仙奉知來底公事，是也。煞（恰）好我前時已有聖旨文字與你，來教你天下應有底出家善人都管著者。好底歹底，邱神仙你就便理會，祇你識者，奉到如此。

癸未年九月二十四日。

西域化胡歸順，回至燕京，皇帝感勞，即賜金虎牌，曰：『真人到處，如朕親臨。』邱神仙至漢地，凡朕所有之城池，其欲居者居之。掌管天下道門事務，以聽神仙處置。他人勿得干預。宫觀差役盡行蠲免。所在官司常切衛護。

天樂道人李謙書

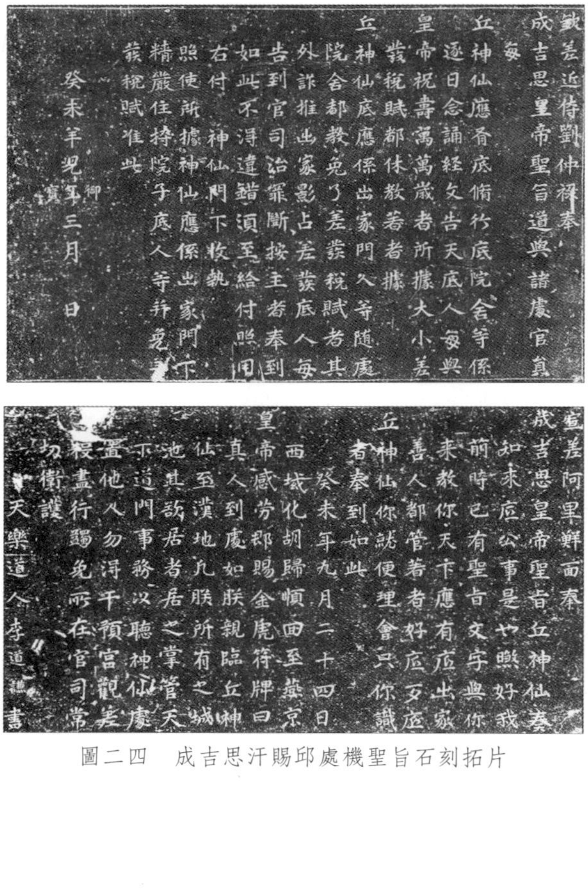

圖二四　成吉思汗賜邱處機聖旨石刻拓片

（二）成吉思汗賜邱處機聖旨石刻銘文考釋

這是大蒙古國最早的保護宗教的聖旨，是成吉思汗於癸未羊兒年（即公元一二二三年）三月、九月先後發給邱處機主持的嶗山太清宮的兩道聖旨。這兩道聖旨，是成吉思汗宗教政策的直接體現。一是告知諸處官員們，邱處機（被尊為邱神仙）主持修行的道觀，每天為皇帝（成吉思汗）萬歲而念誦經文。因此，要免除其各種差發賦稅，不得打擾其修行誦經。第二道是成吉思汗欽命邱處機掌管中原地區道教事務的聖旨。

根據成吉思汗的聖旨和宗教政策，成吉思汗的繼承者們陸續發佈了保護宗教的聖旨。

據元朝人李志常所寫的《長春真人西遊記》記載，公元一二二一年（元太祖成吉思汗十六年），道教全真派大師，七十三歲高齡的邱處機（號長春真人），奉成吉思汗聖旨召請，率領弟子李志常等十八人，從山東萊州起程，西行萬餘里前往西域以至中亞和印度，於次年（一二二二）農曆四月抵達大雪山下（今阿富汗興都庫什山）謁見成吉思汗。當時，成吉思汗率領蒙古大軍西征，當他知道邱處機道業精深後，極為欽佩，特傳聖旨將邱處機從萬里之外的山東，召至西征大軍的御帳之中。從四月首次接見，直到第二年（一二二三）農曆三月，成吉思汗多次召見邱處機。

一二二三年農曆三月，經過邱處機多次請求，成吉思汗派遣宣差阿里鮮為正使，護送邱處機東歸，並發聖旨兩道，命邱處機總領天下出家人士。邱處機（一一四八—一二二七）為金末元初道士，字通密，號長春真人，登州棲霞濱都人，為全真教七真人之一，以其久居山東、陝西，而其弟子寺觀亦多在山東與陝西，所以同一內容的聖旨，分刻於陝西盩厔、山東濰縣、青島嶗山。共有四塊石碑。一二一九年盩厔重陽萬壽宮詔書碑。此詔書碑為漢文正書，與一二二〇年詔書、一二二三年兩道聖旨以及一二五一年聖旨合刻一石，故這座石碑其刻詔書二、聖旨三。這是一份聘賢選佐的詔書，文中充滿了成吉思汗對丘處機的敬重。邱處機於金宣宗貞祐四年（一二一六）丙子復召未去，宋寧宗嘉定十二年己卯（一二一九）來召，亦未去。唯於是年己卯即太祖十四年在萊州應成吉思汗之詔而起，所以這份詔書是一二一九年五月發出的。

一二二〇年盩厔重陽萬壽宮詔書碑。王國維考證此詔書為耶律楚材所撰。此系成吉思汗遺曷剌答復長春真人陳情表的詔書。

一二二三年三月青島嶗山太清宮聖旨石刻。據拓片高三八釐米，寬六七釐米，十七行，每行多者十三字，少者一字，共一百七十七字。此石刻是成吉思汗頒給邱處機及其門人免除差發、稅賦的聖旨。石刻末記癸未羊兒年即太祖十八年，為一二二三年。山東除太清宮石刻外，還有濰縣玉清宮碑。同樣內容也見於盩厔萬壽宮聖旨碑。

一二二三年九月青島嶗山太清宮聖旨石刻。此石刻據拓片高三九·五釐米，寬六六·五釐米。十九行，每行多者十一字，少者三字，共一百七十五字。與此內容相同者，亦見於濰縣玉清宮和盩厔萬壽宮。此石刻為成吉思汗令邱處機掌管天下道教的聖旨。

一〇 《十方大紫微宮聖旨碑》

（一）《十方大紫微宮聖旨碑》簡介

據張雙福研究員的考證，《十方大紫微宮聖旨碑》所刻内容是：大蒙古國太宗第十二年即庚子年三月十七日，窩闊台皇帝降頒的聖旨（圖二五）。紫薇宮道士錢志通將此聖旨摹勒立石。此碑銘現存於河南省濟源縣十方大紫微宮。學術界將此碑文字定為脱列哥那皇后懿旨，確否，有待進一步考證。中國學者蔡美彪曾較早介紹此碑（參見蔡美彪《元代白話碑集録》，一九五五年）。脱列哥那皇后系大蒙古國太宗窩闊台汗之六皇后乃馬真氏。窩闊台皇帝去世後，於壬寅（一二四二）春開始秤制。《元史·后妃傳》謂：『太宗昭慈皇后，名脱列哥那，乃馬真氏，生定宗。歲辛丑（一二四一）十一月，太宗崩，后秤制攝國者五年。丙午（一二四六），會諸王百官，議立定宗。朝政多出於后。至元二年（一二六五）崩，追謚詔慈皇后，升祔太宗廟』（參見《元史》卷一一四《列傳第一·后妃一》第三三五頁）。

大蒙古國太祖太宗朝鎮海拜中書右丞相，掌管畏兀兒字蒙古文文書，每遇下達漢文聖旨，經由鎮海簽發。因而此聖旨上的三行字系簽發時鎮海所書。

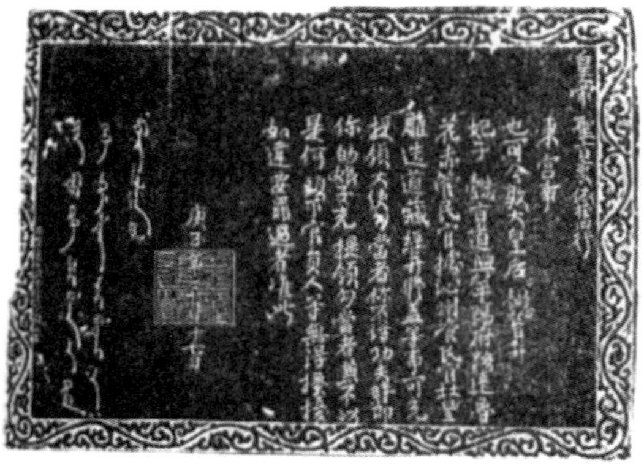
圖二五 《十方大紫微宮聖旨碑》拓片

（二）《十方大紫微宮聖旨碑》碑銘考釋與畏兀兒字蒙古文的拉丁文轉寫

《十方大紫微宮聖旨碑》漢文碑銘考釋：

該碑文漢文十二行，實計十一行，年月日之前空一行，又年月日之上加蓋篆字『皇帝之寶』字樣。行文採用的第一位尊敬格式，以頂格書寫方式來表示；第二位尊敬格式與正文同降兩字半格平格書寫或行文中空半字格方式來表示。茲録如下：

第一行：皇帝 聖旨里依舊行

第二行：東宫事

第三行：也可合敦大皇后懿旨並

第四行：妃子懿旨道與平陽府路達魯

第五行：花赤管民官據沁州管民官北豐

第六行：雕造道藏經並修蓋等事可充

第七行：提領大使勾當者你不得功夫時節

第八行：你的娘子充提領勾當者兼不以

第九行：是何頭下官員人等無得騷擾

第十行：如違要罪過者準此

第十一行：（空）

第十二行：庚子年三月十七日

第十三行：至第十五行：（空）

第十六行：宫道士錢志通摹勒上（立？）石

《十方大紫微宫聖旨碑》畏兀兒字蒙古文譯文及拉丁文轉寫：

arban ǰüg-ün yeke zi-wui-gung ordon-u ǰarliγ-un čoqolaburi

arban ǰüg-ün yeke zi-wui-gung ordon-u ǰarliγ-un čoqolaburi-yi basa 』töregen-e qatun-u iǰi ǰarliγ-un čoqolaburi』 gekü.

第一行：qan minu üge busi bolγaγ-san kümün

第二行：yeke enke aldaγ-situ boltuγai ene

第三行：bičig qulaγana ǰil

該碑文末附畏兀兒字蒙古文，大體内容為：皇帝朕言：若有人違旨獲大罪。此書於鼠兒年。

見【蒙古】月・張初步《古典蒙古文前期文獻》，烏蘭巴托，二〇〇六年，第二七頁。Corpus Scriptorum Tomus Ⅱ。

【波斯】拉施特主編，余大鈞、周建奇譯：《史集》第一卷第一分冊，商務印書館，一九八三年，第一九四—一九六頁。

二一 《釋迦院碑記》（蒙哥汗紀念碑）

（一）《釋迦院碑記》（蒙哥汗紀念碑）簡介

該碑為大蒙古國時期在漠北建立的釋迦院寺碑（圖二六）。一九五三年在蒙古庫蘇古爾省阿爾布拉格縣阿勒坦·噶達斯附近發現。漠北是成吉思汗大斡耳朵所在的根本之地，蒙古舊都哈剌和林（圖二七、二八）在漠北具有重要的地位。

石碑和碑座通高一八四釐米，重約一噸。碑額為漢文『釋迦院碑記』五字，其下左邊側刻三行畏兀兒字蒙古文，右側刻十二行漢文，共二百六十三字。

該碑為大蒙古國時期的蒙漢文碑，是外剌部駙馬八立托與公主建立的釋迦院寺的祝願碑，又名『蒙哥汗碑』。建寺立碑的時間為一二五七年，這年正是蒙哥汗五十大壽，故建寺立碑以感謝蒙古大汗，並隆重為蒙哥汗祝壽。《碑記》禱祝『今大皇帝萬壽無疆，國泰民安，法輪常轉，次奠在堂公主，福壽增延，進去時中，吉祥如意，再乞自身吉慶，四時歌慶，賀之後嗣』云云，可見蒙哥汗在漠北草原的威望甚高。

圖二六 《釋迦院碑記》拓片

圖二七 哈剌和林古城

圖二八 哈剌和林古城遺存龜趺——碑座

釋迦院碑所在地，院正中有一處三〇米見方的土建築房基，六塊石柱礎。該院內有多處房基。石碑周圍有磚瓦，從發掘出土的穿蒙古服裝的綠色陶瓷人像和藍色陶瓷磚瓦證明。在此碑西南八—十公里處，劄格術山口有一座古城遺址。此碑一九五五年由蒙古科學院運往烏蘭巴托，一九五六年在蒙古國家中央博物館展出。

（二）《釋迦院碑記》（蒙哥汗紀念碑）碑銘考釋與畏兀兒字蒙古文的拉丁文轉寫

據張雙福研究員考證，最早釋讀《釋迦院碑記》的學者是蒙古國學者O·南囊道爾吉。他於一九五六年和一九六〇年先後介紹和釋讀了《釋迦院碑記》的蒙古文部分和漢文部分。當然他的釋讀中出現了些許問題，但很快得到B·仁欽、N·鮑培、L·李蓋提等國際著名蒙古學者們的糾正。現在，學術界普遍採用N·鮑培的讀法（指蒙古文部分）：即先讀出第二行，而後依次讀出第一行和第三行之文。

《釋迦院碑記》漢文部分：

第一行：［大蒙古］國外剌隨營居，奉

第二行：附（駙）馬八立托，公主一悉肯，牡丹煙者，切念生居濁，世幸遇

第三行：［人］君之處，安居長安長樂報

第四行：天地［覆］載之德，叨

第五行：國王水土之恩，中心藏之追隨罔及，今者，八立托廣興喜捨之心，辦財立像，重發

第六行：［菩］提之意，建寺僧上報廣傳之洪麻，別莫……遙之景況，上祝

第七行：今［大］皇帝萬壽無疆，國泰民安，法輪常轉，次莫

第八行：在堂公主，福壽增延，進去時中，吉祥如意，再乞自身吉慶，四時歌慶，賀之后嗣

第九行：秤心，諸佛應心中之願，四恩趨報，三支遍資，法界有情，俱登

第十行：彼岸，……護之之兵

第十一行：一草招慾多劫多生，好結良因早成［佛果］。……

第十二行：丁巳年夏中旬后五日，奉佛附（駙）馬八立托公主一悉肯立記

關於附馬（駙馬）八立托和公主一悉售，史載不詳，我們衹能理出一些蛛絲馬跡以備考。八立托之名該碑文的蒙古文中拼寫精確，應作『巴兒思脱額』（bars töge）。查《元史》，有諸王『八里土』者，於元憲宗七年（一二五七）冬，蒙哥皇帝渡漠南，至玉龍棧（二連浩特附近）。時諸王八里土和忽必烈等前來迎接，舉行大宴。諸王八里土可能就是駙馬八立托，時間相符。至於『外剌』，毫無疑問，指的是斡亦喇特部。拉施特《史集》謂：『成吉思汗曾把自己的女兒扯扯幹嫁給這個脱劣勒赤駙馬，她給他生了三個兒子。一個叫不花帖木兒，另一個叫不兒脱阿（bars töge）；這不兒脱阿以性格孱弱出名；第三個叫巴兒思不花。』在成吉思汗時代斡亦喇特部的君主為忽禿哈別乞，他的兩個兒子中的第二為脱劣勒赤駙馬，脱劣勒赤駙馬的三個兒子中的第二為不兒脱阿（bars töge）。

按，我們認為《史集》所謂不兒脱阿即八立托。所謂『不兒脱阿以性格孱弱出名』指的正是八立托信仰佛教，慈悲為懷，不敢殺生。這里滲透著遊牧民族的思維方式和表達方式。《史集》又謂：『成吉思汗曾把［自己］氏族的一個姑娘嫁給這個不兒脱阿，她的名字和輩分不詳，［因此］不兒脱阿當了駙馬［古列堅］』。

按，我們認為《史集》所謂『名字和輩分不詳』的宗室姑娘即公主『一悉售』，不兒脱阿娶了她，就成了駙馬爺。這進一步證明我們推理的合理性。

《釋迦院碑記》畏兀兒字蒙古文的拉丁文轉寫：

möngge qaγan-u gereltü kösiyen-ü bičigesü

第一行：uruγun uruγiyar kedün kedün üyes-te

第二行：möngge qaγan tümen tümen nasulatuγai kemeǰü bars töge busqaγul[bai]

第三行：kürtele ene dabariγunu buyan kürtügei

該碑文蒙古文部分的大意為：為祝蒙哥皇帝萬萬歲而八立托立石。願子子孫孫、代代傳承，可享此福。

見【蒙古】月·張初步《古典蒙古文前期文獻》，烏蘭巴托，二〇〇六年，第二七頁。Corpus Scriptorum Tomus Ⅱ；

一二　《宣威軍》碑

（一）《宣威軍》碑簡介

該碑位於蒙古後杭愛省杭愛山南麓哈剌和林附近。碑銘為漢文，記載了忽必烈從淮東路調兵赴哈剌和林屯戍之事（圖二九）。這支侍衛親軍，由蒙古左副都元帥賈忙古解率領，經數月行軍抵達和林，然後，『為創立屯所，因其山後建其城，就其水瀦以為池』，建立起一座屯衛城。在行圍打獵時，蒙古元帥命該城為『宣威軍』，並於至元十五年（一二二八）刻碑紀念。由此可知，在哈剌和林周邊有衛城屯戍。

（二）《宣威軍》碑考略

忽必烈定都漠南後，漠北成為元朝的北方邊區，但大蒙古國原都城哈剌和林在政治、軍事上仍然佔有重要地位。至元十九年（一二八二），忽必烈在漠北設置和林宣慰司都元帥府，作為中書省派出機構，管理漠北軍民政務，此前還調軍在漠北地區屯戍。武宗大德十一年（一三〇七），在漠北設立和林等處行中書省，置和林路總管府，並分設澄海宣慰司以管轄行省西境。漠北諸王及各萬戶、千戶都受其管轄。元人虞集《嶺北行省郎中蘇公墓誌銘》，對嶺北行省的重要性闡述極深：『嶺北行省之和林，國家創業，實始居之，於今京師為萬里，北邊親王，帥重兵以鎮；中書省丞相，出為其省丞相，吏有優秩，兵有厚餉。』此碑充分證明了嶺北行省的特殊地位。

圖二九　《宣威軍》碑拓片

附録

一　《駙馬高唐忠獻王碑》

作者閻復（一二三六—一三一二），元代大臣，《元史》有傳。高唐人，與徐琰、李謙、孟祺四人，號『東平四傑』。元世祖至元八年（一二七一），被舉薦為翰林應奉；至元十年（一二七三），遷翰林修撰；二十三年（一二八六）再擢翰林學士承旨，朝廷詔旨多出其手。成宗即位，復起任集賢學士；大德元年（一二九七）改任翰林學士，再擢翰林學士承旨；大德十一年（一三〇七），起草著名的《加封孔子詔》，流傳至今、影響深遠。武宗即位後，晉階榮禄大夫，授中書平章政事。後辭官家居，卒後贈光禄大夫、大司徒、上柱國，封永國公，謚『文康』。

《駙馬高唐忠獻王碑》影印自内蒙古圖書館藏《元文類》（卷二三），是研究汪古部統治家族的重要文獻。除《元史》外，相關文獻見《趙王先德加封碑》（劉敏中《中庵集》卷四）、《王傅德風堂碑》（陳垣《馬定先生在内蒙古發現之殘碑》，《華裔雜志》一九三八年第三卷第一期）、《繁峙王氏世德碑》（《山右石刻叢編》卷三、卷二五）等。

曰公功進爵為王旅力尚強永清我疆驪馬來朝告我今皇一疾不起兩宮震傷飾終既備登嗣之良忠武之子三相兩師婦皆王女女皆王妃古亦有君莫我君仁古亦有臣莫忠武純烈烈大勳與日同曜淇陽冥封子孫世紹忠武神靈從帝遊天勒詩貞石垂美萬年

駙馬高唐忠獻王碑　閻復

大德九年秋七月詔諭故駙馬高唐王闊里吉思為高唐忠獻王曾祖阿剌兀思剔吉忽里追封高唐忠武王曾祖妣阿里黑為高唐王妃祖駙馬字要合為高唐武毅王祖妣皇曾祖姑阿剌海別吉為齊國大長公主父駙馬愛不花為高唐武襄王妣皇姑月烈為齊國大長公主忠獻王前尚皇姊忽答的美實追封齊國大長公主繼尚皇女愛失里追封齊國公主從介弟高唐王木忽難請也恭承邸典命府屬王元舉狀先世勳德謁銘麗牲之碑謹按家傳系出沙陀鴈門節度之後始祖卜國汪古部人世為部長亡金

塹山為界以限南北忠武王一軍阨其衝太祖聖武皇帝起朔方併吞諸部有國西北曰帶陽罕者遣使卓忽難來謂忠武曰天無二日土無二王汝能為吾右臂朔方不難定也忠武素料太祖智勇終成大事決意歸之部眾或有異議忠武不從即遣麾下將禿里必荅思賫酒六榼送卓忽難於太祖告以帶陽之謀時朔方未有酒醴太祖祭而後飲舉爵者三曰是物少則發性多則亂性使還酬以馬二千蹄羊二千角上詔忠武異日吾有天下奚汝之報天實監之且約同征帶陽會於某地忠武先期而至既收帶陽天兵下中原忠武為嚮導南出界垣留居鎮守為哇背異議所害長子不顏昔班死焉武毅尚幼王妃阿里黑挈之偕猶子鎮國夜遁至界垣門已閉訴於守者縋垣以登逃難雲中太祖聞忠武死悼痛不已戎事方殷未暇治也雲中既下詔求王妃二子得獲賙卹孤嫠甚渥鎮國至封北平王握金印武毅自鄙亂太祖攜征西域還年十七鎮國已卒繼封北平王尚齊國大長公主仍約世婚敦

交友之好號按達忽荅鎮國之于聶古䚟亦封北平王尚睿宗皇
帝女獨木干公主略地江淮歿於戎事詔以興州戶民千計給葬
其戶至今隸王府齊國大長公主明慧有智略祖宗征伐出嘗攝
留務軍國大政率諸稟而後行師出無內顧之憂公主之力居多
初武毅未有子公主爲進姬侍以廣嗣續鞠育之恩不啻己出子
男二八長君不花仲武襄王季拙里不花君不花尚定宗皇帝長
女葉里迷失公主從憲宗皇帝伐宋至釣魚山宋人堅壁不下我
師環攻宋卒乘壁而詬傍有坐而張蓋者以謂弧矢莫我及也君
不花素善鞭箭射之以顛遂拔其壘三子曰囊加䚟曰邱隣察曰
安童邱隣察尚宗王阿直吉女回鶻公主國朝之制凡宗室之女
皆稱公主武襄雖貴爲帝壻總戎日多家居日少中統初釁起闕
牆敗叛將闊不花於按擅火爾歡獲其屬鎮海濟南之役環城當
南面寇數出南門禦以勁兵輒復內竄以至授首還率所部從大
軍伐叛西北敗叛王之黨撒里蠻於孔吉烈數日之間會戰凡七

俘獲甚眾撒里蠻尋復來歸拙里不花鎮雲南而卒子火思丹尚
宗王卜羅出女竹忽眞公主武襄所尚齊國大長公主世祖皇帝
季女也生四子長忠獻王次也先海迷失早世次阿里八䚟耽嗜
儒術尚宗王完澤女奴倫公主今高唐王尚宗王兀魯䚟女葉絲
干貞公主早卒再尚宗王柰剌不花女阿實秃忽魯公主女三人
必扎匣爲皇兄晉王妃葉里彎爲宗王按攤不花奴忽都魯爲河
開王也木干妃忠獻王生長北方金革之用固其所長而崇儒重
道出於天性興建廟學裒集經史築萬卷堂於私第講明義理陰
陽術數靡不經意宗王也不干叛率精騎千餘併行旬日追及之
時天盛暑將戰北風大起眾請勿戰王曰盛暑得風天贊我也策
馬以先大敗敵軍殺掠殆盡叛王以十餘騎竄是役也王身中三
矢一矛斷其髮凱旋詔賞黃金二鎰白金十鎰聖上御極之初特
頒金印封高唐王駙馬封王蓋自王家始王以西北未庭請往征
之詔初不允請至再三方許之將行誓曰邊塵不清義不旋轡大

德改元夏四月與敵遇於伯牙思或謂俟大軍畢至戰未晚也王
曰丈夫爲國死敵奚以眾爲於是鼓譟而進大破敵軍殺傷甚眾
擒將卒百餘人以獻詔嘉其勇果賜以先皇所御貂裘寶鞍繒錦
七百介冑兵器有差二年秋諸王將帥會于邊其籌邊事咸謂往
歲敵無冬至之警宜各休兵境上王曰今秋候騎至者甚寡所謂
鷙鳥將擊必匿其形兵備不可弛也眾不以爲然王獨嚴兵以待
是冬敵果大至彼眾我寡三戰三卻之王乘勝追奔逐北深入險
地後騎莫繼不虞馬傷而仆至陷敵域敵初待以壻禮數欲誘降
應對之際皆效忠保節之語又欲妻之以女曰吾不覩皇太后慈
顏幷聖上面命不敢爲壻卒不能奪其志上憫王陷敵欲遣使理
索未得其人王府蠹臣曰阿昔思往在戎陣嘗濟王於險眾推其
可用乃遣使敵一見王於稠人中首問兩宮萬安次問嗣子安否
語未竟輒爲左右所蔽翌日遣還王竟以不屈而終嗚呼昔忠武
以一旅之眾經綸草昧去僞歸眞繼以北平父子武襄昆仲被堅

執銳畢命邊陲以死勤事至王凡四世矣蓋王平生潛心聖學綱
常之分了然於胷中知義重於生故臨難無苟免可謂無忝爾祖
矣至於世締國姻奕葉封王河山帶礪子孫世爵聖朝所以崇德
報功斯亦至矣初王之北也世子主安甫脫襁褓詔以其弟朮忽
難才識英偉授以金印玉帶海東白鶻封高唐王襲爵之後恪守
父祖成業撫民御眾境內乂安時齊國公主卒已久凡王之珍服
祕玩悉令謹厚者掌之以需世子成立又慨兄死節及先德闡而
弗彰俾元舉走京師列其事以聞光荷封謚之號其孝友敦睦雖
儒素承家有不逮焉嗚呼賢哉銘曰
太祖聖武握乾綱風飛雷厲起朔方忠武華冑踵後唐疆介南北
司壕隍有國西北名帶陽射日之弧期其張告以僞謀吞厥疆孤
忠竟爲寇所戕帝聞其死久盡傷世姻汝締寵渥彰鎮國金鈕何
煒煌武毅繼踵服王章子復尚主殁戎行一門三將迨武襄東殄
海寇斧其吭北禦邊釁平閟牆偉哉高唐忠獻王外孫衍慶疏天

潢帝姬再降惠澤滂尊師重道興郡庠俗祛金革北方强禮義一
變齊魯鄉英風勁氣直以剛捐軀報國分所當千載烈日橫秋霜
河山誓爵奕葉昌

二 《**馬氏世譜**》

作者黄溍（一二七七—一三五七），婺州路義烏（今浙江義烏）人，元代著名史官、文學家、書法家、畫家。與柳貫、虞集、揭傒斯，被稱為元代『儒林四傑』。黄溍著作頗豐。據《元史》記載，有《日損齋稿》三十三卷、《義烏縣志》七卷、《日損齋筆記》一卷。今存《金華黄先生文集》四十三卷。集中行狀、碑銘、墓誌、世譜、家傳達二十二卷之多，其中拜住、也速帶兒、答失蠻、合剌普華、劉國傑、董士恭、董守簡、揭傒斯等人的神道碑，王都中、韓性、許謙、袁易、楊仲弘等人的墓誌銘以及《馬氏世譜》等，均可補史傳之闕，有較高的史料價值。

《馬氏世譜》影印自內蒙古圖書館藏《金華黄先生文集》（卷第四十三），是研究陰山汪古部馬氏家族的重要文獻。

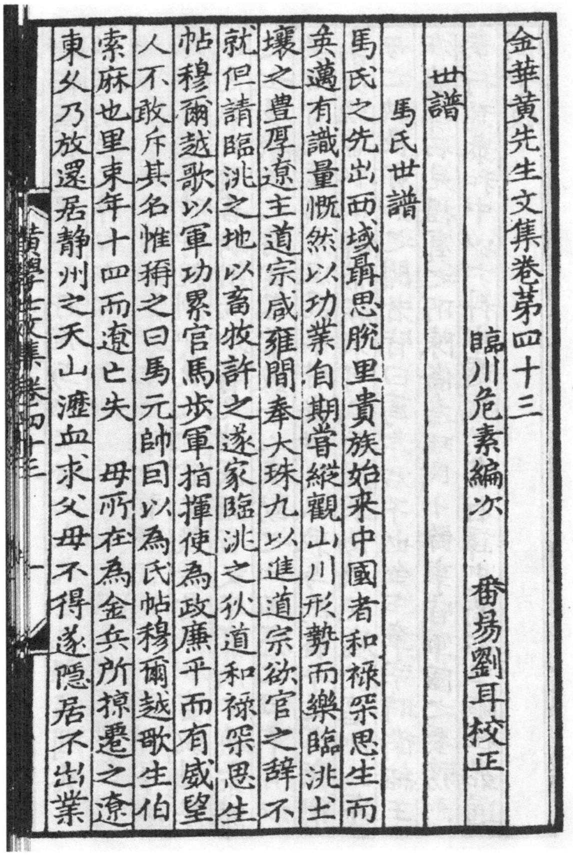
金華黄先生文集卷第四十三
臨川危素編次　番易劉耳校正
世譜
馬氏世譜
馬氏之先出西域聶思脱里貴族始來中國者和禄罙思生而
奂邁有識量慨然以功業自期嘗縱觀山川形勢而樂臨洮土
壤之豐厚遼主道宗咸雍間奉大珠九以進道宗欲官之辭不
就但請臨洮之地以畜牧許之遂家臨洮之狄道和禄罙思生
帖穆爾越歌以軍功累官馬步軍指揮使為政廉平而有威望
人不敢斥其名惟稱之曰馬元帥因以為氏帖穆爾越歌生伯
索麻也里束年十四而遼亡失　母所在為金兵所掠遷之遼
東久乃放還居静州之天山瀝血求父母不得遂隱居不出業

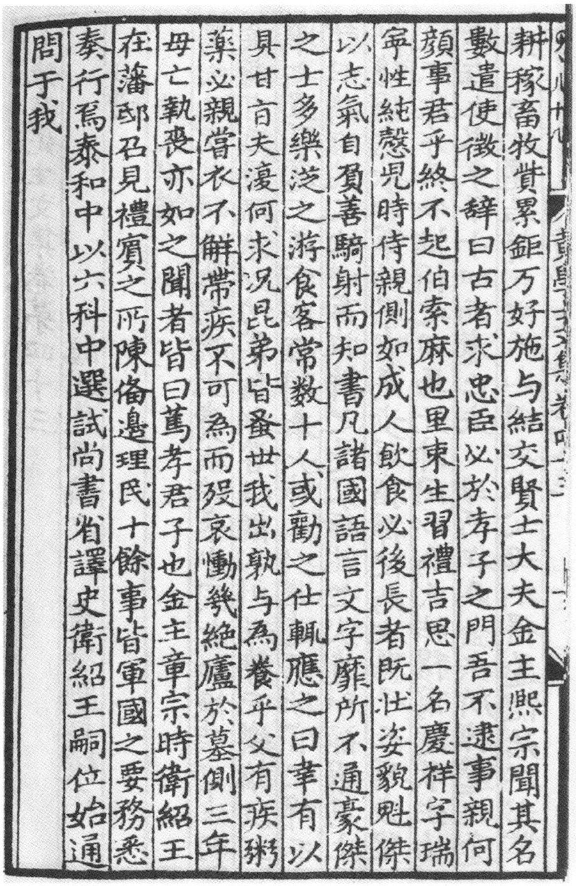
耕稼畜牧貲累鉅万好施与結交賢士大夫金主熙宗聞其名
數遣使徵之辭曰古者求忠臣必於孝子之門吾不逮事親何
顔事君乎終不起伯索麻也里束生習禮吉思一名慶祥字瑞
寧性純慤兒時侍親側如成人飲食必後長者既壯姿貌魁傑
以志氣自負善騎射而知書凡諸國語言文字靡所不通豪傑
之士多樂從之游食客常數十人或勸之仕輒應之曰幸有以
具甘旨夫復何求况昆弟皆蚤世我出孰与為養乎父有疾粥
藥必親嘗衣不解帶疾不可為而歿哀慟幾絶廬於墓側三年
母亡執喪亦如之聞者皆曰萬孝君子也金主章宗時衛紹王
在藩邸召見禮賓之所陳備邊理民十餘事皆軍國之要務悉
奏行焉泰和中以六科中選試尚書省譯史衛紹王嗣位始通
問于我

太祖皇帝信使之副難其人衛紹王曰習禮吉思忠信而多智
且善於辞令往必無辱及入見　上愛其談辯而觀其器宇
不凡称歎久之司賜名曰也而添圖古捏漢言能士也暨再使
曰留不遣使人風之曰爾國危在旦夕若屬將為虜留此則可
以長保富貴荅曰國之興亡係政善惡不係勢之強弱我國無
乱政爾何以知之貪利則不仁避害則不義背君則不忠出使
而不報則不信誠拘留不返當以死自誓反道失身雖生何益
留之三旬知不可奪乃厚禮而歸之
太祖思其賢遣内臣乙里只持國書徵歲幣且招之使来衛紹
王欲遣之力辞貞祐末挈家從金主宣宗南遷汴上再遣乙里
只諭旨曰寧死歲幣必得斯人宣宗幸和議之成強遣之涕泣
而言曰臣身猶草芥不足惜也苟利於國雖死不恨但以人資
敵豈謀國之道哉遂輟不行尋擢開封府判官内城之役加昭
勇大將軍充應辦使不擾而事集以勞遷鳳翔府兵馬都総管
判官至則率賢才脩軍政興利除害境内稱治而嘉禾秀麥瓜
蓮同蔕之瑞並見民既甦息乃立學以教之四方流寓之士多
歸焉元光二年秋諜報大軍將攻鳳翔行臺命清野以俟主帥
素與之不協乃減其從騎行三舍而與大軍前鋒遇於澮水戰
不利且戰且却將及城伏兵遮其歸路矢尽援絶人殊死戰大
軍圍之数重誘之曰我國聞公賢屢召不至今亟降是轉禍為
福之機也不聽乃射其馬使不能行覬卒降之又不聽而下馬
持短兵接戰將突圍而出圍益密遂見執令軍士彀弓持滿環
向而脅之曰不降死矣又不聽彀者畢發夫集其身如蝟罵不
絶口而死是歲冬十一月二十二日也麾下士不降而死者數
十人事聞宣宗命詞臣王鶚草制贈輔國上將軍恒州刺史謚
忠愍勅塟鳳翔普門寺之東立廟賜額曰褒忠事見金史宣宗
本紀新史本紀雖不載而詳見於忠義傳金亡時其公族近臣
之家皆羈于汴之青城
太宗皇帝聞其忠義遣内臣撒吉思不花持黄旗撫問其家得
其三子俾入覲於和林
憲宗皇帝嘉之使備宿衛中統元年丞相線真内侍蒙速速引
見
世祖皇帝於白馬甸上諭旨曰此也而添圖古捏之子乃父忠
於主朕今官其子安有不盡力如其父乎三子曰三達曰天民
曰月忽難一名貞字正臣三達性倜儻多謀略累有戰功終於
中書左司郎中三子天下閭滅都失剌約实謀並居天山天民
山東諸路榷塩使從伐宋以功佩金符為太平江州等路達魯
花赤二子奧剌罕揚子縣達魯花赤保祿賜魁偉沈毅語言辨
給嘗為湘陰州達魯花赤單騎往說左江反者悉降遷同知南
安路揔管府事其文學政事有傳存焉奧剌罕子闊里奚斯昜
縣達魯花赤保祿賜子世德以國子生擢進士第今由監察御
史遷中書省掾校官闊里奚斯子祖仁國子生靈壁縣主簿月
忽難歷事
太宗
憲宗
世祖三朝終於禮部尚書有傳在國史玆故弗序月忽難十一
子世忠常平倉轉運使世昌行尚書省左右司郎中贈吏部尚
書世敬通州達魯花赤斡沙納世靖皆不仕世祿中山府織染

提舉失吉絳州判官世榮瑞州路捴管世臣大都平準庫提領餘三人皆早卒世昌四子潤同知漳州路總管府事贈河南行中書省參知政事節入道於王屋山禮下沙塲鹽司令贈淅東道宣慰司都事淵贈江淅行中書省左右司都事世敬子開在京倉其官世靖子岳難蘭溪州達魯花赤世禄三子失里哈河南行中書省左右司都事継祖大都宣課提舉也里哈不仕失吉子雅古世榮子必胡南同知興國路總管府事祝饒富池茶監潤七子祖常進士第一人卒官御史中丞仕㝡顯其行能勞烈後之秉史筆者當為立傳兹亦弗序祖義翰林國史院編脩官祖烈汝寧府知事天合祖孝祖常同年進士今為其官祖信其塲其官祖謙國子進士昭功萬户府知事祖恭國子生禮四子祖中某副使祖周鄉貢進士廣西廉訪司知事祖善進士河東宣慰司經歷祖良淵三子祖元鄉貢進士市舶某提舉祖某某路儒學教授淑清開子某失里哈二子某祖憲國子進士吴縣達魯花赤也里哈子蘇剌哈棗陽縣主簿雅古四子某某某某祝饒子某祖仁子伯嘉訥祖常二子武子奎章閣學士院典籤文子秘書監著作郎祖義子獻子國子進士含山縣達魯花赤祖烈子惠子高郵府知事祖中子帖木爾鄉貢進士祖周子明安沓爾某稅使開孫猶子鄉貢進士

史官黃溍曰古之得姓者或以國或以官或以王父字所取非一馬氏自狄道而天山則以官為氏者也昔臨川王安石為許氏世譜起唐虞歷兩漢至三國而其傳緒始顯馬氏之有姓迨今僅二百餘年故予為其世譜可得而詳焉然予觀許氏有唐睢陽守遠伏節死難与恒州府君事正相類而臨川論盛德必百世祀獨上推於伯夷而歎其後世忠孝之良不得與夔皋稷虎之徒俱出而馳焉嗚呼遠之不得與夔皋稷虎並馳所遭之時異也恒州府君名聞上國數見羅致誠使知曆數之有歸而審於去就翊扶興運紀功太常視夔皋稷虎尚何歎乎庸備論之以著于篇

三　《和林金石録》輯録

作者李文田（一八三四—一八九五），清代著名的蒙古史研究專家和碑學名家，謚文誠，廣東順德人。咸豐九年（一八九五）進士，官至禮部侍郎。對金石碑帖書籍版本之源流考證卓有成果。。公務之餘，對元史及西北史地研究尤精。金石碑帖書籍版本之源流，皆得其要。著有《元史地名考》、《西遊録注》、《塞北路程考》、《和林金石録》等。李文田尤諳熟遼、金、元史事，搜藏此三朝碑刻甚多。如遼、金、元碑刻在和林共有十六種，李文田盡得其拓本並加以考證，其著作《和林金石録》面世後世人方知有和林碑。這些碑銘對於研究蒙元歷史和大漠南北的政治、經濟、文化交流，極具參考價值。其中，較為重要的蒙元碑刻有《兵馬司達魯花赤亦思馬因等題名》、《德政殘碑》、《和林倉題名》、《嶺北省和寧路和林倉題名》、《別兒怯不花德政刻石》、《嶺北省右丞郎中總管收糧記》、《咬哥題名録》、《三皇廟碑》、《三皇廟殘碑》等。

現將《和林金石録》所刊以上碑文影印於後。

和林金石攷序

自元運告終南朔分畫雖明初李文忠常遇春諸人亦嘗一至和林而永樂以後直以丁零北海視之嘉靖以後學者弁上都而不知何論和林哉

聖朝奄有中原北莫朔漠

聖祖親征噶爾旦

駐蹕克魯倫河其距元代大斡耳朵相去非遠於是承學下士得聞靈臺測量及職方圖繪然後讀元史者知攷和林所在然史稱和林以合剌和林河得名則久無此名矣徒影響於土兀剌鄂勒渾辥凉格三河之間而卒無定在即天台齊次風宗伯大興徐星伯編修其於朔漠語言文字皆究過往古然隱約方位曾不能有一

定之據蓋和林之汨沒不獨漢人為然即蒙古人亦昧昧久矣以明初所共知之地不及三百年間而康熙中如顧景范亦皆不能舉一確證以為一統志之按語乾隆中館臣修書從永樂大典得耶律鑄雙谿醉隱集於是方知和林者即唐回鶻建牙之舊庭顧集無擺本但

尊藏

文淵五閣中學者無繇窺見至所云闕特勤乃兩唐書之誤當從石本改正則康雍兩朝鴻博之彥所未聞也千年之石萬里之荒即好古如阮儀徵好事如劉燕庭聽之而已比年士大夫多好鑿空致遠之學冀有裨於實用風氣所沾溉遂能變化四裔今之有影拓和林唐代及元人諸碑不可謂非物聚所好也按試餘暇小憩

都寓以此代投壺雙陸焉豈可以來自殊族而忽諸他日中邦有能宣力遐荒犂庭掃穴然後建一陪都於和林備

今上之巡狩未必非此區區玩好引起端也是則予之夙志云爾

咸亨元年入殘羈縻十八州殘于闐取龜茲撥換城

西域傳龜茲王訐窮保撥換城

天可汗躬總師旅大敗賊回奔逐至眞珠河　按新地理表頓多城烏孫所作赤山城又三十里至眞珠河又西北度乏驛嶺又五十里度雪海　又西域傳石國眞東北距西突厥

和林兵馬劉公去思碑幷碑陰題名

右劉天錫去思碑篆額九字為番僧鑱梵文六字於其上故有缺字年號至下泐順字是年太歲辛未也元史本紀大德七年始立和林兵馬司是此官建於成宗以後幷太祖皇弟斡赤斤即有之也張思明元史卷六十四有傳

按元史宰相年表張思明以仁宗延祐七年三月官中書左丞明年為英宗至治元年又一年如故三年正月速速為左丞八月以後為善僧自至治二年至至順二年先後凡十年而張思明至是為和林兵馬司儒學正此元制之當攷者

兵馬司達魯花赤亦思馬因等題名

右題名其中周元叟溫曹政皆已見於劉天錫去思碑張思明即撰天錫碑之人然則此石亦當刻於至順閒是時天錫尙居官未去和林則在至順二年以前矣碑有兵馬劉天錫名

德政殘碑

按元史孛朮魯翀傳文宗親祀天地社稷宗廟翀為

禮儀使竣事上天厤大慶詩會立太禧院除僉大禧宗禋院兼祗承神御殿事云云則此碑禋院上乃宗字無疑

和林倉題名

右和林倉碑按和林之倉當置於世祖之時以世祖本紀攷之至元十一年徙生券軍八十一人屯田和林十七年命沿途廩食和林回軍十八年遣兀良合帶運沙城等糧六千石入和林蓋既屯田廩食運糧則必有倉以儲可知矣是和林倉之設在世祖時則和林路未改和甯以前蚤有倉而和甯路則仁宗皇慶以後以和林路改稱耳

延祐七年紀命儲糧于宣德開平和林諸倉

元史鐵木兒塔識傳請別輸京倉米百萬斛儲于和林

嶺北省和甯路和林倉題名

右嶺北省和甯路題名碑二通按元史仁宗本紀皇慶元年改和林省爲嶺北省和林路爲和甯路和甯路達魯花赤之兀都蠻即元史泰定帝本紀泰定三年遣指揮使兀都蠻鐫西番咒語于居庸關崖石者也

明人朔漠圖旺吉河東北流徑和林潴爲一湖河之南有禿忽思即涼樓之謂也禿忽思亦曰圖蘇故太宗紀作圖蘇湖城迎駕殿也又南有臺又西南有札古剌倉此不知即和林倉否但和林之有倉決在太宗以後世祖以前阿里不哥及海都叛命正事屯田之際不始於中葉也

三靈侯廟耆老等題名

按三靈侯廟碑攷下有蘭慶甫彼立於至元五年則此亦順帝時物也

別兒怯不華德政刻石記

右元大司農平章政事別兒怯不花刻石名字殘缺以元史攷之則別兒怯不花也丙戌秋者至正六年歲在丙戌也以表核之別兒怯不花於至正三年癸未十二月拜左丞相至明年爲至正七年正月拜右丞相計其位較平章政事爲尊是年平章政事見表者五人曰鐵木耳塔識曰輩卜班曰納麟曰教化曰帖木哥蓋別兒怯不花以順帝至正年拜嶺北行省平章政事故與宰相表不符表所列乃大都之中書省也

別兒怯不花順帝至正七年拜太保見元史三公表碑中伯迭者李伯迭也官嶺北行省參知政事

嶺北省右丞郎中總管收糧記

右元嶺北省右丞郎中總管收糧記後有蒙古字五行　別有一幅作西番字似刻於此碑之陰然揆其文意似不相屬蓋蒙古喇嘛鑱佛咒於此耳

元史鐵木兒塔識傳舊法細民糴於官倉出印券月給之者其直三百文謂之紅帖米賦籌而給之盡三月止者其直五百文謂之散籌米貪民買其籌帖以爲例

三皇廟碑

右廟碑詳其文義似三皇廟碑也三皇廟而題名於碑者有惠民局官有省醫有醫學教授醫學正者此主醫之神而廟亦爲醫藥所建也輟耕錄歷代醫師託始於三皇有僦貸季岐伯鬼臾區少師少俞伯高桐君太乙雷公馬師皇此元代醫家崇三皇之義

三皇廟殘碑

右殘廟碑佚去上半碑亦三皇廟碑也此與三靈侯廟碑皆有嶺北行省左右司都事李塔失帖木兒結銜彼碑立於至元已卯此碑亦當在順帝至元中也

咬哥等題名

右題名供去年月以元史宰相年表考之鑾子以元
順帝至正十五年拜中書右丞至二十六年二十七
年均官平章政事其官嶺北平章不知在何年然必
順帝中葉也
木八剌沙嘗爲南臺監察御史許有壬父熙載任長
長沙歿諸生思之爲立東岡書院木八剌沙以睚眦
怨言書院不當立有壬兄弟遂稱病歸見元史有壬
傳

義冢碑

右義冢碑有額二字冢上似漢字蓋碑文云和林去
漢地之遠知其葬漢人於此故曰漢冢也輟耕録漢
人八種契丹高麗女直竹因朮里闊歹竹温竹亦歹
渤海而南宋人稱南人不與焉然則云漢者對蒙古
色目而言也

詩

題俄人和林圖印本

托勒聲諾特里河
圖說有托勒河似即祕史薎兒乞之塔勒渾河以水
道提綱求之色楞格河之旁本有特里河東南流注
之又元史明宗本紀潔堅察罕南有朵里伯眞疑亦
以此河得名也
當年朵里未全訛明宗本紀分明在地旁和林鄂爾多
右一圖俄人以爲最古之蹟蓋即漢匈奴之龍庭也
鬱督軍山起夕嵐
唐書突厥傳處頡利之衆於鬱督軍山　欽定一統
志謂即杭愛
王庭千載賸伽藍
今其地有額爾德尼詔廟俄人稱爲額爾迭兜足者
也
仙娥河繞金狼纛
唐書之仙娥河一統志謂即色楞額河今俄人譯爲
謝淩戈河
當日旃廬記賈躭
元耶律鑄雙谿醉隱集引唐賈躭地志之富貴城謂
即元之和林城　右一圖俄人以爲突厥朝古蹟者
也
娑陵水上故庭遙
唐書回鶻庭初在薛延陀北娑陵水上案薛延陀所
居即今和林是回鶻初居當在今喀爾喀部之北
南從昆河水草饒
唐書回鶻傳昆河即嗢昆河一統志謂嗢昆即鄂勒
昆河故突厥舊庭
烏德鞬山高闕北
唐書回鶻從牙烏德鞬山南距西城千七百里西城
漢高闕塞也案元史太祖本紀中有阿闌塞今大漠
之阿勒察圖山元代阿闌塞也漢高闕塞在和林南
似即此
舊時沆海駐天驕

杭愛山在和林元史稱曰沆海杜詩以天驕指回鶻
故襲用之　右一圖俄人稱爲烏依古爾朝古蹟卽
畏吾兒三字也

禿忽思樓夏納涼

元耶律希亮生於涼樓故名曰亮蒙古語曰禿忽思
故渾都海呼希亮曰禿忽思太宗作圖蘇湖殿圖蘇
二字卽禿思之對音然則圖蘇湖殿卽涼樓之別名

新和林省舊元昌

和林初定都名元昌路後降行省改和甯蓋以諸王
海都等不靖也

埽鄰城裏茶寒殿

太宗本紀築埽鄰城作迦堅茶寒殿案輟耕錄內八
府宰相係有云埽鄰者宮門外院官會集處也元周
伯琦近光集云察罕者白海也茶寒同義

北去龍庭百里强

元太祖太宗本紀皆言龍庭耶律鑄雙谿集詩注云
龍庭在和林北百里據雙谿所云則漢時匈奴舊龍
庭當在此地　右一圖俄人稱成吉思京都圖卽元
和林也今爲額爾德尼昭廟者是

斷瓦殘當歲月深沿河翁仲草森森

圖中所稱方石岡圓石岡大率皆蒙古鄂博所云石
人像者古翁仲也

殘碑滿地無人拾太息圭塘許翰林

許有壬至正集中大元敕建興元閣記近千字今截
爲石案存百字耳　右一圖俄人名爲蒙哥汗時代
仆碑

過街石塔儘嶔岑

過街塔見錄于昌平山水記

泰定三年鑿字深

泰定本紀遣兀都蠻刻經呪于過街塔事在三年本
紀中余親至其下則至正丁酉不云泰定三年也

書法畏吾兼蒙古

楊士奇東里集題從詩畫是前朝蒙古書注讀去聲
今蒙古人讀上聲音如猛古

眼明猶有顧亭林

右過街塔圖俄人以爲萬里長城門額

金石詩

處月穹碑接暮雲眩靄介弟舊能軍因思移剌雙谿集
字字分明闕特勤

闕特勤碑

遺址荆榛默棘連大唐祠像舊香爐李融文字分書在
擬共冰湖較極妍

苾伽可汗碑

安史邪氛鼎未移晚唐回鶻賚操持嗢昆河外眞珠水
此語還應醉隱知

九姓回鶻可汗

百字殘碑識有壬長篇磨滅草深深圭塘小槀勝金石
閣記與元許翰林

許有壬敕建興元閣記
兵馬劉公德政存
名天錫
碑刊至順侚𡸣屼左丞十載遷儒學
撰人張思明元史有傳宰相表前十年巳爲中書左
丞至是乃學正
此事教人耐討論
和林兵馬劉公去思碑
直疑東漢建(帝)中胥相勳名杜伯功作手離奇靈恍惚
幾人黃絹識文雄
三靈侯廟記
丙戌秋剛至正逢平章光祿大司農别兒怯不花名字

强半消磨亂草縱
大司農保釐朔方殘石記
經世空聞大典誇典章通制半麻茶一朝食貨多良法
誰補和中入史家
嶺北省右丞郎中收糧記中述和事頗悉
惠民良局有官方羲后黃神廟貌彰不讀天台畯耕錄
元醫誰悟祖三皇
三皇廟殘碑二
殘文八九失名稱
存字七十二
勝槩淵潛想矩繩孛兀魯翀全傳在宗禋院事有旁徵
淵潛勝槪殘碑以孛朮魯翀傳攷之知元制有宗禋

院
和林倉在定都年朔漠遺圖跡未遷札古剌倉河旺吉
事當嶺北攷名前
和林倉碑順帝時立然倉甚古
行省多官有伯顏和林嶺北總堪觀孛羅帖木兒何物
此是元家斷送官
嶺北省和(帝)路題名二碑
卜兆誰從漢俗求韓陵片石朔方留千秋掛劍高情在
碑言徐君於和林東北得小山
禪智山光此首丘
漢冢石
四世同居義可欽洛陽門第重和林尋思奇渥温家事

至竟華風未造深
四世同居立石
萬安宮遺阯詩
阿爾臺山白草肥萬安宮殿舊都畿
回鶻故宮即在鄂爾昆河左岸蒙古名喀喇闊木魯
城
當年突厥兼迴鶻兩代牙庭化夕暉
迴合山川勢不虛
水道提綱言和林城山水迴合亦以和林在此閒也
格堅叉罕定都餘
伽堅茶寒殿元史亦作格堅叉罕
圖蘇河畔涼樓地

圖蘇蒙古語涼也耶律希亮生干涼樓故名曰秃忽
思漢語涼也亮涼對音字秃思圖蘇同音
當日雙谿此著書
鄂勒昆河足射雕
今洋人作額爾歡河不知即鄂勒昆也
昔令哥水綠迢迢
祕史斡涼格河今作色楞額河明人朔漠圖作昔令
哥
金蓮池醉温泉獵
和林有金蓮池見雙谿集又有温泉見朔漠圖
誰管元昌王氣銷
元太宗詩和林名元昌路見地理志

附癸巳雜詩
自古北口入關經居庸至宣化府雜詩
漁陽東部古藩屏城闕苕蕘鎖勃溟嵐氣宵深連海白
燒痕春暖入關青天臨碣石星分尾地接巫閭屋建瓴
且喜輿中烽火靜麥疇殘雪潤郊坰
永平都樓作
牛頭山畔石槽西故壘當時化縷堤恩重盃池營第宅
勳銘街塔紀招提傳聞白海屯軍盡想像紅橋戰馬嘶
重向陁羅臺上望翠岑千疊總淒迷
順義縣懷古
左臨虎北右飛狐舊國千年憶霸圖絕塞關山秦上谷
極天嵐采漢軍都明昌廢苑生禾黍統漠荒臺長樺榆

樵牧不知兵燹事沙陀斜日覓湛盧
宣化道中作
上都宮殿槩煙霞巡幸年年說帝家龍虎平臺稱捺寶
鴛鴦名濼近亨嘉陪京四達興和路悵事千秋晃忽叉
惆悵聲明剛未造鋪張文集徧中華
雜詩
一統皇元志不虛熱河八到采無餘當年傳是樓中物
世上還疑有此書
輿中故郡令公祠苦被(甯)人笑十姨郤有錢唐厲樊榭
爲鐇原父集中詩
昌平山水記堪徵斷甃殘當十四陵南北並時論紀載
千秋文集有崑繩

說與憑誰更不疑倒流山水太離奇元明兩代裒行錄
異事無人解入詩
倒流水在懷來縣東十里
冶鐵關門布蒺藜銜枚宵畏大金知甲申三月居庸道
不用紆途札八兒
萬口喧傳土一坏東西青冢各千秋豹房內傳凋零盡
延慶州志引武宗外紀李鳳葬居庸關土人名白墓
不怪人疑綴白裘
灤陽試院題畫詩
熱河秋景總如春綠意紅情色色新裔署上頭　行殿
近消閒誰似畫中人
虎北嚴關斗可摩難逢皴法小坡陀灤平縣側灤河畔

一幅横屏似此多
德勝峰頭十八盤宋人行記歎巑岏　熙朝驛路紆徐
甚新館雕窠景一般
前明猶有舊墩臺千里松林嶺路迴今日昇平無界限
行宮深處萬山開
題沙南侯拓本
煥彩嘉名紀石文
煥彩溝本名官材溝岳威信公改名
煞風景事有將軍
本一漢碑陰亦有字今刻煥彩溝三大字
百年斷作羊溝木壽過當年闕特勤
兩唐書皆云闕特勤元耶律鑄雙谿醉隱集云唐太
宗有闕特勤碑在和林東七十里係作勤懇之勤字
也
侯爵敦煌字倘存雲中半泐手堪捫
雲中雲字缺上半此二字在彩字之右上
因思碑面沙南獲
碑陽有永和沙南侯字舊俱稱沙南侯碑
未定監門直下孫
近張香濤制帥釋爲侯獲碑侯姓獲名今碑陰侯字
又非姓矣舊說是
唐年儀鳳太凋零
末行有唐儀鳳字
亦有輪台照眼青髩鬚屯田金滿日
有田輪二字
盍毛疑讀蔡邕經

卷二

《創建開平府祭告濟瀆記》等碑研究

卷二說明

本卷録入的碑銘，主要為開平府和元上都的重要碑銘。

元憲宗蒙哥汗時，忽必烈因受命總領『漢南漢地軍國庶事』，駐帳金蓮川。憲宗六年（一二五六），忽必烈之謀臣劉秉忠受命，籌劃並選擇桓州東、灤水北一帶興建城郭宮室，三年後落成，初名『開平府』。本卷録入的《創建開平府祭告濟瀆記》，記載了憲宗六年，皇太弟忽必烈在灤水之陽興建開平府之事。此碑立碑的時間約在一二五六年，這是首次發現的關於皇太弟忽必烈建立開平府的碑刻。

在本卷中，還收録了中統二年（雞兒年寫於開平府）的聖旨碑拓片及蒙漢文資料，它見證了開平府尚未升為上都時，當時蒙古統治者尊崇佛教界上層人士的歷史，對於研究元初時期的宗教很有價值。這通聖旨碑，也是蒙古皇帝最早發佈的關於保護宗教的聖旨碑，對此後幾位皇帝的宗教政策和同類聖旨的書寫格式產生了重大的影響。一二六〇年三月，忽必烈在開平召開忽里勒大會，即蒙古大汗位，將開平府作為臨時首都。至元元年（一二六四）改開平府為上都，確定了大都和上都兩都巡幸制。上都作為每年春夏至秋末常駐的夏都，成為僅次於大都的全國政治、軍事中心。至元八年（一二七一）十月，取『大哉乾元』之意，忽必烈建國號為『大元』。上都地區被確定為元朝的『腹裏』重地。經過多年的營建，元上都成為當時中國北方草原地帶最大的都市。

此外，本卷録入的『魏王』殘碑大約是記述武宗褒獎其弟魏王功勳的一塊碑刻；此碑是迄今所知元代蒙古諸王身份和規格最高的一件碑刻。在上都城內，建有孔廟、道觀、城隍廟、三皇廟、清真寺等各種宗教寺院。在元上都遺址，尚遺存有部分斷殘之碑。其中，《皇元敕賜大司徒筠軒長老壽公之碑》頗具皇家氣魄，而其他幾件如『小東關』等殘碑則具有平民的氣息。在上都遺址發現的阿拉伯文墓石，則反映了生活在上都地區穆斯林民衆的信仰情況。關於元代穆斯林民衆在蒙古草原生活的情況《元史》等記載極少。因此，出土於元上都遺址的阿拉伯文墓石的價值就顯得尤為重要。

在上都宮城遺址出土的漢白玉龍紋建築構件，屬於元代皇家雕刻，它們可以見證上都城的宏偉與壯麗。

本卷除了録入與元上都有關的碑銘、雕刻之外，還從內蒙古圖書館特藏部所藏的元代文集中，影印了一部分與上都有關的重要文獻。如：黄溍《金華黄先生文集》的《上都大龍光華嚴寺碑》；虞集《道園學古録》的《跋大安閣圖》和《上都留守賀公墓誌銘》；王惲《秋澗先生大全文集》的《中堂事紀》（輯録）；袁桷《清容居士集》輯録等。

一 《創建開平府祭告濟瀆記》碑

（一）《創建開平府祭告濟瀆記》碑簡介

該碑碑高約一〇六釐米，碑幅寬約六一釐米（圖一）。

（二）《創建開平府祭告濟瀆記》碑文

碑文如下：創建開平府祭告濟瀆記。皇帝光嗣天下，六年於茲，凡東夷西戎，莫不祗屬。惟南方未服，故外略——未遑息，而內治備謹，補偏救弊，以治安。雖帝德廣運，亦皇太弟／忽必烈有以啟導之也，上深惟親親尊賢之義。歲丙辰，詔開府於／嶺北灤水之陽，築城壁，營宮室焉。王恭承 明命，乃經界疆理，申晝／郊圻。將樹板幹之日，乃下教曰：興是大役，天地神祇寧無觸冒者乎。遂／命上清大洞法師王一清作醮五晝夜，昭告上帝。復命一清及府僚李／宗傑以金鏤盒持香，導以寶幡，藉以重幣，於五嶽四瀆投金龍玉冊／焉，禮也。秋七月乙卯，甫及覃懷境，時方旱，即甘澍優渥。老稚馬首捧／舞欣忭，皆曰：此賢王惠我之雨也。丙辰，抵清源王之祠。翌日質明，／一清等盛服端肅，以入即事，庶官濟濟，各中其度。三獻禮成，陰雲解駁，／冷風清駛，神其悅喜，來格，次即龍池捧獻如禮。已而獲賜履之貺，／以答賢王之誠。感應之理，灼然可信。昔者周公以介弟之親，作新大／邑於洛，肇秤殷禮，成秩無文。是則今日賢王之舉，其亦法周公之遺／意也。夫噫，開平既立矣。而今而后，土地腴沃，風雨時若，民不夭瘥，物無／疵癘，賢俊坌集，翊贊皇朝，享億萬年金城之安，其肇本於此矣。是所／以有望於明神者也。王府士東魯王博文記並書篆額從行禮者／長春宮提點曹志濱宣授懷孟長官馮汝戢立石。／

圖一 《創建開平府祭告濟瀆記》碑拓片

（三）《創建開平府祭告濟瀆記》碑研究

日本明治大學櫻井智美教授在《元代社會文化暨元世祖忽必烈國際學術研討會論文集》（《元史論叢》第十輯，中華書局，二〇〇五年），首次發表了關於《創建開平府祭告濟瀆記》的研究文章。《創建開平府祭告濟瀆記》收録在《北京圖書館藏曆代石刻拓本彙編》（第四八冊）中，碑刻的時間為蒙哥汗六年（一二五六）。

《創建開平府祭告濟瀆記》記載了蒙哥汗六年（一二五六），奉蒙哥之命由皇太弟忽必烈在灤水之陽金蓮川草原（今内蒙古正藍旗上都河之北），使用版築泥土建城牆的方式興建了『皇太弟府』，並命名為開平府。碑文不僅記載了一二五六年建立開平府初期的情況，而且也反映了當時與忽必烈繼位前後有關的政治問題。

在碑文中對蒙哥汗的秤謂是『皇帝』或『帝』，碑中忽必烈被秤為『皇太弟』和『王』。因此，撰寫碑文的時間肯定是屬於蒙哥時代的，就是說是在元世祖忽必烈即位之前。

忽必烈興建開平府之事，見於《元史·世祖本紀一》：『歲丙辰，春三月，命僧子聰卜地於桓州東、灤水北，城開平府，經營宮室。』（《元史》卷四《世祖本紀一》，中華書局，一九七六年，第六〇頁）。

忽必烈在建成開平府後，按照唐、宋舊禮，派遣官員到『五嶽四瀆投金龍玉冊』，特別去祭告『天地神祇』。此碑是忽必烈派遣的官員來到山東的清源王廟（即濟瀆神廟）祭告嶽鎮海瀆神之後，所立的記事碑。

在中國，古代天子凡遇有重要大事時，會派遣官員到『五嶽四瀆投金龍玉冊』，以祭告『天地神祇』。濟瀆河神在唐玄宗天寶三年（七四四）被封為清源公，北宋仁宗康定元年（一〇四〇）詔封為清源王，金代仍唐、宋之舊禮儀封之為嶽鎮海瀆神。但是，按照古禮派遣官員舉行『投金龍玉冊』的祭祀活動衹有皇帝才能做。忽必烈在一二五六年還沒繼皇位，因此可以推測蒙哥汗可能對忽必烈的行為表示不滿。第二年（一二五七）春，便對忽必烈所管轄的京兆和河南『大加鉤考』。《元史·世祖本紀一》對此記載曰：『歲丁巳，春，憲宗命阿藍答兒、劉太平會計京兆、河南財賦，大加鉤考，其貧不能輸者，帝為代償之。』

《創建開平府祭告濟瀆記》立碑的時間約在一二五六或一二五七年之間。除了此碑之外，尚未發現其他金石資料中有忽必烈設立開平府的記載。因此，該碑是迄今所知時間最早的記載開平府的碑刻。

二　中統二年（一二六一）《雞兒年開平府》聖旨碑

（一）中統二年（一二六一）《雞兒年開平府》聖旨碑簡介

該通石碑碑文於中統二年（一二六一），由忽必烈在開平府簽發。其內容是根據成吉思汗保護宗教的旨意，告知各級官員和軍人要保護少林寺寶積壇主等五位長老（圖二）。鐫刻在少林寺的時間是延祐元年（一三一四）。

一九九三年，日本學者松川節和中村淳曾以《新發現的蒙漢合璧少林寺聖旨碑》（《內陸亞細亞語言研究》第八集，一九九三年）為題發表論文，對該碑文進行初步研究與介紹。

此後，內蒙古社會科學院張雙福研究員對碑中的畏兀兒字蒙古文進行了研究和拉丁文轉寫。

（二）中統二年（一二六一）《雞兒年開平府》聖旨碑銘文考釋

這是一通蒙漢兩種文字合璧的聖旨碑，漢文碑落款是『雞兒年元月初一日開平府有時分寫來。延祐元年孟冬』。『雞兒年』是蒙古建國之後用十二生肖紀年的簡約方式，這道聖旨中的『雞兒年元月初一日開平府有時分寫來』，表明此時上都尚未建成。被稱為『開平府』的時間為一二五六—一二六四年，此間一二六一年（辛酉，中統二年）為『雞兒年』，故此聖旨為忽必烈中統二年元月初一日所發佈。

在此前後由忽必烈發佈在上都（開平府）的聖旨還有不少，例如：其一，一二五八年忽必烈令旨至元戊午七月十五日，開平府行。其二，一二六一年忽必烈皇帝聖旨雞兒年（辛酉，中統二年）。六月二十八日，開平府有時分寫來。這類『聖旨碑』譯自元代蒙古文公牘，是很有價值的史料，碑文中的開平府有

圖二　《雞兒年開平府》聖旨碑拓片（蒙漢文合璧）

時分寫來，證明這些蒙文聖旨是忽必烈在上都（開平府）駐夏時發佈的。它先由蒙古翰林院的必門者赤（秘書）起草，然後再譯成生硬的漢文，用蒙漢兩種文字同時發佈。

保護宗教，使之為大汗祈禱，這是成吉思汗宣導的宗教政策。為了鞏固統治，蒙元統治者多次發佈保護宗教的聖旨。大蒙古國最早的保護宗教的聖旨，是成吉思汗於癸未羊兒年三月和九月（即公元一二二三年農曆三月與九月），先後發給邱處機主持的嶗山太清宮的兩道聖旨。現將其內容摘録如下：其一，『欽差近侍劉仲禄奉成吉思汗聖旨，道與諸處官員每（們）：邱神仙應有底（的）修行寺院等，係逐日念誦經文，告天底人每（們）與皇帝祝壽萬萬歲者。所據大小差發賦稅都休教著者……癸未羊兒年三月日』（年月上蓋有『御寶』）。其二，『宣差阿里鮮面奉成吉思汗帝聖旨：邱神仙奉知來底公事，是也。煞（恰）好我前時已有聖旨文字與你，來教你天下應有底出家善人都管住者。好底歹底，邱神仙你就便理會，祇你識者，奉到如此。癸未年九月二十四日。』

這兩道聖旨，是成吉思汗宗教政策的直接體現。一是告知諸處官員們，邱處機（被尊為邱神仙）主持修行的道觀，每天為皇帝（成吉思汗）萬歲而念誦經文。因此，要免除其各種差發賦稅，不得打擾其修行誦經。第二道是成吉思汗欽命邱處機掌管中原地區道教事務的聖旨。

根據成吉思汗的聖旨和宗教政策，成吉思汗的繼承者們陸續發佈了多道保護宗教的聖旨。忽必烈中統二年雞兒年在開平府發佈的這道聖旨，就是在上述歷史背景下發佈的。其內容大致如下。

第一部分：靠著長生天的氣力，皇帝發佈這道聖旨。

第二部分：這道聖旨是發佈給官員們、達魯花赤們、過往使臣們、軍官們、軍人們、和尚們、民戶們的。

第三部分：先帝成吉思汗在聖旨中說：『和尚們（佛教教長）、也里可溫們（景教教長）、先生們（道教教長）、答失蠻們（伊斯蘭教教長）不承擔任何差發，祇禱告上天保祐大汗（皇帝）。』

第四部分：根據先帝成吉思汗聖旨的體例，保護少林寺長老等五個人及其宗教寺院。除了八思巴（國師）之外，中原（漢族地區）的僧眾們，也都依照釋迦佛祖的教義而為皇帝禱告祝壽。

第五部分：要求保護由少林寺長老主持的寺院，過往的使臣不得在少林寺下榻；不得向少林寺索取馬匹（鋪馬）和差役；不得徵收地稅、商稅；不得佔有他們的田地、園林等一切財產。

第六部分：要按照八思巴和少林壇主的教義來修行。要把那寺中說謊之人、做賊之人交給城裏的達魯花赤和官員們。僧人們如與俗人們有爭議，由僧官和城中官員共同決議。少林壇主也不得因持有聖旨而做出無理之事。

第七部分：聖旨於雞兒年元月初一日在開平府寫出。延祐元年孟冬刻寫。

（三）中統二年（一二六一）《雞兒年開平府》聖旨碑畏兀兒字蒙古文的拉丁文轉寫

張雙福研究員對碑中的畏兀兒字蒙古文予以拉丁文注音，並指出該聖旨碑蒙古文計三十九行，行文採用古代蒙古文尊敬格式，以新行頂格書寫方式來表示。現將此碑文拉丁文轉寫如下：

šawlim süm-e-deki kösiy-e bičig-ün uyiγurǰin bičigesü

第一行：mongka tngry-yin güčündür

第二行：qaγan-u ǰrlγ manu

第三行：qowraγ-ta balγad-un siltegedün

第四行：daruγas-ta noyad-ta yorčiqun

第五行：yabuqun ilčin-e čerigüd-ün

第六行：noyad-ta čerig haran-a toyid-ta irgen-e duγulγaqui

第七行：ǰrlγ

第八行：ǰinggis qaγan-u ǰrlγ-tur toyid erkegüd singsingüd tasmad

第九行：aliba alba qubčiri, ülü üǰen tngry-yi ǰalbariǰu

第十行：bidan-a hiröger ögün atuγai kemegsen

第十一行：ǰrlγ-un yosuγar, ende šawlim ǰanglaw, büsi tanǰu, gu amǰu,

第十二行：sing-an ǰanglaw, gim-ting ǰanglaw kiged tabun aqači paqisba

第十三行：baγsi-yin dora ǰawγudun ele γaǰar-a aqun olan toyid-i,

第十四行：ötögüleǰü, šakyamuni-yin mör-iyer, tngry-yi ǰalbariǰu,

第十五行：bidan-a hiröger ögün atuγai kemen ene šawlim ǰanglaw-da

第十六行：bariǰu yabuγai

第十七行：ǰrlγ ögbei. eden-ü sümes-tür, geyid-tür anu ilčin

第十八行：buu bayutuyai. ked ked-ber bolǰu güčüteǰü buu sayutuyai. qan

第十九行：-u sang amu, buu čidquduyai. yayu ke buu talbiduyai. sümes-tür

第二十行：haran buu ǰaryulatuyai. ulay-a sigüsü buu barituyai. suy tamya

第二十一行：buu ögdügei. sümes-tür qariyatan γaǰar usun qulus_un

第二十二行：tegirmed bay gaydienkuu qalayun usun diem kebid-ten sirke

第二十三行：könürge-ten aliba alba qubčiri buu abtuyai. basa toyid

第二十四行：-un ali-ber üiles anu bügesü, paqisba baysi-yin ügeber

第二十五行：nom-un yosuyar šawlim ǰanglaw büsi tanǰu kiged tabun ötögüs

第二十六行：ǰügiyer qayalǰu ögtügei. ta-ber olan toyid ende

第二十七行：tabun ötögüs-ün ügeber, nom-un yosun busi ülü bolyan

第二十八行：ǰügiyer yabudqun. basa egil haran toyid-i buu ǰaryulatuyai.

第二十九行：toyid-un egil haran-lu-a ügüleldükün üges anu bügesü,

第三十行：tüsigdegsen toyid-un ötögüs, balyad-un noyad-luya

第三十一行：qamtu ǰaryulaǰu qayaltuyai. Toyid-un yosuyar ülü yabuqun

第三十二行：mayui üiles üiledkün qudal qulayai kikün toyid-i balyad

第三十三行：-un daruyas-ta noyad-ta dayayulǰu ögtügei. ede basa

第三十四行：šawlim tanǰu kiged tabun ötögüs tüsigdebe ele kemeǰü,

第三十五行：yosu ügegün üiles buu üiledtügei. üiledbesü

第三十六行：bidan-a ǰiγatuyai. ker be gemer ba,

第三十七行：bida uqad-ǰe.

第三十八行：ǰrlγ manu taqiyu ǰil ǰunu hečüs sara-yin nigen sinede

第三十九行：　　　　kaypingvu-da büküi-dür bičibei.

三　元上都『魏王』殘碑

（一）元上都『魏王』殘碑簡介

該碑由漢白玉精細雕刻，碑首上雕刻蟠龍，在碑首上刻有『魏王』兩個玉箸篆字。碑殘高約五〇釐米，寬約三〇釐米（圖三）。現藏錫林郭勒盟正藍旗元上都博物館。

（二）元上都『魏王』殘碑研究

『魏王』殘碑，是在元上都遺址發現的元代蒙古諸王的重要碑刻。

元代以『一字王』最為尊貴。例如：元世祖忽必烈的太子真金，被封為『燕王』；而太子真金的孫子阿木哥，則被封為『魏王』；元代『一字王』還可以佩戴『金印獸鈕』。

據《元史》卷一八〇《諸王表》：魏王名阿木哥，是裕宗真金之孫。又據《元史》卷一一五《順宗傳》：順宗達剌麻八剌『子三人，長曰阿木哥，封魏王，郭出也；妃所生者曰海山，是為武宗；曰愛育黎拔力八達，是為仁宗』。魏王阿木哥在元代蒙古諸王中的地位極為尊貴，他的祖父是元世祖忽必烈的皇太子裕宗真金；父親是順宗達剌麻八剌；叔叔是元成宗鐵穆耳；大弟是元武宗海山；二弟是元仁宗愛育黎拔力八達。

元成宗大德十一年（一三〇七）春正月，元成宗鐵穆耳駕崩於元大都。因其子德壽早亡，其侄海山與愛育黎拔力八達參與皇位競爭；五月二十一日，海山在元上都大安閣召開的由遠近宗王貴族參加的忽里勒台大會上即皇帝位，是為武宗。

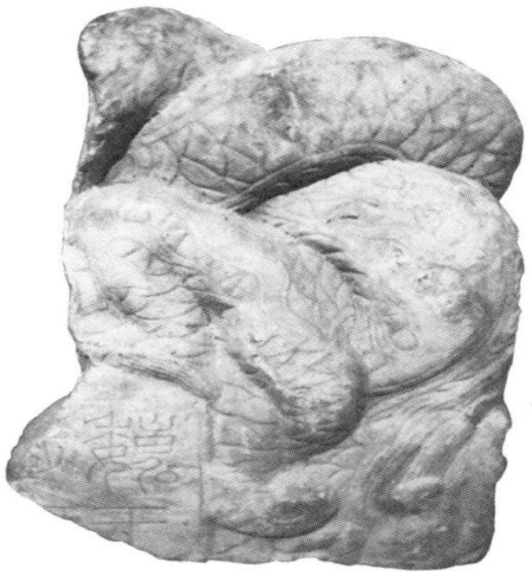

圖三　元上都“魏王”殘碑

圖四　元上都遺址出土漢白玉龍紋碑額

據多桑《蒙古史》：『海山於星者指定之日時，舉行即位典禮，宗王七人坐海山于白氈上，二王扶其臂，四王舉白氈奉於寶座上。一王獻盞，諸薩滿為新帝祝壽。』按照蒙古舊俗，魏王阿木哥在此刻應當擔任各位宗王之首，來參與為海山主持即皇位之典禮。六月一日，海山『詔立母弟愛育黎拔力八達為皇太子，受金寶』（《元史》卷二二《武宗紀》）。

元上都遺址出土的魏王殘碑，估計可能是元武宗為褒獎其同父異母之兄魏王阿木哥，擁立其即皇位之功勳而立在元上都的一通碑。

元武宗至大四年（一三一一），春正月庚辰，元武宗海山駕崩於元大都；三月庚寅，愛育黎拔力八達即皇位於元大都大明殿，受諸王朝賀。

據《元史》卷二四《仁宗紀》載：六月『己巳，魏王阿木哥入見，帝諭省臣曰：「朕與阿木哥同父而異母，朕不撫育，彼將誰賴。其賜鈔二萬錠，他勿援例。」』由此可見：魏王阿木哥與其弟仁宗愛育黎拔力八達也有著密切關係。

總之，魏王碑大約刻於海山在上都即位之後，應當是記述武宗褒獎其弟魏王功勳的一通碑刻。此碑是迄今所知元代蒙古諸王身份和規格最高的一件碑刻實物。

此外，近年來在元上都遺址陸續發現了漢白玉龍紋石碑殘件（圖四）。這也從一個側面反映了昔日元上都的輝煌。

四 《皇元敕賜大司徒筠軒長老壽公之碑》碑首

（一）《皇元敕賜大司徒筠軒長老壽公之碑》碑首簡介

該碑原位于元上都大龍光華嚴寺遺址，現僅存碑首。

（二）《皇元敕賜大司徒筠軒長老壽公之碑》碑首簡考

碑首文為玉箸篆，分三行豎書共十五字。壽公為上都華嚴寺住持，為元代著名僧人，曾參加過佛道辯論。碑首雕龍裝飾，漢白玉精雕而成（圖五），體現了『皇元敕賜』的禦賜規格與皇家品級。該碑首現存內蒙古博物院。

圖五　《皇元敕賜大司徒筠軒長老壽公之碑》碑首拓片

五　元上都遺址及周邊出土的元代石刻（六件）

（一）元上都遺址與元代石雕

元上都遺址位於內蒙古錫林郭勒盟正藍旗上都郭勒東北約二十公里處的金蓮川上（圖六），現為全國重點文物保護單位。

元上都城平面呈正方形，邊長二二〇〇米，分宮城、皇城和外城三重，大安閣和御天門遺址是城內最重要的建築遺址（圖七、八）。

元上都初名開平府，一二六〇年三月，忽必烈在開平府召開忽里勒台大會，即蒙古大汗位，將開平府作為臨時首都。至元元年（一二六四）改開

圖六　元上都遺址

圖七　大安閣遺址

圖八　御天門遺址

平府為上都，確定了大都和上都兩都巡幸制。上都作為每年春夏至秋末常駐的夏都，成為僅次於大都的全國政治、軍事中心。

至元八年（一二七一）十月，取『大哉乾元』之意，忽必烈建國號為『大元』。上都地區被確定為元朝的『腹里』重地和蒙古草原上最大的城市。根據《元史》所載統計：元上都區內有大小官署六十所，手工藝管理機構和廠局一百二十餘處，佛寺一百六十餘座。還有孔廟、道觀、城隍廟、三皇廟等各種宗教寺院。元惠宗至正十八年（一三五八），農民起義軍由大同直趨上都，縱兵焚掠，使得歷經百年陸續建成的上都宮殿被毀，逐漸荒廢成為『一座擁抱著巨大文明的廢墟』。

雄偉的上都城，在當時引起國內外人士的矚目。一二七五年，意大利旅行家馬可·波羅曾到上都覲見元世祖忽必烈，在《馬可·波羅遊記》中，有專節記述上都豪華的宮殿和禦花園。在元人文集中，載有五百多首關於元上都的詩文。

中華人民共和國成立後，元上都遺址得到重視和保護。一九六四年被列為內蒙古自治區第一批重點文物保護單位；一九八八年，國務院將元上都遺址公佈為全國重點文物保護單位。一九九六年，元上都遺址開始申報世界文化遺產並被列入中國政府向聯合國申報世界文化遺產的預備名録；至二〇一一年初，我國將《元上都申遺文本》遞交聯合國教科文組織世界遺產委員會。二〇一二年六月，在俄羅斯圣彼得堡召開的第三十六屆世界遺產委員會大會上，元上都遺址被批準列入《世界遺產名録》。在元上都遺址內外，通過考古調查和發掘，發現了大批精美的漢白玉雕刻文物，《皇元敕賜大司徒筠軒長老壽公之碑》碑首即是其中之一。此外，還有漢白玉龍紋浮雕角柱（圖九）、漢白玉龍形螭首（圖一〇）、漢白玉柱礎等。這些精美的石雕，再現了元上都昔日的宏偉輝煌。《馬可·波羅遊記》中，對上都的精美石雕有所記述：『上都是忽必烈大汗所建造的都城，他還用大理石和各種美麗的石頭建造了一座宮殿。該宮設計精巧，裝飾豪華，整個建築令人歎為觀止。』

圖九　元上都大安閣遺址出土的漢白玉龍紋浮雕角柱

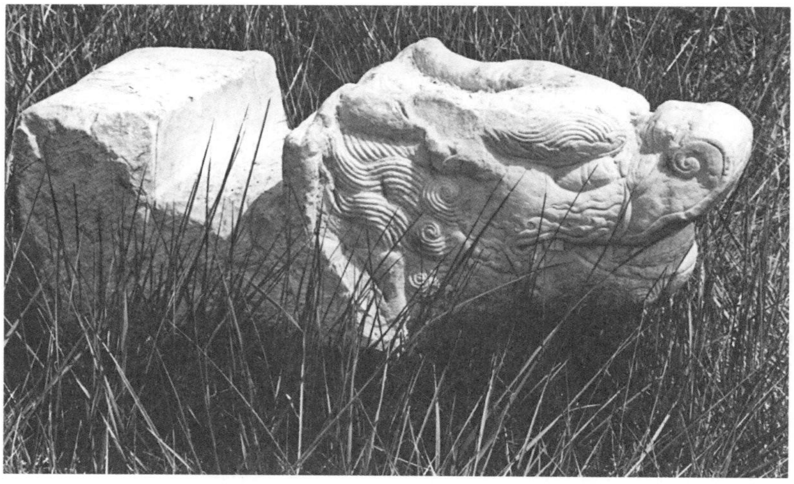

圖一〇　散落在元上都遺址的宮殿建筑構件——漢白玉龍形螭首

根據魏堅教授的研究成果，在元上都遺址出土的刻有阿拉伯紋飾圖案和一通刻有阿拉伯祝禱文的墓石（圖一一、一二），其上刻有『奉崇高的真主之名，真主賜福于真主的使者、穆斯林的埃米爾、至仁至善的摯友穆罕默德。一切讚頌歸於坐在最高寶座上的真主……』等祝禱銘文。這通阿拉伯祝禱文的墓石，反映了生活在上都地區穆斯林民眾的信仰情況。關於元代穆斯林民眾在蒙古草原生活的情況，《元史》等記載極少。因此，出土於元上都遺址的阿拉伯祝禱文的墓石的價值就顯得尤為重要了。

在元上都遺址發現的大型石雕馬槽，則反映了上都皇家馬苑的規模。該馬槽現存元上都博物館，體型碩大，上刻『至正三年四月　日置』。該馬槽應為上都牧場飼馬用具。其上又刻有元代紀年，是研究元代馬政的重要實物。

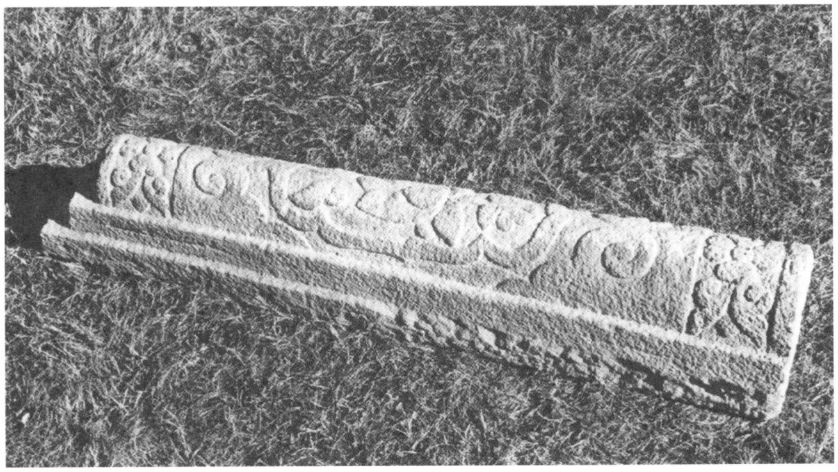

圖一一　元上都遺址出土的刻有阿拉伯紋飾圖案的墓石

圖一二　元上都遺址出土的刻有阿拉伯祝禱文的墓石

元朝以弓馬之利取得天下，因此在元朝建立後，特別重視發展畜牧業。從世祖忽必烈時起，逐步建立了管理畜牧業的機構——太僕寺（官位從二品），由國家最高行政機關中書省直接管轄。

據元代的《大元馬政記》記載，太僕寺管轄全國共計十四處牧場，上都牧場也在其內。這處牧場蒙古語稱為『玉你伯牙』，包括上都周圍、上都西北的廣大地區。元上都的畜牧業產品主要供應上都宮廷。皇帝巡幸時，需用許多馬匹，皇室百官需用大量的馬奶和肉食，均由太僕寺管轄的上都玉你伯牙供給。

在《馬可·波羅遊記》中，也有專文詳細記述元上都『大汗的馬群』。

元上都官營的牧場，其規模和牲畜均居全國之首。元朝政府經常從上都調走大批牲畜以供軍需民用。如：至元六年（一二六九），一次將上都馬匹兩千調往四川。在上都牧場，還經常接納外地的馬群來吃草。

在上都周圍，有為驛站專門開設的牧場，也有官營的牧場，官營牧場以放馬為主。元朝政府從民間買來疲弱的馬匹，為使其肥壯而專在上都放養。如：至元二十三年（一二八六）六月，將八萬匹買來的馬趕往上都牧場。至元三十年（一二九三）四月，將中書省屬路十二處買到的馬匹全部趕往上都，由管理人員將這些馬匹用印烙記號後，用草料在棚圈給以專門飼養。

在元上都之外的羊群廟遺址，還發現蒙古人祭祖之地，出土了大型的漢白玉石雕人像。元朝皇帝在上都的祭祀是上都宫廷生活的重要內容。忽必烈即位後，就舉行了隆重的祭祖典禮，以蒙古傳統的祭天禮儀來祭祖。

其主要儀式有：六月二十四日，灑馬奶子祭天。七月七日或九日，則舉行祭祖儀式。據《元史·祭祀志》所載：『每歲駕幸上都，以六月二十四日祭祀，謂之灑馬奶子，用馬一羯羊八，彩緞練絹各九匹，以白羊毛纏若穗者九，貂鼠皮三，命蒙古巫覡及蒙古、漢人秀才達官四員領其事，再拜告天。又呼太祖成吉禦名而祝之，曰：「托天皇帝福蔭，年年祭賽者。」禮畢，掌祭官四員，各以祭币表裏一與之；餘幣及祭物，則凡與祭者共分之。』

關於元帝舉行的祭天、祭祖儀式，元代詩人薩都剌寫詩記曰：『祭天馬酒灑平野，沙際風來草亦香。白馬如雲向西北，紫駝銀甕賜諸王』（見《上京記事五首》）。

內蒙古文物考古工作者在上都西北三十五公里的羊群廟，發掘了四處元代祭祀遺址，出土四尊漢白玉雕像，每一尊像均身著龍袍，足顯皇家氣派（圖一三），唯感遺憾的是其頭部皆已無存。經研究分析，這里是一處元代有突厥文化色彩的祭祀遺址。

在錫林郭勒草原和蒙古高原西至里海，突厥人留下大量的石人遺物，但石質較差，雕刻也較粗糙，羊群廟石人用漢白玉，當是從居庸關內運來，雕刻工藝同上都城址所見石刻一樣，出於外來專業工匠之手。

元上都是一座建在漠南草原上的大城，各種物品需要從外運來。因此，商人的活動，對於上都城市生活的正常運行，具有重要意義。為了鼓勵商業活動，至元二年（一二六五），忽必烈下令免徵上都商稅。到了至元二十年（一二八三），朝廷在上都地區的商稅才是『六十分取一』。而元代制度，商稅

圖一三　羊群廟遺址出土的漢白玉石雕人像

為『三十分取一』。由此，可見上都的商業活動是受到朝廷特殊保護的。在這種條件下，上都的商業不斷繁榮。據元代中期的統計，上都在低商稅下，仍收入商稅銀一萬二千餘錠（約為大都商稅銀的十分之一）。這對一座草原城市而言委實不易，這也證明了當時元上都的繁榮。

元代中期，著名學者袁桷曾多次扈從上都，他描述上都商業區的情況是：『煌煌千舍區，奇貨耀日出。方言互欺詆，粉澤變初質。開張益茗酪，談笑合膠漆』（見《開平十詠》）。由此詩可知，上都有集中的大型商業區（千舍），滿佈形形色色的『奇貨』，商人們來自四方，以各種『方言』談買賣。據至元三十年（一二九三）的統計，『上都工匠二千九百九十九戶，歲糜官糧萬五千二百餘石。』從行業上看，上都官辦手工業門類有製甲、製鞍、鐵器冶造、金銀器、製氈、製皮革、營建業等。

近年來，考古工作者在上都和錫林郭勒盟地區，發現了多件蒙元時期的手工藝品，如金盞、金杯（圖一四）、金馬鞍等（圖一五）。這充分證明元代蒙古帝王和貴族們對高檔手工業製品具有濃厚的興趣。對於我們研究和認知元上都豐富的內涵和元上都的商業與手工業，也提供了珍貴的實物資料。

元代工藝美術品的風格特點：一是有蒙古文化推崇器形碩大、外表豪華之處；二是有伊斯蘭圖案、裝飾華麗；三是帶有漢族傳統文化的特點。元朝手工業由政府使用著大批優秀工匠，壟斷著精良的生產原料，在上都設立有許多官府作坊，進行著大規模的生產。元代的中外文化交流盛況空前，官府與民間貿易興旺發達，海運業和草原絲綢之路均十分繁盛。

至今，元上都遺址尚存，並被聯合國教科文組織公佈為世界文化遺產。上都金蓮川草原、渾善達克沙地自然景觀風光旖旎，吸引著各國專家和遊客前來考察觀光。

圖一四　雙龍戲珠紋鋬耳金杯

圖一五　臥鹿紋金馬鞍

六　『上都小東關』碑

（一）『上都小東關』碑簡介

『上都小東關』碑高七九釐米、寬四五—五二·五釐米。碑為長方形，邊緣處刻有框線，碑下部留有一截用於埋土立碑（圖一六）。該碑現藏內蒙古文物考古研究所，出土於元上都遺址東南七公里的多倫縣砧子山墓地西區十一號墓。墓碑所用石材為含鐵量較高的粗石，據考察，石料係採自砧子山，至今在山腰部仍可見採石礦坑。砧子山頂部有元代打鐵的砧子，其鐵礦石也產自山上。

（二）『上都小東關』碑考釋

砧子山墓地為元上都漢族居民的一處叢葬區，在約五平方公里的範圍內，可以看出的平民墓塋約上千座。通過這方碑上的『上都小東關』字樣，一方面可知元上都東門外有小東關，這和元代文人記述相同；另一方面也可以知道，在上都東關外還居住有不少平民百姓。此碑的碑文為：

上都小東關，住人□□黃得祿之位，小黃大多□女合捨。

圖一六　“上都小東關”碑、拓片

七　『上都在城尚醢坊』碑

（一）『上都在城尚醢坊』碑簡介

『上都在城尚醢坊』碑，高九〇釐米、寬五〇釐米，碑為圭形，邊緣處刻有框線。碑中間有後人鑿開的方凹，致使碑文的年號滅失（圖一七）。該碑出土於元上都遺址東南七公里的多倫縣砧子山漢族人墓地，現藏元上都遺址博物館。墓碑所用石材同樣為含鐵量較高的粗石。

（二）『上都在城尚醢坊』碑考釋

通過這方碑上的『上都在城尚醢坊』字樣，一方面可知元上都有居民住的『坊』；另一方面也可以知道，在元上都居民住的『坊』內，有製作肉醬食品醢的作坊，此碑的碑文為：

上都在城尚醢坊住人楊宅李氏於□□
四年四月初六日亥時□（亡）故　且恐
迷失不存　故妻李氏夫主楊鵬盛　長男連建。

肉醬食品是草原牧區的重要調味品和食品，該碑的出土，為上都地區飲食文化研究提供了新資料。

圖一七　“上都在城尚醢坊”碑

八　元上都『至正四年』（一三四四）殘碑

（一）元上都『至正四年』（一三四四）殘碑簡介

該碑同樣出土於砧子山墓地。其上有『至正四年』（一三四四）年款（圖一八）。

（二）元上都『至正四年』（一三四四）殘碑碑銘考釋

碑文為：『□京成物寓居上穀。趙公榮輔在日，憫墳山先塋之域，庶民野祭地，沙草彌漫。曷仲起敬之誠，願舍己資，鳩工創塔。此未果，乃遺囑其子必繼其事。□敬遵治，命立浮屠二丈餘。歲時拜□掃，有所瞻仰云。遂志於塔之陰，至正四年七月吉日立石』。該碑應當是上都平民的墓碑。

九　元上都『至正丙申』（一三五六）仲秋石碑

（一）元上都『至正丙申』（一三五六）仲秋石碑簡介

該碑在砧子山墓地採集，上有『至正丙申仲秋』（一三五六）年款（圖一九）。

（二）元上都『至正丙申』（一三五六）仲秋石碑簡考

碑文為：『□日夜悲思，啜粥面黑，數建立□原，雇工琢石，以□葬之原。其宗器供俎之□□祭哀戚之情。生死□。□□□□矣！公親身來曰域□□□世不忘其孝。故銘曰趙公　繼續傳　子孫孝　生奉其建立塋域□□墓安厝順禮　追遠誠永志慈孝　永賴後以彰其德。　至正丙申仲秋　興和』。據考，該碑也是上都平民的墓碑。

圖一八　元上都“至正四年”殘碑拓片

圖一九　元上都“至正丙申”仲秋石碑拓片

一〇 元上都砧子山墓地出土『祖考之塋』浮雕石屋

這座石屋與上面介紹的石碑出土於同一墓地。在這座石屋上刻有『祖考之塋』字樣，石屋雕刻寫實，生動地再現了元代建築的形狀，反映了當地平民中富戶的生活狀態（圖二〇）。

一一 元上都砧子山墓地出土『五子登科』浮雕

在內蒙古錫林郭勒盟多倫縣砧子山元代漢人墓地，出土了一塊『五子登科』浮雕石板（圖二一）。這塊石板長七一·五釐米，寬四八釐米，厚一二釐米。石板為青色，雕刻技法為剔地浮雕，畫面的故事為：五個童子在白雲下放風箏時，風箏掛在了樹上，其中三個童子互相托舉，一個登在另一個的肩上去取掛在樹上的風箏，另外兩個童子在樹下牽動線繩，配合樹上的夥伴。在童子們後面是一間華屋，兩位婦人（孩童們的親人）站立在屋門前，很關切地觀看著孩童們，這幅生動細膩的畫面場景為『五子登科』圖。

『五子登科』的典故，源於五代後周時期，當時燕山府（今北京一帶）有個叫竇禹鈞的人，他教導他的五個兒子儀、儼、侃、偁、僖仰慕聖賢，刻苦學習，五子都品學兼優，先後登科及第，稱為『五子登科』。竇禹鈞本人八十二歲無疾而終。當朝太師馮道寫贊詩曰：『燕山竇十郎，教子有義方；靈椿一株老，丹桂五枝芳。』據此，其後宋朝人編寫童蒙課本《三字經》，其中有『竇燕山，有義方，教五子，名俱揚』的詞句。宋元相繼，人們對科舉考試嚮往依舊如故，這幅在北方草原出土的元代『五子登科』浮雕石板，反映了當時民間對科舉功名的追求。

根據內蒙古社會科學院翟禹研究：《元史》卷八一《選舉志》載：『元初，太宗始得中原，輒用耶律楚材言，以科舉選士。世祖既定天下，王鶚獻計，許衡立法，事未果行。至仁宗延祐間，始斟酌舊制

圖二〇　“祖考之塋”浮雕石屋

而行之，取士以德行為本，試藝以經術為先，士褒然舉首應上所求者，皆彬彬輩出矣。』

由此可知，元太宗時期蒙古大汗即依從耶律楚材建議，在中原以科舉選士網羅人才。元世祖時期，曾有過實行科舉的倡議，但『事未果行』。元仁宗皇慶二年（一三一三），元廷以行科舉詔頒天下。

元中期的科舉考試，每三年舉行一次，分為鄉試、會試、殿試三道。科考分為兩榜，以蒙古、色目人為一榜，考兩場；以漢人、南人為一榜，考三場。

元代的科舉考試祇設進士一科，『取士以德行為本，試藝以經術為先，士褒然舉首應上所求者，皆彬彬輩出矣。』其他各科如秀才、明經、明法、明書、明算等科都未設立。元代科舉時開時停，總共祇舉行過十六次考試，其中有十次是在元順帝（惠宗）時舉行的，且每次録取的名額有限，全部録取的人數共一千多人，很為世人推崇。

圖二一　元上都砧子山墓地出土“五子登科”浮雕石板

元代科舉制度也有一些創新，例如：把程朱理學規定為考試取士的標準，明確了程朱理學的正統地位，使之成為科舉考試的權威學說。科舉考試也使蒙古貴族的文化得到提高，在學習過程中，逐漸認識、瞭解了漢族文化，加強了蒙漢文化的交流。通過科舉考試選拔上來的進士從政能力很強，為蒙元政治的穩定發揮了積極作用。

元代『五子登科』浮雕畫像表明，雖然元代的科舉制度遠不如以前興盛，但在社會中依然產生了相當的影響，因此成為民間的普遍嚮往和追求。

附録

一 《金華黄先生文集》輯録

作者黄溍（簡介見卷一附録）

以下四篇文獻輯録影印自内蒙古圖書館特藏黄溍《金華黄先生文集》

（一）《上都大龍光華嚴寺碑》（卷第八）

（二）《上都翰林國史院題名記》（卷第八）

（三）《上都禦史台殿中司題名記》（卷第八）

（四）《上都新軍管軍千戸夾穀公墓誌銘》（卷第三十五）

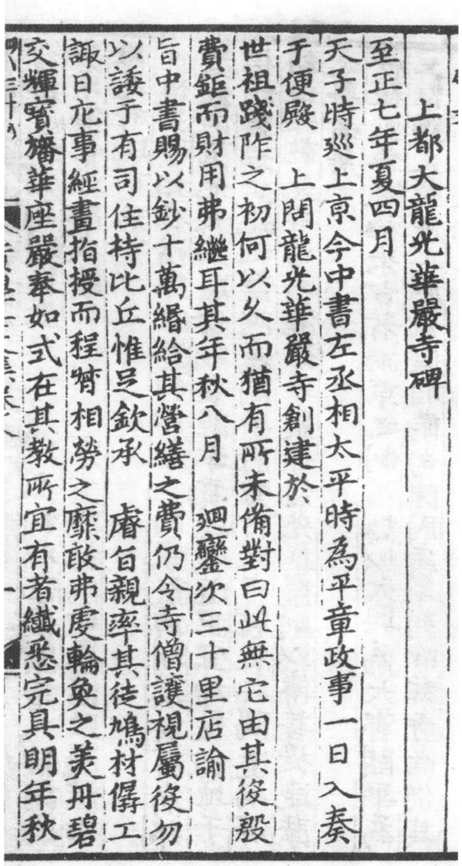

上都大龍光華嚴寺碑
至正七年夏四月
天子時巡上京今中書左丞相太平時為平章政事一日入奏
于便殿 上問龍光華嚴寺創建於
世祖踐祚之初何以久而猶有所未備對曰此無它由其役殷
費鉅而財用弗繼耳其年秋八月 迴鑾次三十里店諭
旨中書賜以鈔十萬緡給其營繕之費仍令寺僧護視屬役勿
以諉于有司住持比丘惟足欽承 睿旨親率其徒鳩材僝工
諏日庀事經畫指授而程督相勞之隳敝弗慶輪奐之美丹碧
交輝寶幡華座嚴奉如式在其教所宜有者纖悉完具明年秋

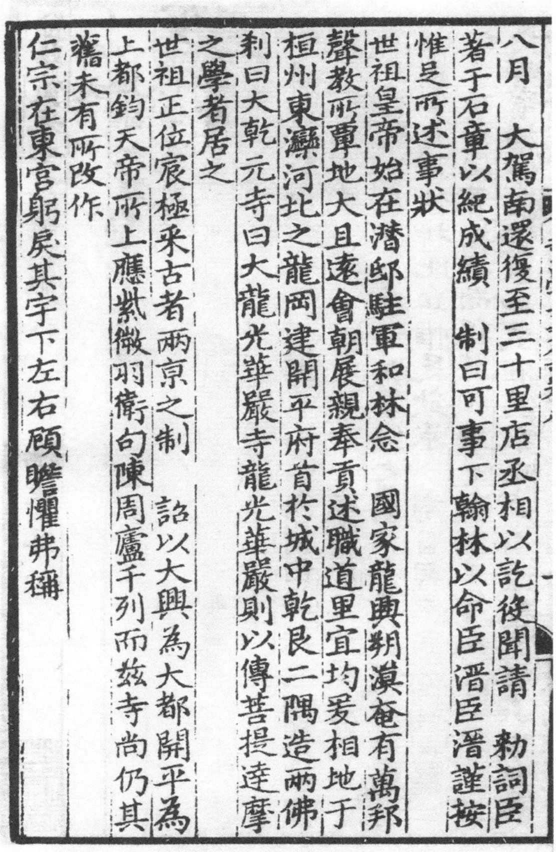

八月 大駕南還復至三十里店丞相以訖役聞請 勑詞臣
著于石章以紀成績 制曰可事下翰林以命臣溍臣溍謹按
惟足所述事狀
世祖皇帝始在潛邸駐軍和林念 國家龍興朔漠奄有萬邦
聲教所覃地大且遠會朝展親奉貢述職道里宜均爰相地于
桓州東灤河北之龍岡建開平府首於城中乾艮二隅造兩佛
刹曰大乾元寺曰大龍光華嚴寺龍光華嚴則以傳菩提達摩
之學者居之
世祖正位宸極采古者兩京之制 詔以大興為大都開平為
上都鈞天帝所上應紫微羽衛句陳周廬千列而兹寺尚仍其
舊未有所改作
仁宗在東宮躬戾其宇下左右顧瞻懼弗稱

世祖致崇極於覺皇之意俾有司斥而大之
英宗嗣位萬幾之暇數嘗臨幸謂五方佛像在
世祖時因感異夢而迎致于兹命於故大殿之南别作前殿以
妥奉焉且賜以吳中上腴之田一萬畝使贍其衆然自經始以
來更涉累朝歷九十餘年逮
今天子特軫　聖情圖終　先志乃克因舊爲新而訖考其成
帝力所加固非一朝一夕之積其成之也蓋自有時夫豈偶然
哉寺之開山初祖曰至温與故太師劉文正公秉忠友善有志
氣而深於謀畧
世祖甚器重之温六傳至維壽以道行文學受知
英宗制授大司徒壽傳弘璟璟傳妙桂今惟足則桂之法嗣也
自報恩來補其處云臣溍竊觀昔之有國家者莫不恭用真乘

助宣皇度廣資勝利昭薦國釐故凡赤縣神州必有禪林法窟
我世祖皇帝所以維持億萬年太平之基者規模宏遠矣
列聖相承以迄于今扶植而振起之將欲與之相爲悠久是誠
不宜無以詔于方來謹序次其本末而爲之銘曰
龍岡之原灤水之滸度闢而北兹惟天府肇啓
帝京自我
皇祖克宅其中下臨九土金輪既御法幢斯竪普爲人天作大
福聚如遊化城共趨寶所沉沉華構奚啻百堵奥殿廣堂有楹
惟旅架以虹梁承以龜趺有飛其榱有綱其户廊爲夷庭延爲
行守峙爲穹門周爲邃廡經之營之游更寒暑聖子神孫纘承
遺緒逮今
皇上不忘繼序俯垂清問温其天語敝自淵衷便蕃錫予召彼

役徒赴我鼛鼓群工薦技風斤月斧金碧焜煌萬目咸覩靈山
一會儼然故守瞻之在前瑜伽五部玉豪金相如日當午神帝
龍君後先恭扈天魔恐怖曰有禦侮棲經于壓懸鍾于虡息有
室廬食有庖庾勝緣畢具宗風載舉增崇上化翕受多祜歲時
省方鳴鑾樹羽宗盟戚畹班行文武企望屬車奔走俯僂大家
右族豪商鉅賈廣衆稠人下及寒窶猋至景從壓居野處洪纖
高下一雲所雨稽首度門永有依怙於萬斯年奉我
明主詞臣作頌誕告終古

阿育王山廣利禪寺承恩閣碑

阿育王山廣利禪寺住持比丘悟光創建承恩閣成使以狀來
請書其歲月刋之兹碑以示永久蓋自雙林唱滅像教東流有
國家者咸知信嚮而無能若我朝之致其隆極者凡九州四海

上都翰林國史院題名記

凡官署咸有題名記之者必述其職分之所當爲以寓夫官師
相規之意焉粤自
世祖皇帝作别都于灤陽一遊一豫無非事者
列聖相承遵爲典常文武百司扈從惟謹翰林國史職在代言
以施命于四方載事以傳信於萬世

天子出御經筵則勸講進讀啓沃　聖心退則紬繹前聞以待
訪問任重而地親　上所識擢必勳閥近臣儒林大老與一時
名人魁士實侍從之高選非他有司比也由至治元年逮今二
十有七年分院題名歲各有記於其職分之所當爲論之備矣
兹不復勦取舊説而重陳之第記其官位氏名歲月庶来者有
所於考焉爾蓋　大駕以至正七年四月十九日發京師五月
十二日駐蹕上京八月十三日回鑾院長而下除拜則書或將
指而行或賜告而去不悉書也經筵之職曰領曰知曰兼無專
官惟居翰林者獨主其文移出納故合本院與其曹屬並列于
左云

上都御史臺殿中司題名記
天子時巡上京則宰執大臣下至百司庶府各以其職分官扈
從
國朝舊典也凡公署必立題名以志其去來之歲月御史
臺殿中司之有題名始於至順三年率皆刻木為方板而書之
至正八年今殿中侍御史埜僊護都孛羅鐵木而慮其久或蠹
敝乃命代以石大書而深刻焉且俾溍記其作始之自謹按漢
御史大夫有兩丞其一曰中丞居殿中蘭臺外督部刺史內領
侍御史受公卿奏事舉劾按章亦謂之中執法則居殿中者實
右中丞之職魏以二御史居殿中察非法大朝會則簪白筆側
陛而坐乃殿中設侍御史之始也其後殊時異制沿革靡常在
唐則兼知庫藏出納宮門內事京畿諸州諸衛兵禁而政務非
一在宋則三院並得言事兼察事而官守不分逮我
世祖皇帝至元五年肇建御史臺置殿中侍御史二員而以殿
中別為一司正名舉職糾察朝儀外廷稱慶則對立於龍墀之
下而不與庶僚序列　大駕行幸則畢從於豹尾之中而非若
它官可以更休委任既專地位復密臣僚有所敷奏無不與聞
而其命秩之崇品在第四視唐宋以七品官為之重輕之不侔
從可知也自非勳賢貴胄秉清方直亮之節夙為衆所嚴憚莫
宜當其選由是而致位卿相未始乏人誠欲使來者知所慕效
而思繼其風烈則所托以昭示于永久者曷可缺歟蓋物莫壽
於金石然自古及今名垂天壤與國家相為無窮者固不獨恃
夫金石以為存也請以是為記可乎是歲　乘輿以五月屆灤
陽八月回　鑾十月甲子朔記
八卷終

弗私于佚維時之達弗疚于用維才之通有伉其門堂構則崇
其播其獲乃啚不豐尚其嗣人勿替益隆琢石以詒表茲幽宮

上都新軍管軍千户夾谷公墓誌銘
公姓夾谷氏諱明安荅而別名思齊字齊卿其先當金之季年
舊迹行陣靡有定居由大同從南陽之郟縣又從真定而占籍
於趙州後復為郟縣人曾大父諱留乞受知
太宗皇帝入覲于西京以萬户奉　詔僉軍彰德諸郡得八
千人隸麾下數立戰功尋出戍隨州以隨州孤絕餽餉弗繼移
駐郟縣剪荊棘立城堡規模粗具俄還戍潁州出奇禦敵人賴
以安從攻安豐壽春無為親冒矢石一無所憚
世祖皇帝嗣登大寶召入扈從賜　璽書俾持以宣諭有能
率衆來歸者當酬以爵祿欽承　上旨輸忠效勤績用彌著
用丞相史忠武王薦特降金符授蓋州三頃合不哥民户達魯
花赤改知懿州換金虎符歷懿州平灤淄萊三路總管終於淄
萊積階昭勇大將軍大父諱唐兀以材自見於
憲宗皇帝時從攻鄂州還戍潁州逮
世祖皇帝命將出師大舉南伐復預在行既渡江取鄂又比收
司空山野人原天堂諸山寨計功行賞授武略將軍上都等路
新軍萬户府管軍千户從其萬户分鎮杭州卒於官父諱尭淵
以忠翊校尉襲管軍千户職沒贈武略將軍飛騎尉追封范陽
縣男母胡氏鄭氏俱追封范陽縣君用覃恩也公鄭氏出幼有
異質娟秀慧朗可愛稍長習尚文雅雖在營壘間容止進退儼
如承平閥閱子弟然倜儻尚氣不為崖岸與人無宿諾有過必
面折不少貸有德必報聞其急必勇赴之由是四方豪傑之士

二 《上都留守賀公墓誌銘》

虞集（一二七二—一三四八），元代文學家。字伯生，號道園，人稱邵庵先生。祖籍仁壽（今屬四川）。其五世祖虞允文，為南宋著名愛國將領，曾在紹興三十一年（一一六一）的採石之戰中大敗金軍，官至丞相。其父虞汲，曾任黃岡尉，宋亡後僑居臨川崇仁（今屬江西）。虞集自幼學習程朱理學，深受儒家正統觀念的影響，但又不拘成法，思想比較開通。宋亡後，僑居臨川崇仁（今屬江西）。元成宗大德元年（一二九七），虞集至大都，他被薦授大都路儒學教授。仁宗時，為集賢修撰。泰定帝時，升任翰林直學士兼國子祭酒。文宗為懷王時，已知虞集之名，繼位後授之奎章閣侍書學士，進翰林侍講學士，並與趙世延等編纂《經世大典》。因虞集曾草詔說順帝非明宗子，所以順帝即位後，他就謝病回鄉。謚文靖。

虞集詩文為當時大家，『一時宗廟朝廷之典冊，公卿士大夫碑版咸出其手。粹成一家之言』。有《道園學古録》、《道園遺稿》。

影印自內蒙古圖書館藏《元文類》（卷五十三）。並後附虞集題《跋大安閣圖》（録自《道園學古録》卷十）。

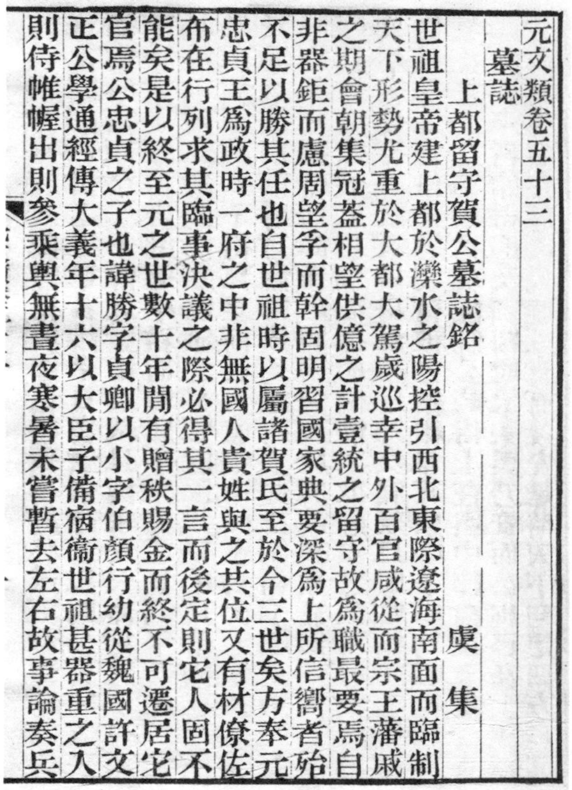

元文類卷五十三
墓誌
上都留守賀公墓誌銘　虞　集
世祖皇帝建上都於灤水之陽控引西北東際遼海南面而臨制
天下形勢尤重於大都大駕歲巡幸中外百官咸從而宗王藩戚
之期會朝集冠蓋相望供億之計壹統之留守故為職最要焉自
非器鉅而慮周望孚而幹固明習國家典要深為上所信嚮者殆
不足以勝其任也自世祖時以屬諸賀氏至於今三世矣方奉元
忠貞王為政時一府之中非無國人貴姓與之共位又有材僚佐
布在行列求其臨事決議之際必得其一言而後定則宅人固不
能矣是以終至元之世數十年間有贈秩賜金而終不可遷居宅
官焉公忠貞之子也諱勝字貞卿以小字伯顏行幼從魏國許文
正公學通經傳大義年十六以大臣子備宿衛世祖甚器重之入
則侍帷幄出則參乘輿無晝夜寒暑未嘗暫去左右故事論奏兵

政機密非國族大臣無得與聞者時獨不避公或更命留聽近侍
或言論語八佾之五章若訕今日者盍去諸上以問公公曰夫子
為當時言距今二千餘載豈相及哉且國家受天命為天子有天
下固當下比古之遜遠小君而自居乎上然之廿四年乃顏叛牽
其兵入寇上親將討之將戰之夕唯近臣只兒哈艮帶劒立寢門
外雖親王貴人不得輒至而公入直帳中受密旨出入指授諸將
及戰公擐甲前導丏纛既成列還侍上側王師奮擊遂克乃顏明
日上顧謂近侍曰昨者之戰飛矢及於朕前毅然無懾容者唯伯
顏為然都人見上之親征也頗悯懼上欲慰安之故亟還夜行臥
輿中苦足寒公解衣以身溫上足乃安寢及旦蹕駐始寤宅日上
自校獵還宮伶人道迎有被色繒綴雜旄象師子以為戲者載輿
象見之驚逸執輿者莫能制公時侍上在輿中即自投下奮當其
觸突後至者始得追及斷靷脫象乘輿乃安而公創已甚上親撫
之命尚醫尚食謹護視蓋三月而後安是時天下初定四方以邊

聞者上欲亟賜報公方少壯能日馳千里又上所親信有使事輒見遣受命無留行復命無後期所區畫動合旨意或朝至而夕復出亦不少憚也故六詔西域交廣之屬無不至焉槩計其所歷無慮數十萬里上春秋已高海內已定每嚴畏天象以自警司天有奏得非時以聞因拜公集賢學士服一品服以領之桑葛之爲相也怒忠貞之尹京常不下已危中之上前旬月之閒數十奏不止賴上察公父子深故免廷臣共知其姦無敢爲上先言之者公當啟其端而言者繼之始服罪上之改尚書省爲中書也方卜相顧謂公曰汝以爲孰當吾心者公再拜曰命相國之大政非小臣所敢知然求之輿望以爲太子詹事完澤線眞子也端重忠實可屬大事上曰然吾幷得所以佐之者矣遂相完澤而以公爲參知中書政事時年二十八耳參決朝議明允通練一時驚異焉久之又拜僉書樞密院事又拜大都護典外國之來屬者成宗皇帝卽位之十年忠貞告老尋歿于家而公拜榮祿大夫上都留守兼本路都總管開平府尹虎賁親軍都指揮使服忠貞所佩虎符至大元年拜光祿大夫左丞相行都留守兼本路都總管府達魯花赤延祐二年拜開府儀同三司上柱國三進而彌尊遂兼台司之貴而留鑰之寄如一蓋世官矣上都地寒不敏於樹藝無土著之民自穀粟布帛以至纖靡奇異之物皆自遠至宮府需用萬端而吏得以取具無闕者則商賈之資也吏多並緣爲姦一旦稱遽發所居以集事而直不時得人用病焉公常閱文書按而予之無或失其業故來藏市者沛然日增稱京師之盛公坐府治事謹辰酉吏舍肅然具牘無敢玩出內無敢欺貴人大家或以上命得給賜若營繕市易多遣私人逼脅府史淩辱僚吏榜係其民人豪橫過取無可誰何公必盡奏抑治之而善柔者亦必使得所當而去吏有持上供物入宮門迫暮不得出所司捕得奏誅之公曰此有故非闌入也力爭之吏得不死奉聖州民高氏隸籍虎賁衛以多貲名身死而子幼貴官有利其家財者使部曲強娶其婦公爲辨之上前不聽娶高氏乃得全其家公以民之饑也嘗便宜發廩不待得請以民之不知敎也始大爲學舍禮儒師以風化之是以吏民不識貴彊之淩暴承其敎戒仰之若神明焉相率爲祠於西門之外設公象而祝之關陝之亂公方朝正月於大都上曰上京根本之地其速還鎮卽日告行都人見公至如孤弱得慈母時安王將兵北行所過多侵掠公謂之曰君父倚王以保民禁暴今未出國門而行亥失律天子或以爲問奈何王悟謝之整兵以行民用安堵時方隆寒士馬凍乏縣官舁糗衣著不時具公以私藏足之行者以爲感仁宗皇帝乃命工畫公象勅學士爲贊識以天子之璽而賜之俾傳示子孫於是公有足疾辭不任劇願賜骸骨歸上曰祖宗以上京屬卿父子民安化行朝無顧慮久矣徒臥護可也乃賜小車俾乘以出入得至禁廷焉當是時太師鐵木迭兒爲丞相子弟縱虐於民公壹繩之以法官峙庤儲而丞相家奴擅罔市利責高直於官公每裁抑之又惡其帷薄之不修也而貪嫉日盛絕不與往來都人張弼子殺人獄具丞相受其金錢無算爲折辱留守脅使易辭出之公持不可而中書平章政事蕭拜住御史中丞楊朶兒只等顯奏之天子震怒罪且不測賴太后仁恕以爲言幸得罷去相位而諸公之怨不可解矣英宗皇帝之卽位也鐵木迭兒復爲丞相乘閒肆毒睚眦之私無不報者蕭楊二公旣已被害卽誣公乘賜車出迎詔書爲非禮而執之激怒主上遂見殺公死之日京師之人巷哭相聞而士大夫憤怒相視以目自是廷中不附己者固已盡中傷之而恩深不報者亦見及而無遺矣久之天子察其故斥不得居位遂死於家敕仆所樹頌功碑而言者始昌言蕭楊及公之寃未及有所昭雪而上崩今上皇帝入繼大統發明詔以慰撫天下顧未暇他及而首以公等之枉爲言蓋知天人積憤之故本由巨姦殘忍以啟之也於是姦忠逆順之辨大明死者固已少自釋於地下而天下之公議亦少振焉明年乃贈公推忠宣力保德功臣太傅開府儀同三司上柱國追封秦國公諡惠愍贊

書哀惻聞者感動命下日都人走詣其殯不約而至者幾萬人而
其子惟一即拜正議大夫同知上都留守司事泰定四年秋集執
經講帷從在上都而惟一適遷陝西廉訪副使乃來告曰家世荷
國厚恩受京邑之託父子一心所以圖報稱於萬一者天實臨之
列聖實鑒之我先人遭罹姦凶遘履危禍此惟一泣血終身而不
忍言者也皇上聖明灼見隱伏不遺故舊褒卹之典極於哀榮又
不以惟一不肖俾嗣世職感恩戴誼是以未敢申其情事期滿歲
而請行今易節以西實過鄉里是天所以賜惟一也將以某年月
日奉以歸葬焉惟先人終始定於國是非一家之私言也託諸幽
宮以期不朽者非太史氏其何徵乎敢以爲請此又惟一忍死以
待者也集受其言而悲之乃考諸見聞與其客呂爾所爲狀得祖
宗付囑賀氏以上都之事與賀氏父子之爲治者乃并朝廷哀忠
臣懲往失之意而具書之按賀氏家隰州之永和今爲京兆鄠縣
人曾祖種德封通奉大夫護軍雍郡公妣郝氏贈雍國夫人祖賁
京兆路總管諸軍奥魯贈輸忠立義功臣銀青榮祿大夫大司徒
封雍國公謚貞憲妣鄭氏贈雍國夫人考仁傑光祿大夫上都留
守虎賁親軍都指揮使平章政事商議陝西等處行中書省事贈
推誠宣力翊運功臣太師開府儀同三司上柱國追封秦元王謚
忠貞妣劉氏鄭氏皆封雍國夫人改秦元王夫人娶張氏早卒又
娶揑古眞氏亦先公卒皆封雍國夫人改封秦國夫人子男二惟
一惟賢爲尚衣奉御女二長適平章政事阿不海牙次適撒立忽
攀公墓在鄠縣某里從先塋也銘曰
巍巍神京世祖所營殿于漠南治朝廣廷有城有關民之攸止大
纛周廬亦有舍次始命董茲國有幹楨舉綱挈維紀目亦程維昔
周郊陳實繼旦慎始和中異體同貫我則不然世官尚賢保綏成
功動循故先公始侍中年壯氣鋭出入踐歷百試無替乃贊國鈞
乃佐本兵乃斂長籌以督畿坰時巡至止百用具給清宮言還留
鑰是執歲率其常年與位遷膂力則非精思弗愆時入禁闥䝉起
咸拜名王細侯亦仰而慨曰此老成世皇之臣祖事孫承蝌其都
人公出視政獄市無擾商曰予獲民曰予保公田于野徒御不囂
有警無遨具各公勞公惟小心不懈彌謹義之有激事在無隱竊
位爲權彼凶滔天我則老臣忍從危顛二三君子掎角以制不竟
于斷階此大厲嗚呼昊天不淑謂何假威神明徧爲百訛國論素
定公則不隕揚言孔昭天子之聖保終沒寧豈必謂身身枉義伸
抑又何呻我哀公子知忠念孝還葬忍緩思報之道奉節過家天
子命之承志正邱天道聽之嗟彼都人不歌以相曰此有祠公庶
來享南山峩峩其鹿維林公從先王歸復自今貞珉刻辭作于太
史千載之徵亾愧孫子

平章政事張公墓誌銘　虞　集

我國家有文武忠孝世勳大臣曰蔡國公張公以泰定四年十二
月甲寅薨于保定滿城縣岡頭里第遺命上蔡國公印丞相卽日
以聞上爲震悼勑有司贈官致賻如禮公卿大夫相弔于朝中外

偶然哉雍虞集題
跋大安閣圖
世祖皇帝在藩以開平爲分地即爲城郭宮室取故宋熙春
閣材于汴稍損益之以爲此閣名曰大安既登大寶以開平
爲上都宮城之内不作正衙此閣巋然遂爲前殿矣規制尊
穩秀傑後世誠無以加也王振鵬受知
仁宗皇帝其精藝名世非一時儕輩之倫此圖當時甚稱
上意觀其位置經營之意寧無堂構之諷乎止以藝言則不
足盡振鵬之惓惓矣
題王忠簡公進士謝恩詩後
某從故宋王忠簡公曾孫纘得見公進士謝恩詩公之子擢
寘公所識並在唐人賜進士第禮文繁縟宋初已差不及南
渡後益多草創然猶聯文若是觀之令人慨然

三 《秋澗先生大全文集》

王惲（一二二七—一三〇四），字仲謀，號秋澗，衛州汲縣（今屬河南省）人。《元史》卷一六七有傳。中統元年（一二六〇）姚樞宣撫東平，辟王惲為詳儀官，擢為中書省詳定官。二年春轉翰林修撰，同知制誥，兼國史院編修官。後拜監察禦使，九年授承直郎，十四年除翰林待制拜朝列大夫，二十九年授翰林學士、嘉議大夫。元貞元年（一二九五）加通政大夫知制誥，同修國史。大德八年（一三〇四）卒，贈翰林學士承旨資善大夫，追封太原郡公，謚文定。著有《相鑒》五十卷，《汲郡志》十五卷，《秋澗先生大全文集》一百卷，王惲為元好問弟子，為文不蹈襲前人，獨步當時。其書法遒婉，與東魯王博文、渤海王旭齊。

《中堂事記》，録自王惲《秋澗先生大全文集》卷八〇，其內容豐富翔實，準確地記載了有關元初御前奏聞的時間和上都發生的諸多大事。王惲作為元初重要的官員，見證了元上都的營建過程，對元上都的重要地位十分瞭解。王惲多次扈從皇帝前往上都，其《中堂事記》是研究元上都歷史的重要基本史料，為此，現將《中堂事記》影印刊佈，以供史學界參考。

此外，以下所録為《四部叢刊本》袁桷《清容居士集》卷十五、十六《開平第一集》、《開平第四集》，這些詩文描述了元上都的見聞，以及交通、宗教、民俗生活等內容，可為讀者全面瞭解和研究元上都提供參考。

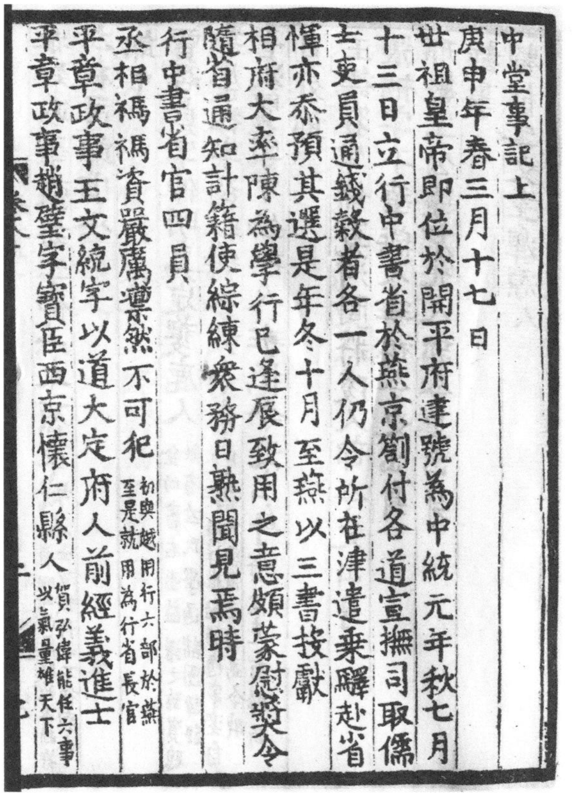
中堂事記上
庚申年春三月十七日
世祖皇帝即位於開平府建號為中統元年秋七月
十三日立行中書省於燕京劄付各道宣撫司取儒
士吏員通錢穀者各一人仍令所在津遣乘驛赴省
惲亦忝預其選是年冬十月至燕以三書投獻
相府大率陳為學行已逢辰致用之意頗蒙慰奬令
隨省通知計籍使綜練衆務日熟聞見焉時
行中書省官四員
丞相禡禡資嚴厲凜然不可犯初與趙用行六部於燕至是就用為行省長官
平章政事王文統字以道大定府人前經義進士
平章政事趙璧字寶臣西京懷仁縣人貿弘偉能任六事以氣量雄天下

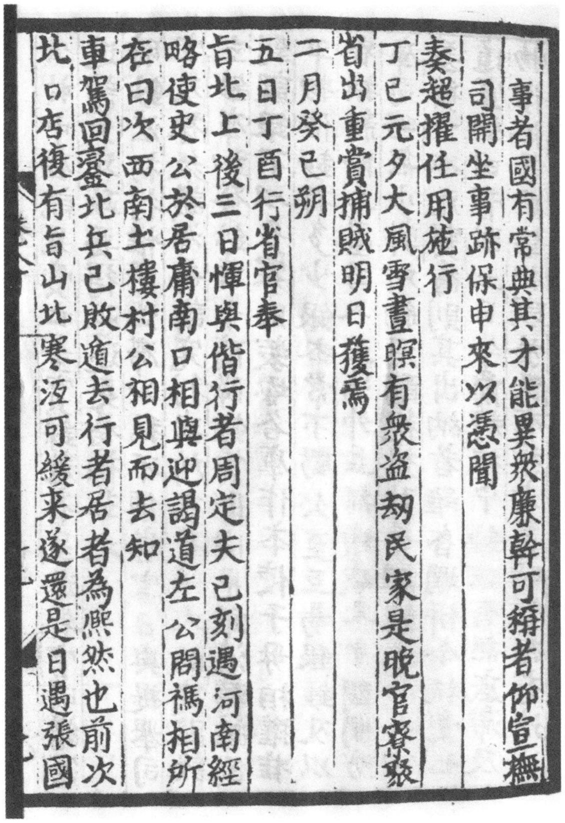
事者國有常典其才能異衆廉幹可稱者仰宣撫
司開坐事跡保申來以憑聞
奏超擢任用施行
丁巳元夕大風雪晝瞑有衆盜刼民家是晚官寮敬
省出重賞捕賊明日獲焉
二月癸巳朔
五日丁酉行省官奉
旨北上後三日惲與偕行者周定夫已刻遇河南經
略使史公於居庸南口相與迎謁道左公問禡相所
在曰次西南土樓村公相見而去知
車駕回鑾北兵已敗遁去行者居者為爲然也前次
北口店復有旨山北寒冱可緩來遂還是日遇張國

公於中店説見賁亡金實録赴省呈進省官時繕寫
進讀大定政要得此遂更爲補益之
時鈔法初行惟恐澁滯公私不便省官日與提舉司
官及捸衆議深爲講究利病所在其法大約隨路設
立鈔庫如發鈔若干隨降銀貨即同見銀流轉據倒
到課銀不以多寡即裝垜各庫作本使子毋相權准
平物估鈔有多少銀本常不虧欠至互易銀鈔及以
昏換新除工墨出入正法外並無增减又中間閑防
庫司略無少弊所納酒醋稅鹽引等課程大小一切
差發一以元寶爲則其出納者雖昏爛併令收受七
道宣撫司管限三日午前將彼中鈔法有無底滯及
物價低昂與鈔相礙於民有損者晝時規措有法以
制之在都總庫印到料鈔不以多寡除支備隨路庫
司開用外一切經費雖緩急不許動支借貸其錢貫
顯印鈔面將來以錢鈔互爲表裏此張本也時週歲
包銀六萬餘定鈔數人及五十餘萬　堂議嘗云若
印至百萬所獲鈔息可盡免天下包差蓋以平準貿
易諸物一歲民間毀廢不貲皆爲官息也又當時鈔
法有甚便數事艱得一也經費省二也銀本常足不
動三也僞造者少四也視鈔重於金銀五也日實不
虛六也百貨價平七也
二十一日己亥未刻
淮海都督府申宋人圍我海州堂議飛奏外命惲賫
省檄馳海青傳催發經略史公令率河外諸軍往援
既啓行隨得報云宋人已退走遂止
二十二日
從來趣闕省北上越
三月壬辰
五日丙寅未刻
丞相禡禡與同僚發自燕京是夕宿通玄北郭偕行
者都事楊恕提控术甲謙詳定官周止省掾王文蔚劉傑
六日丁卯
午憇海店距京城廿里凡省部未絶事務於此悉行
决遣是晚宿南口新店距海店七十里
戊辰卯刻
入居庸關世傳始皇北築時居庸徙於此故名兩山
巉絶中若鐵峽少陵云硤形藏堂隍壁色立積鐵者
蓋寫真也控扼南北寔爲古今巨防午憇姚家店是
夜宿北口軍營月犯東井鉞星或者云斧鉞用兵之
兆距南口姚店三十里而遠
己巳辰刻
度八達嶺於山兩間俯望燕城殆井底然出北口午
憇棒槌店天容日氣與山南絶異以暄涼校之爭逾
月矣午飯榆林驛其地大山北環夆自已莽蒼沙磧
蓋古嬀川地也是夜宿懷來縣南距北口五十三里
縣東南里許有釀泉井水作淡鵝黄色其曰玉液即
此出也官爲置務歲供
御醪焉

庚午
泊統墓店詢其名土人云店北舊有統軍墓故稱是
夜宿雷氏驛亭地形轉高西望雞鳴山南眺桑乾上
流自奉聖東諸山下注白波洶湧若驅山而東雞鳴
山者昔唐太宗東征至其下聞雞鳴故名東南距懷
來七十里而遠
辛未午刻
入宣德州申刻　使者也鮮乃至傳
旨趣令諸官速赴
行殿是夜宿考工官劉氏第
十一日壬申
候禡相為一日留蓋有所需也距雷氏驛九十里癸
酉行六十里值雪宿青麓
十三日甲戌
至定邊城憇焉蓋金所築故城也是夜宿黑山崖子距
青麓九十里
十四日乙亥
抵礶場峪蓋金初南北互市之所也是夜露宿雙城
北十里小河之東南距黑崖甸北一百有五里
十五日丙子
停午至察罕腦兒時
行宮在此申刻大風作玄雲自西北突起少頃四合
雪華掌如平地尺許亂灤河而北次東北土壤下羣
山糾紛川形平易因其勢而廣狹焉泉流縈紆揭衣
可涉地氣甚溫大寒掃雪寢以單韋晌如也沙草馣
茂極利畜牧按地志灤野蓋金人駐夏金蓮涼陘一
帶遼人曰王國崖者是也
上命平章王文統草荅高麗手詔其辭有誦經供佛為
國祈福良可嘉之語選怯薛丹某官借職伯衛將軍
以高逸民借職禮部員外郎為副使其國將發高麗
世子来覲止焉初高麗國相有以書致寒暄於省府
者欲以書為荅且以方略撼之俾見我大
國文加武暢之盛惲曰不可境外之交非人臣所宜
此范文正書諭元昊遂得罪於裕陵也可不戒哉遂止
十六日丁丑
上遣參知政事張易康名轄廉名希憲字介甫瀚海
人[illegible]資沉毅臨大事不可奪其廉正有大臣風節傳
旨慰諭行省官時
御道不啓拜覲者皆俟故留八日而發距雙城七十里
二十三日甲申
次鞍子山南距灤河四十里
二十四日乙酉
次桓州故城西南四十里有李陵故臺道陵勑建祠
宇故址尚在未刻朔風發發雨霰交作傳
令方春牧馬不勝寒克瘦弱者悉用氊毳荅覆其背
否者以法從事
二十六日丁亥
時諸王有以宥令行下本管及祝香四岳者

朝廷以當否為問省官婉辭以對此無他止是爭欲
徼福耳若大制一定此事自輩
是霜蔽野如大雪日極高隂凝始釋距數子山廿有
五里是日兖州人髙道字道之来自和林城說廸北
正三月間地草自燃東自和林西至炊州其燃極草
根而止水温處愈甚人往来者須以氊濡水覆其上
可越又有黒風掠人面如灼兵械及山林遇夜皆有
火出在山者如列炬然或者云火兵象皆彼自焚消
鑠之兆
二十七日戊子
次新桓州西南十里外南北界壕尚宛然也距舊桓
州三十里申刻𭄿有兎自北来入王相帳中獲焉公

曰兎隂類惟筊一夅而得吾事其有解矣
二十八日己丑
飯新桓州未刻扈從
鑾駕入開平府蓋
聖上龍飛之地歲丙辰始建都城龍崗蟠其隂灤江
經其陽四山拱衛佳氣葱鬱都東北不十里有大松
林異鳥群集曰察必鶻者盖産於此山有木水有魚
鹽貨狼藉畜牧蕃息大供居民食用然水泉淺大冰
負土夏冷而冬冽東北方極高寒變也按方志盖東
漢烏桓地也距新桓州四十有五里
二十九日庚寅
風霾四塞日三丈許方解

三十日辛卯
立夏風色尨慘澹無光
夏四月癸巳壬辰日氣極清明有輝
二日癸未
隂慘盡日
三日甲午
天氣極晴和
四日乙未
頗覺暑氣是日向巳憚從彸君實許李洎九道宣撫
候雲叟公燕於私第茶畢而退
秋澗先生大全文集卷第八十

清容居士集卷第十五
開平第一集 甲寅
延祐改元五月三日分院十五日
始達開平得詩數篇錄示兒曹
居庸關
太行領羣山萬馬高下拜平巒轉城隍隱
隱南北界危坡互交牙寒溜瀉泙湃陰風
玄虬湧巨石忽崩壞周遭青松根下有古
木嵓石皮皵青銅云是舊戰鎧天險不足
憑歷劫有成敗驅車上林杪出日浴光恠

俯仰各努力解珮投于河

伯宗遊華嚴寺次韻二首

平蕪寒磧際突兀梵宮尊白石開金地青蓮擁紺園城低千嶂擁塔静一鈴喧夙昔莊嚴果無言急掩軒

欲問生公法年深不上堂斷雲成密樹深柳當踈篁十地三乘要諸天百和香玄機吾素解何日勘禪房

上京雜詠

雲護中街日風開北戶天千溝凝白雪萬竈起青煙午滹曾持扇朝寒却衣綿松林空有累剪伐不知年

土屋層層緑沙坡簇簇黄馬鳴知雹急鴈過識天涼墨菊清秋色金蓮細雨香内園通閬苑千樹壓羣芳

天闕虛無裏城低納遠山白榆迷鴈塞青草補龍灣市簇家家近官清日日閒重游深問俗漸恨鬢毛斑

舊歲寒冬惡霏霏土雨迷門荒懸馬草草淨絶牛蹄列帳烔光慘空營月色低縣官捐粟帛歲晚得扶携

上國饒為客天涼眼倍青白魚沙際網黄鼠草間翎芍藥圍紅斗摩姑綴玉釘漸知塵骨換振佩接青冥

天錫清涼國晴霞綻雪峰月低疑墮兔雲近得攀龍寶鑑須冰撤筠籠賜果封白頭貂帽客為我話深冬

驰皷村村應傳更趣進程草肥涼露白樹薄曉風清帳殿横金屋氈房簇錦城屬車流水度細點侍臣名

伏日瓊林宴名王總内朝帽尖花壓翠衣角錦團貂炙熟牛酥笔醅深馬乳澆柘枝旋舞急宛轉稱纖腰

市狹難馳馬泥深易沒車凍蠅爭日聚新燕掠風斜晚汲喧沙井晨炊斷木槎閭閻通茗酪俗簡未全奢

長夏崇真館踈簾洒静便支頤推萬古止息契重玄月窟窓如雪天瓢酒似泉主人憐老客下榻不曾懸

再次韻

帝京環陸海平野接冰天龍吐青林火狼
沉紫塞烟風花秋黯淡雲葉雨連綿昔日
君臣意深符卜洛年
寶閣淩空涌金壺瞬日黃梵音通朔漠法
曲廣伊涼御榻惟經帙宮爐獨篆香吾皇
清淨德銀管頌垂芳
高下雲中樹蹤明雪外山坡凹茅結屋嶺
轉水回灣禁路分馳道沙場當內閑通明
風露冷時許侍清班
晨起儀臺立烟青望眼迷草低鷹側目車

逼馬迴蹄風勁弓弦直泥融柱礎低蚊蠅
深斂跡塵尾不須攜
紫極中天亞森森接帝青鷹歸傳帛信雉
落舞紅翎寶所金千頃朱門帶萬釘瀛洲
清淺處高坐納空冥
昔年曾扈蹕宿直對鼇峰錦掣蘭苕翠波
翻墨沼龍起居青簡注除拜紫泥封共說
先皇日千官總住冬
土驛高低置蒼茫七日程馬通分熠燿牛
酪注深清殘雪明珠關繁星列火城前山

黃白處草藥不知名
千堞蜂腰凸羣山馬首朝沙場調俊鶻草
窟射豐貂閙舞花頻簇狂歌酒恣澆今年
春事減土舍雪齊腰
箭落驚遊騎鈴傳督運車土風殊楚越驛
道倣褒斜細雨三更枕清秋八月槎夜聽
繁管急漸習五陵奢
長齋孤館靜捧腹睡便便酒斷眸凝碧塵
深鬢返玄凍蜂粘暖草乳燕啄冰泉過翼
時頻數鄉心日夜懸

清容居士集卷第十六
開平第四集 壬戌
至治二年三月甲戌改除翰林直學士四
月乙丑出健德門買小車臥行八日至開
平舍于崇真宮有旨道士免扈從宮中
闃無人聲
車駕五月中旬始至書詔簡絕僅為祝文
十三道 已入內制 悲愉感發一寓於詩而同院
亦寡倡和率意為題得一百篇閏五月
上幸五臺山以實錄未畢趣史院官屬咸

還京是月丁巳發癸亥還寓舍五月灤陽大寒閏月道中大暑觀是詩者亦足知夫馳驅之爲勞隱逸之爲可羨也六月丁卯朔楠敘

端午日驂車中抵開平客中三度端陽愴然有懷

居庸昔日逢端午子規聲聲勸歸去舊歲灤陽萬壽宮九節菖蒲泛瓊醑今年車中飽掀簸盲風北來雨如注沙坡馬鬣高下迎土屋魚鱗先後附舊家松篁百尋碧蓓萵花前石榴樹停車俛首不得語鄰墻簫聲雜駝鼓勞生得意同蝸牛奮臂却行等蠅虎

崇真宮閴無一人經宗師丹房惟蒲苗楊柳感舊有作

雙斛青蒲苗中庭綠楊枝門鎖碧窗寐徘徊心不怡辛勤四十載逢辰搆崇基寒日淡無華朔風助之悲想此鸞鶴侶長嘯悟成虧往昔玉局翁言羅白雲隨懷賢感夙昔悼念成涕洟夜夢忽邂逅掀髯歌紫芝

四 《上都華嚴寺碑》碑文輯録

録自《東方考古學叢刊》乙種本第二册，《上都》，東亞考古學會，昭和十六年（一九四一）。

上都華嚴寺碑

太祖皇帝肇造區夏、視居庸以北爲內地、戶族散處、皆安其簡易、在憲宗皇帝時、將有事西南、底愼舊章、建置靡遑、時則世祖皇帝、治軍和林、相厥地利曰、維灤陽展親會朝、玆爲道里得中、稽衆契龜、僉告允吉、因城、而名之曰開平焉、歲在庚申、世祖承大歷服、建國改元、剷僭靖亂、宗王殊邦、奉貢效牽、咸會同於開平、繇是定爲上都、大興爲大都、兩京之制、協於古昔矣、省方有常、庶職攸敘、商旅子來、置而勿征、首建學廟、乾艮二隅、立二佛寺、曰乾元、曰龍光華嚴、復立老子宮於東西、相須以成化俗、儆蒙緊、二教是先具訓、淵遠將垂憲、永以爲民則、仁宗皇帝在東宮如華嚴、惕然永思、粤惟皇祖置慮、宏廓建都、功業弗克、崇闡紹開、是我子孫、不大彰顯、爰命守臣、相畫撤而廣之、踰十年將成、仁宗陟、今上皇帝北巡狩、回上都、首幸華嚴、若曰、列聖在天、神化合一、朕罔敢有替、述脩聖明、將於是有在、廣植冥福、神御周流、宜得以居止、其以先帝所殿鎮於後、維五方佛像在世祖時、素有感異、復廣大殿以居之、梵相東西挾翼以從、凡尊事棲息、悉如其教以備、又別賜吳田百頃、安食其衆、至治二年夏六月丁卯、丞相入宿衛上都、留守司臣某、傳旨命翰林、宜爲碑紀其成績、俾萬姓蒙祉、庶得以昭朕奉思、臣桷竊以爲、天地生物、無心以成、唯聖人、有憂則曰、物有不齊、皇極是訓、西方聖人則曰、性本至善、遷以隨欲、慾由妄生、性日益昏、故爲物爲變、至於摩盪轇轕、生死靡分、於是有懺解之說焉、有追崇之說焉、彼生得以斷、死得以離、則本性湛空、無有垢累、道奚病矣、華嚴設辭以富貴爲喻、終之以返眞復初、俾世之所以景慕、由境以入、因境而悟入於無相、其於喻也、深有旨矣、世祖命名、亦將以警夫迷俗、愍濟羣動、與前聖相合者、實在是、聖聖繼承、靡有殊異、臣桷屢從屬車、聞首主是山者、曰至溫師、以妙密縝緻爲本行、侍宗洞山、與太保劉文貞公秉忠、爲方外友、磊落有大計、因得見世祖於潛邸、陳對明朗、遂大器之、六傳曰惟壽、今授司徒、際遇隆赫、於法祖有光、壽能文詞、守其道專固、則永以傳、謹再拜稽首爲之銘曰、於赫世祖、武緯文經、廣莫相攸、堅墉斯城、鑒觀羣生、厥性有恒、驕驚忿鬭、失常是行、沉昵昏惑、執妄是成、惟政與德、具訓以儆、善本性初、爲明爲靜、猗歟覺皇、功始戒定、或喻以空、或設以境、空解境悟、眞慧永證、巍煌華嚴、窮珍極瑰、龍伏藻井、雲凝瑤臺、積香浮浮、側瓴枚枚、耄穉畢觀、心掉膽摧、相旣永離、虛空如埃、世祖稽古、是則是效、暨於仁皇、益闡乘教、惟皇御極、承志廣孝、曰列聖在天、鴻績靡報、顧膽杳嗟、展飾殊妙、錫福兆民、列聖之心、拯彼大迷、覺皇其陳、謨烈顯承、如歲之春、物無癘疵、膏熙沐淳、億萬上年、刻銘堅珉

卷三 《應昌路曼陀山新建龍興寺記》碑等碑研究

卷三說明

本卷所録入的碑銘，部分為元初駐牧在今內蒙古自治區赤峰地區的蒙古弘吉剌部首領所遺留的重要碑銘。在元代應昌路遺址周圍發現的碑銘，記述了從元世祖忽必烈以來，弘吉剌部在政治聯姻、經濟文化、宗教信仰等許多方面的歷史情況。

本卷所録入的《應昌路曼陀山新建龍興寺記》碑，記述了元世祖至元二十四年（一二八七）諸王乃顔叛亂，駐帳應昌夜見金佛，乃於曼陀山敕建龍興寺之事。這一碑刻是關於魯國公主及弘吉剌家族的重要材料，不僅提供了魯國大長公主普納，魯王桑哥不剌在英宗及泰定帝時期的一些活動事蹟，還可以考證出《元史》相應這一時期紀傳中的一些內容。應昌路《敕賜應昌府罔極寺碑》記述了魯王與元皇室世代聯姻的情況，以及多位弘吉剌部首領被封為魯王、招為駙馬者的名字。碑文還記載了應昌府建築的時間、周圍的環境、應昌府城郭的選址及該城宮室、府署、佛寺等。同時，對罔極寺之建築、功能也做了較詳細的介紹。皇妹祥哥剌吉《懿旨釋典祝文》碑，見證了蒙古祥哥剌吉公主以女性身份遣使曲阜祭祀孔子的歷史。祥哥剌吉公主（約一二八三—一三三一）為魯王妃，元世祖之曾孫女，是我國重要的女收藏家，在元代皇家公主中地位很特殊。祥哥剌吉曾兩次遣使，專程前往其封地曲阜祭祀孔子。至今，山東曲阜孔廟大成殿還保留有元代的皇妹大長公主《降香碑》和皇妹大長公主《懿旨釋典祝文》碑。據歷代史料所記，按照祭孔活動的慣例，祭孔者必須是社會地位很高的男性官員，從漢高祖劉邦一直到中華民國，蒙古祥哥剌吉公主是唯一的女性祭孔人，她遺留的兩通祭孔碑，也是孔廟內僅有的婦女祭孔碑。

在本卷中所收録的其他元代碑銘，對於研究北方地區的宗教和文化，具有重要的史料價值。例如，元代寧昌路遺址出土的《大元加封詔》碑，與曲阜和北京孔廟所存的加封孔子為『大成至聖文宣王』的碑文相同，見證了草原地區蒙古貴族尊孔的歷史。本卷所録入的全寧路的儒學記碑以及官府內官員的官職和姓名，對於寧昌路這個在《元史》一筆帶過的路級建制官府內官員的情況，提供了詳細資料。

在本卷中所收録的《敕賜興元閣碑》的殘碑，發現於大蒙古國首都哈剌和林遺址。漠北地區是成吉思汗大斡耳朵及蒙古舊都哈剌和林所在的根本之地。《敕賜興元閣碑》記述了和林定都的歷史。由此可知，大蒙古國在哈剌和林定都的時間為一二二〇年，到窩闊台汗時期始建宮闕，至蒙哥汗時期，興建五級高閣。此碑史料價值很高，可明確成吉思汗在和林定都的準確時間。

一　《應昌路曼陀山新建龍興寺記》碑

（一）《應昌路曼陀山新建龍興寺記》碑簡介

該碑位於赤峰市克什克騰旗達里諾爾湖東岸，達爾罕蘇木所在達爾罕烏拉之南山中，與曼陀山遥相呼應。碑文二十五行，滿行五十三字。額篆『應昌路曼陀山新建龍興寺記』三行十二字（圖一）。碑文記載了忽必烈於『至元丁亥』（按：此丁亥為前至元二十四年，公元一二八七年。是年，諸王乃顏叛，世祖親征，事正在至元二十四年）。世祖率師東進，駐帳應昌夜見金佛，乃於曼陀山敕建龍興寺之事。立碑者為大長公主普納和魯王桑哥不剌，建碑時间為泰定二年（一三二五）。

（二）《應昌路曼陀山新建龍興寺記》碑碑銘考釋

據碑末所題『監造官嘉議大夫管領本投下諸色人匠怯憐口都總管府總管張』，又據本書所録卷四《皇元敕賜故贈榮禄大夫遼陽等處行中書省平章政事柱國追封薊國公張氏先塋之碑》：『子三人：住童、大都閭、全閭。住童謙抑廉謹，靜而寡言，及臨事，剖折曲當，大長公主器重之，初命嘉議大夫，怯憐口都總管』可知，曼陀山龍興寺碑監造官即魯國著名媵臣張應瑞之長子張住童。茲將碑文抄録如下：

應昌路曼陀山新建龍興寺記

皇尊姑大長公主普納

魯王桑哥不拉重修

佈施常住。承事郎同知常寧州事趙岩撰並書。／集賢大學士光禄大夫趙世延篆額。

至元丁亥，／世祖皇帝躬禦六師，徂徵弗庭。／駐蹕應昌之夕。一

圖一　《應昌路曼陀山新建龍興寺記》碑、碑額

佛飛空，現金色身，如影如幻。旦諭近臣，莫知從來。耆諏耋詢，俾審厥象。或曰曼陀山石洞有佛殊相，乃命帝師，經燈唄螺，凡七晝夜，龕廬積年，雲苔露荊。／皇姊大長公主，魯王善根堅深，眷懷／皇祖，櫛風沐雨，勤勞天下，金戈黃，辟於應昌。於時乃顏，離佛正法、欲以螢火燒須彌山，世皇旋乾轉坤有大力量，以一臂指摩一切世界，金剛鐵圍，碎如微塵、鞭弭所向。怨敵摧伏，梵王帝釋恒隨擁衛，如來顯現，克相有成。於是／鐮榛畚土，斧樹堿石，殿像觀音，東西鹿頂，三門廓宏，面勢海廣。一夕石洞金佛現像如初／，主念益堅，聞者信心，乃標刹龍興，以神至元。若淨梵天、水雲洞，名皆／主所定，福及眾生，有眼元，主與／世祖所見，等無差殊，歡喜莊嚴，得未嘗有。岩霏褰開，崗糧月清，洞遂三丈，其穹半之，仍穿其旁，遊者投足，深探遐曆，莫得要領，安知是穴不徹東海到菩薩岸，不徹東海逢娑竭羅，又安知不徹天臺雁蕩，應真飛行處耶？今／主身履富貴，而以寂照師心，以一刹遍一切刹，一佛示現遍一切佛，億萬永年，應佛授記，得大歡喜，得大饒益，將自泰定甲子始？是為龍沙功德林第一說已／主命偈面石焉。其辭曰／：如來金色現法身，非因非想而顯示上世祖皇帝大威德，青蓮瞬目降群魔。曼陀洞佛生光明。優鉢曇花此值遇。音聲法事七晝夜，亦複土水新龕廬。我／大長公主大棟殺，建觀音殿於其所。刹楣龍興麗雲天，洞穴邃窈不能竟。曰淨梵天水雲洞，鹹奉／皇姊之所名。一佛示現百億身，百億身各現一佛，以壽如來壽，／帝姊，此刹無量福無量。祝／聖天子萬億年，潢源水永鹹滿願。／

泰定二年青龍在乙醜六月既望立石。／監造官嘉議大夫管領本投下諸色人匠，怯憐口都總管府總管張。／

（三）《應昌路曼陀山新建龍興寺記》碑研究

曼陀山龍興寺在達里諾爾湖畔，地處僻遠，人跡罕至，而且早在明代初年永樂北征之前，龍興寺已經廢毀。《應昌路曼陀山新建龍興寺記》，在《口北三廳志》卷一三有著録。清時，曼陀山地屬多倫諾爾理事廳，乾隆初年為修三廳誌，多倫諾爾理事同知富德曾派員前往調查。

《應昌路曼陀山新建龍興寺記》末題『監造官嘉議大夫管領本投下諸色人匠怯憐口都總管府總管張』，據本書卷四可知，《曼陀山龍興寺碑記》的監造官，為魯國王府媵臣張應瑞之長子張住童。

文物考古學家曹汛先生對《應昌路曼陀山新建龍興寺記》碑銘文及其歷史背景進行了深入考證研究。其要點為：

《曼陀山龍興寺碑記》碑文正文前有『皇尊姑大長公主普納，魯王桑哥不剌重修佈施常住』字樣，這是整個碑記的綱，然而正文中卻不再提這位皇尊姑大長公主，而另有『皇姊大長公主，魯王』『名皆主所定』『主命偈而石焉』，以及『咸奉帝姊之所名』『以壽如來壽帝姊』等語。這裏『帝姊』、『皇姊』和簡秤的『主』，無疑都是指的『皇姊大長公主』。那麼『皇尊姑大長公主』與『皇姊大長公主』究竟是同一人，還是不同輩份的兩個人呢？應該認定，『皇尊姑』與『皇姊』本是一人，即魯國大長公主普納。考此碑立於泰定二年（一三二五），泰定帝為成宗之侄，而普納為成宗之女，所謂『皇姊』、『帝姊』無疑都是普納相對於泰定帝的稱呼。普納又稱『皇尊姑』，比稱『皇姊』大了一輩，則應當是相對於比泰定帝小一輩的另一個皇帝而稱的，泰定帝是上繼英宗的皇位，又下傳皇位于明宗，英宗為仁宗之子，明宗為武宗之子，論輩份英宗，明宗都是泰定帝的侄，普納是泰定帝的堂姐，所以正是英宗、明宗的堂姑。明宗在泰定後，而此碑記立於泰定二年，所以明宗應該排除在外。這就是說，稱普納為『皇尊姑』，祇能是相對於泰定帝以前的英宗而言的，普納為成宗女，英宗為成宗侄孫，普納正是英宗的姑母一輩，一塊碑記上同時稱普納為皇姑，又稱皇姊，的確有點不通，若究其實質，卻也並不抵牾。龍興寺之建成立碑在泰定二年，寺之始建在泰定甲子即元年，決定建寺及佈施常住即寺院財產，還應該是在泰定帝以前的英宗時候，所以碑記中說『以一剎遍一切剎，一佛示現遍一切佛，億萬永年，應佛授記，得大歡喜，得大饒益，將自泰定甲子始。』這『將自』二字最足以說明問題。總而言之，碑記中的大長公主普納一人兩稱，稱『皇尊姑』又稱『皇姊』，那是依時先後，相對於英宗和泰定帝分別而言的，碑記中所頌的功德，都是指的大長公主普納和魯王桑哥不刺，並不牽涉到另一位公主和魯王。

《元史》、《新元史》的《公主表》俱稱魯王名曰桑哥不刺，碑記稱魯王名曰桑哥不拉。桑哥不刺《元史》有傳，本傳亦作桑哥不刺。本傳載：『桑哥不刺者，魯王琱阿不刺之弟，阿禮嘉室利之叔也。自幼奉世皇旨，養於斡可珍公主所，是為不袛兒駙馬，後襲統其本部民四百號戶。成宗時奉旨尚普納公主，至顧問封鄆安太長公主，授桑哥不刺金印，封鄆安王，職千戶。元統元年（一三三三）授萬戶。二年三月加封鄆安公主號皇姑大長公主，加封桑哥不刺魯王。以疾薨，年六十一。』

在泰定帝的時候，稱『皇姊大長公主』的還有一人，就是祥哥刺吉公主。祥哥刺吉公主下嫁于貼木兒長子琱阿不刺，琱阿不刺曾封魯王。但是琱阿不刺於至大三年（一三一〇）去世，《全寧路新建儒學記》立碑之時，祥哥刺吉公主還在『蚤寡守節』。記中『大長公主』與『魯王』並稱，所以祇能是指的普納與桑哥不刺。桑哥不刺在弘吉刺家族中的輩分關係，以及弘吉刺家族『世世舅甥于皇家』的情況，可據《元史·特薛禪傳》及程鉅夫《應昌府報恩寺碑》等材料，排定世系如下：

按赤那演、納陳、帖木兒、琱阿不刺、阿禮嘉室利尚薛赤幹公主、尚囊加真公主、尚祥哥刺吉公主，尚朵兒袛班公主，桑哥不刺尚普納公主。

這一碑刻是關於魯國公主及弘吉刺家族的重要材料。《元史·特薛禪傳》載：『弘吉刺氏生女世以為後，生男世尚公主。』自特薛禪以下直至終元之世，弘吉刺家族一直享有特殊的顯榮，這一通《應昌路曼陀山新建龍興寺記》，不僅提供了魯國大長公主普納、魯王桑哥不刺在英宗及泰定帝時期的一些活動事蹟，由此還可以考證出《元史》相應這一時期紀傳中的一些內容。因此，《應昌路曼陀山新建龍興寺記》具有很高的史料價值。

二 《敕賜應昌府罔極寺碑》

據曹汛先生考證，《敕賜應昌府罔極寺碑》是應皇姊大長公主祥哥剌吉之請而刻立，罔極寺位於應昌路城址之西北角。碑文記述了多位弘吉剌部首領被封為魯王、招為駙馬者的名字，碑文曰：『按聖元有國以來，勳閥之家女為後妃，男繼尚主，世威之重，寵絕常品者，惟弘吉剌氏而已。始由按赤那演，以佐命功顯于太祖之世，成宗元貞元年（一二九五）追封濟寧王，謚忠武。子駙馬納陳尚主薛赤幹，太祖女孫，生子駙馬貼木兒，有功北征，賜按答兒圖那演，尚主世皇第三女囊加真，封皇姑魯國大長公主，魯國三子，長為弓享不剌駙馬，大德十一年（一三〇七）封魯王，尚順皇女祥哥剌吉，上初即位，封皇姊大長公主，子阿禮加世立，襲爵魯王』。

碑文記載了應昌府建築的時間、周圍的環境、應昌府城郭的選址及該城宮室、府署、佛寺等。同時，對罔極寺之建築、功能也做了較詳細的介紹。碑文曰：『初至元辛未（一二七一）之歲，魯國自以內壼鍾愛出嬪於遠慨然永思圖，所以致孝者，乃相忠武營牧故地，天都撫其坤，維金山拱乎艮，方大澤二，泓渟浩瀚，相距左右，號東西海，二海之間，原胝胝宏爽，乃乞綸命為城郭，為宮室，為府署，為佛寺，府賜名曰應昌，寺曰罔極寺。為正殿，為廡廡四維樓，為碑樓，為垣為門為齊廬庖庫，金碧上下輝映絢爛，諸佛像設妙極莊嚴，又為浮圖府城之西，聘梵僧有德業者，誦持祝厘祈年，其間蓋嘗欲勒石而輒不果，今四十年矣』。碑文強調了『孝』在佛法中有重要作用，以『昊天罔極，寺之名出於此乎』，介紹了罔極寺之寺名的來歷，增強了弘吉剌氏與元廷間的凝聚力。碑文曰：『故皇姊以有是請臣，竊惟佛法有四恩之說，而父母居其首，義興蓼莪詩合，詩曰：父兮生我，母兮鞠我，欲報之德，昊天罔極，寺之名出於此乎。故知人之所以為人，國之所以為國，百行之所出，萬化之所生小大始終必本於孝，而後可』。值得說明的是，元世祖忽必烈的皇后察必即出自弘吉剌部。原碑已殘，茲從元人劉敏中《中庵先生劉文簡公文集》卷三中將碑文輯錄如下：

敕賜應昌府罔極寺碑

皇慶改元（一三一二）冬十一月，詔翰林應昌罔極寺碑。識未建其以本末撰文，俾刻之從皇姊大長公主之請也，臣敏中既承命，按聖元有國以來，勳閥之家女為后妃，男繼尚主，世威之重，寵絕常品者，惟弘吉剌氏而已。始由按赤那演，以佐命功顯于太祖之世，成宗元貞元年（一二九五）追封濟寧王，謚忠武。子駙馬納陳尚主薛赤幹，太祖女孫，生子駙馬貼木兒，有功北徵，賜按答兒圖那演，尚主世皇第三女囊加真，封皇姑魯國大長公主，魯國三子，長為弓享不剌駙馬，大德十一年（一三〇七）封魯王，尚順皇女祥哥剌吉，上初即位，封皇姊大長公主，子阿禮加世立，襲爵魯王，初至元辛未（一二七一）之歲，魯國自以內壼鍾愛出嬪於遠慨然永思圖，所以致孝者，乃相忠武營牧故地，天都撫其坤，維金山拱乎艮，方大澤二，泓渟浩瀚，相距左右，號東西海，二海之間，原胝胝宏爽，乃乞綸命為城郭，為宮室，為府署，為佛寺，府賜名曰應昌，寺曰罔極寺。為正殿，為周廡廡四維樓，為碑樓，為垣為門為齊廬庖庫，金碧上下輝映絢爛，諸佛象設妙極莊嚴，又為浮圖府城之西，聘梵僧有德業者，誦持祝厘祈年，其間蓋嘗欲勒石而輒不果，今四十年矣。故皇姊以有是請臣，竊惟佛法有四恩之說，而父母居其首，義興蓼莪詩合，詩曰：父兮生我，母兮鞠我，欲報之德，昊天罔極，寺之名出於此乎。故知人之所以為人，國之所以為國，百行之所出，萬化之所生小大始終必本於孝，而后可。故曰君子務本，本立而道生，孝之用大矣哉。嗚呼，世皇以孝治天下，故九族以親，四海以寧，雍熙之和洽於其時。魯國以是歸誠梵教，滋殖福利申顧複之報而孝，既隆於前聖上嗣服，遵酌成憲故美化以行善，俗以興孝治之懿，複於今日皇姊以是繼志述事，廣發願念濟前人之美，而孝複弘於后，其為功德詎可量哉。且使忠武之勳烈家世輝赫，蕃衍永庇國家景福無疆之休，伊茲寺是始。嗚乎孝果大矣乎。罔極之義可以見矣。銘曰：佛以空傳，儒以有教，空有不同，同者惟孝，孝之為用，萬善所根，本根或遺，善奚於存，為孝無方，惟心是屬，一誠所及，孝無不足，魯國之孝，雇複孔懷，圖報梵宮，介福允諧，世皇喜之，名以啟之，皇姊述志，稟命紀之，帝命赫赫，玉刻煥發，魯國之舉，忠武之烈，忠武之子，孫生為帝，姻遵是法門，世以孝聞，永報國恩。

碑文作者劉敏中（一二四三—一三一八），字端甫，濟南章丘（今屬山東省）人。于皇慶元年（一三一二）冬十一月，奉元仁宗詔撰寫《應昌府罔極寺碑》。劉敏中擅長散文，文風從容，理備辭明，著有《中庵集》、《平宋録》。

三 《應昌府報恩寺碑》

此碑為大德十一年（一三〇七），公主祥哥剌吉和魯王阿禮嘉世立為報答元武宗封王尚主之恩而建佛寺所立，應昌府報恩寺遺址位於赤峰市克什克騰旗。

碑文敘述了元帝封弘吉剌氏為魯王，及嗣王世襲、尚公主的情況。公主、魯王為報封土尚主之恩，遂建此寺並立碑紀念，該碑由元代文人程鉅夫撰文。

原碑已不存，茲從四部叢刊本《元文類》卷二二，將碑文影印録於本卷附録。據碑文可知：

應昌府報恩寺碑立于『城應昌之四十有一年』即元成宗大德十一年（一三〇七），距離碑文所言『至元八年（一二七一），始置應昌府』，實為三十六年，此年，元成宗去世，元武宗即位，故碑文曰『上即皇帝位』。元武宗即位後，對魯王家族進行封賞：『公主祥哥剌吉封皇姊大長公主（應為皇妹、見後面碑文大德十一年（一三〇七），武宗繼位，封皇妹大長公主），子阿禮嘉世立嗣封魯王』；命下之日，主謂王曰：『應昌有土肇自太祖皇帝，成于世祖裕皇而順宗皇帝。今儀天興聖慈仁昭懿壽元皇太后，實已所自出，上篤親睦之誼，承成宗武宗惇敘之志，以有今日，欲報之德，惟佛焉。依至大二年（一三〇九），嘗規建佛寺於宮之東，曰報恩，盍竭力成之。即成，請文勒碑，昭示無極』。此段文字敘述了應昌府報恩寺建寺的原因。

以下記載魯王家族與元太祖黃金家族姻親關係的碑文則尤為重要。碑文曰：『太祖初興，魯國宗武王按陳那演，以佐命元勳，有分地，約世婚。而昭睿顧聖皇后，歸於我世祖；太祖之孫薛赤幹公主，下嫁王子那陳。至元八年（一二七一），始置應昌府，以封其子帖木兒，尚帝季女囊加真公主，未幾，升府為路。十四年（一二七七），帖木爾北征，有大勳，賜號按答兒圖那演。元貞元年（一二九五），封濟寧王，主為皇姑魯國大長公主，子弓亨不剌，尚祥哥剌吉公主，乃今皇太后之中子也。大德十一年（一三〇七），武宗繼位，封皇妹大長公主，弓亨不剌魯王，逮今嗣王祖孫凡五世，國益九爵益貴，恩教益異，為之傅以輔之，為之群有司以治之。於是弘吉剌氏，雖古塗山有戎，不足擬隆，寺之建，所以歸美報上，昭忠孝也。』

後面碑文祝詞有：『帝弟帝兄，承于祖宗，洎我聖母，澤洊恩隆，何以報之，佛法是崇，乃集群材，乃征六工，於城之中，於宮之東』等文字，詳見附録。

這一碑刻是關於魯國公主及弘吉剌家族的重要材料。《元史·特薛禪傳》載：『弘吉剌氏生女世以為後，生男世尚公主。』自特薛禪以下直至終元之世，弘吉剌家族一直享有特殊的顯榮。《應昌府報恩寺碑》提供了元太祖初興時，魯國宗武王按陳那演，以佐命元勳，有分地，約世婚的情況。還介紹了昭睿顧聖皇后察必嫁與元世祖的情況；還有太祖之孫薛赤幹公主，下嫁王子那陳；那陳子帖木兒，尚元世祖季女囊加真公主；元貞元年（一二九五），封濟寧王，帖木兒子弓亨不剌，尚祥哥剌吉公主；大德十一年（一三〇七），武宗繼位，封祥哥剌吉公主為皇妹大長公主。由此還可以考證出《元史》相應這一時期紀傳中的一些內容。因此，《應昌府報恩寺碑》的史料價值是相當高的。

《應昌府報恩寺碑》的作者程鉅夫（一二三九—一三一八），歷任元成宗、武宗、仁宗三朝。程鉅夫于至大元年（一三〇八），受元武宗之命修《成宗實録》；至大二年（一三〇九），受元武宗之命撰寫《應昌府報恩寺碑》；皇慶元年（一三一二），受元仁宗之命修《武宗實録》，後以病乞歸田，特授光禄大夫。

四　皇妹祥哥剌吉《懿旨釋典祝文》碑

該碑碑首為『懿旨釋典祝文』玉箸篆（圖二）。碑文如下：

> 皇帝福蔭裏，皇妹大長公主懿旨，魯王鈞旨，先王立言，光貽萬世。明君重道高邁百王，眷茲詩禮之庭，在我湯沐之邑，不待聞金石絲竹，而起敬蓋，將致肴羞菹醢以薦誠。今遣承務郎應昌路同知王謙，前去造□擇日致祭，其廟宇常務清潔，勿致褻瀆。凡孔氏林木地土，諸人無得侵奪，須議文字者。
>
> 至大元年　月　日

祥哥剌吉公主（約一二八三—一三三一年），魯王妃，元世祖之曾孫女，元順宗之女，亦為元武宗之妹、仁宗之姊，是我國罕見的女收藏家，在元代皇家公主中地位很特殊。

據碑文中『皇妹大長公主懿旨』、『至大元年』的碑文，該碑為武宗之妹祥哥剌吉公主所立。元仁宗在至大四年（一三一一年，此年正月武宗逝世，仁宗即位），進其尊號為『皇姊大長公主』。

皇妹大長公主祥哥剌吉曾兩次遣使，專程前往其封地曲阜祭祀孔子。至今，山東曲阜孔廟大成殿還保留有元代的皇妹大長公主《降香碑》和皇妹大長公主《懿旨釋典祝文碑》。在碑文中，祥哥剌吉公主盛讚孔子的教化之功，禁止侵奪孔氏後代的林木和土地。據歷代史料所記，按照祭孔活動的慣例，祭孔者必須是社會地位很高的男性官員，從漢高祖劉邦一直到中華民國，蒙古祥哥剌吉公主是唯一的女性祭孔人，她遺留的兩塊碑，也是孔廟內僅有的婦女祭孔碑。由此可見元代自由的社會風氣以及公主的特殊地位。

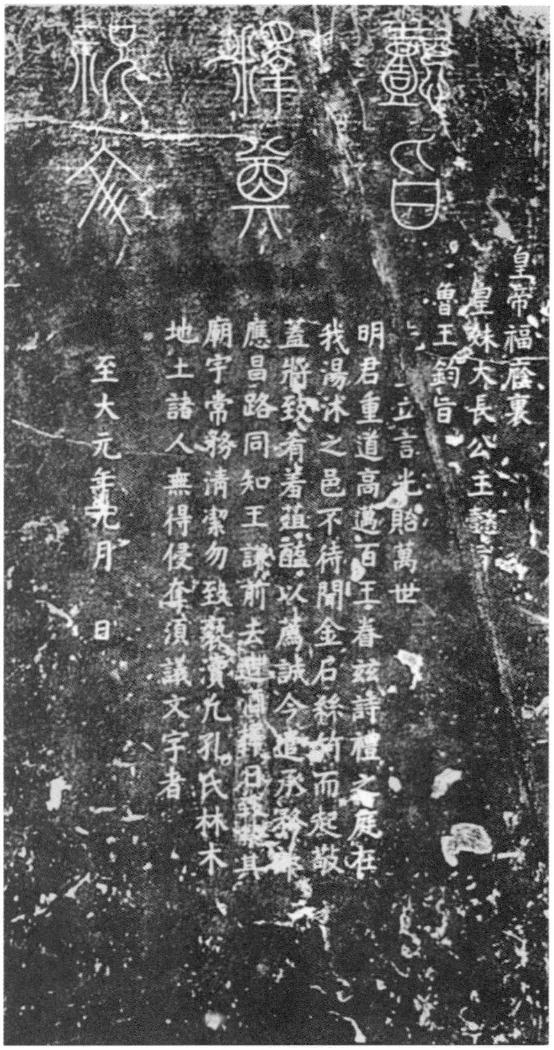

圖二　《懿旨釋典祝文》碑拓片

除了尊孔以外，祥哥剌吉公主還特別喜愛收藏書畫，經她保存的名人書畫（有著録的）已達六十多件，特別是唐宋兩代名家書畫精品，經公主鑒藏得以保存。據記載，祥哥剌吉公主收藏的印有兩方，一方為『皇姊圖書』，另一方為『皇姊珍玩』，彌足珍貴。

元英宗至治三年（一三二三）三月甲寅，祥哥剌吉公主在元大都把收藏品集中起來，在大都外城天慶寺請當時的文化名人共同鑒賞，參加者有蒙古、色目、漢族人，大家共同品題書畫。傳世至今的有現藏臺北故宮博物院的宋代大書法家黄庭堅《自書松峰閣詩》，卷首蓋有『皇姊圖書』收藏印，卷後有元代文學家袁桷等十四人跋文（圖三）。由此，可見元代有皇室與各族文人雅士共同欣賞漢文化之風俗。

此次雅集之後，文學家袁桷以《魯國大長公主圖畫記》將此盛事記録下來。

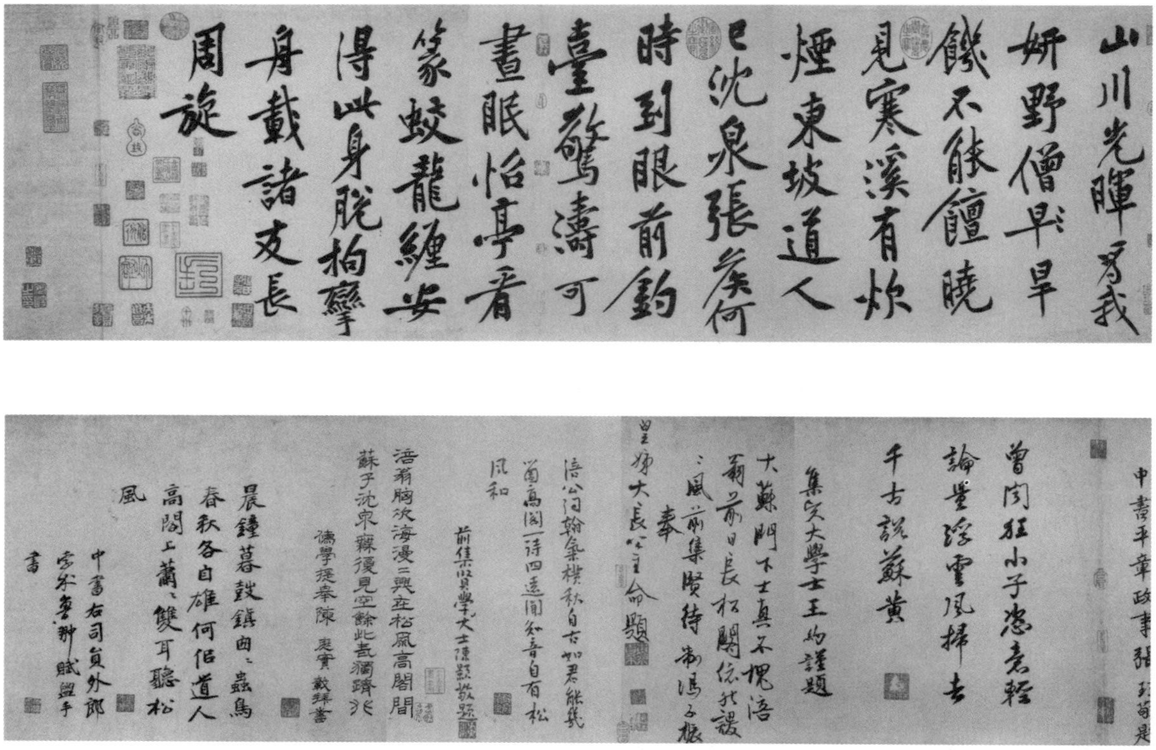

圖三　鈐蓋有祥哥剌吉"皇姊圖書"的《自書松峰閣詩》（局部）

五　『大元國上都路松州南』龍泉寺石獅四至碑

（一）『大元國上都路松州南』龍泉寺石獅四至碑簡介

龍泉寺位於赤峰市喀喇沁旗公爺府鎮西北約三公里之山中。寺院為三進，最後為大殿，殿前石階下有一石獅，長約四五〇釐米，高一一〇釐米。獅脊上立小界石碑一通，高三〇釐米，上刻『大元國上都路松州南陰涼河川獅子崖龍泉寺常住山林地土周圍四至碑』及『至元二十四年　月　日重修』等字樣（圖四）。這通碑現存喀喇沁旗博物館，碑文明確了在至元二十四年（一二八七）重修寺院後，該寺院所屬山林和土地的範圍。

（二）『大元國上都路松州南』龍泉寺石獅四至碑碑銘考釋

碑文如下：

大元國上都路松州南，陰涼河川獅子崖龍泉寺，常住山林地土周圍四至碑。東至祇峪嶺五里，南至分水嶺五里，西至柳河峰六里，北至平臺六里。

石碑時更久，興隆梵刹昌。

長存千載固，損壞現招殃。

至元二十四年　月　日　重修

年菊月　□興隆　重修　立

上都路龍泉寺現為全國重點文物保護单位，今赤峰地區一部分屬上都路管轄之事，乃是通過此寺石證明的。

圖四　“大元國上都路松州南”龍泉寺四至碑

六 《開山敕建龍泉寺第一代祖智然律師道行碑》

（一）《開山敕建龍泉寺第一代祖智然律師道行碑》簡介

該碑位於赤峰市喀喇沁旗錦山鎮龍泉寺內。通高三七〇釐米、寬九五釐米，漢白玉質，碑額刻五龍戲珠。陰刻漢字，楷體，三行，行六字：『開山敕建龍泉寺第一代祖智然律師道行碑』（圖五）。

全碑文字清晰，保存完整，共一千二百五十字，記述龍泉寺山川地理、元代延祐年间重修龍泉寺始末，首行題為『松州獅子崖龍泉寺住持慈光普濟大師然公道行碑』，碑文有：『至正元年歲次辛巳五月建』等字。可知其時代為至正元年（一三四一年）。

（二）《開山敕建龍泉寺第一代祖智然律師道行碑》碑銘考釋

松州獅子崖龍泉寺住持慈光普濟大師然公道行碑，石匠韓紫端、並弟韓紫春，同造。

大寧路東觀音院住持長老東明揮，吉祥，撰。

嘉議大夫中書禮部尚書趙大奉，題額。

大教隆兮，存乎其人，匪人無能弘其道，非道無以顯其人。故如來誕靈於西竺，而聲教流演於東洲，自漢世摩騰法蘭二聖遠居，廣施神化，殄滅外魔，佛教由此而興矣。后更聖師間世，諸祖迭興，聖主明君無不仰服，迨今光耀乾坤，法周沙界象季之秋，能弘斯道者鮮矣。師諱智然字崇峰，乃安西鹹寧縣人也，父張公逃名遁世，隱居於灞西之側，不為世利所拘，放浪溪山得自在，惟此一子少蘊天聰，宿懷藻鑒父母知非凡器，齠齔之年禮本村弘濟院主為師，剃發染衣朝參暮禮，未嘗少怠，及乎弱冠之年，稟受具圓堅守戒律，瑩若冰雪，日餐一食時不過中，惟守三衣寸絲不掛，解行兼修朝夕匪懈，由是尋師訪道遊歷名山，至於梁園孝嚴寺，禮五峰大師以法器重之，於是嗣法開堂弘揚妙教，士俗同歸緇素鹹服。延祐四年，遊至龍泉，見古寺廢弛年深，惟存基址。此地山明水秀，境物幽深似與塵世相隔，師知宿緣已就，乃結草庵以備震淩之患，棲息彼處旦夕之間課誦之餘，撥冗施工，去塗瓦礫剪剔荊榛，唯師一已然而。鳥獸忘機虎狼遁跡，遐邇居民莫不嘆服，前住持柔公，見師道行孤高，學材深廣，讓師為主避席而去，不數年間山門佛殿克日落成，廚庫雲堂方丈僧捨輪煥一新，莫不丹青門彩，金碧爭輝，燦然眩目，又於寺側蓋水碾一輪，所得碾課供給齋飯，東西二莊農具息備，至於雕木佛像彩畫聖容，金飾壽牌印造大經，百法等論及諸品經文，應用什物無不全美，開常講二十餘期，建水陸三大勝會，放生類一百餘口，然而德被禽魚名聞朝野，敬受帝師法旨，特贈師號，光賁林泉化緣已畢，世壽告終，於后至元己卯仲夏八日無病而逝，就於寺側性火闍維，祥光滿室，瑞彩騰空，至於煙滅灰飛，凝然不散，剃度者五十餘眾，承嗣者三十餘人，世壽七十三，法臘五十五，越明年臘月，神足月公律師行狀，詣予而言曰：吾師存日，堅守律儀，行業涓潔，創建寺捨，其行甚夥，今已圓寂，恐歲月浸久，湮沒吾師之績，欲立石以永其傳，丐予綴文。愚嘗于曩年曾預講席于圓宗，聞師闡揚玄義，兼善毗尼，及奉戒嚴潔慈讓謙和，貌古神清，世無並者，雖清風明月，不足比其精華，古柏寒松，豈能同其雅操，月公所請，欲拒不能，恨無大材，不能盡其形容矣，故序其要，后系銘曰：

然師碩德，僧中軌則，妙小辭親，屏緣從釋，
受具近圓，過中不食，舉措施為，不違法律，
行之無染兮，如雪如霜，德之不動兮，如山如石。
其譽洋洋，其聲歷歷，獅子崖高，崇峰遁跡，
剪剔荊蕪，去塗荊棘，締構茅庵，以全棲息，
山靈宿衛，虎狼遠辟，性智堅明，邪徒莫抑，
歷數年間，一心不易，士俗歸崇，助緣竭力，
堂殿峨峨，廊廡翼翼，眾屋具備，煥然金碧，
化緣已就，世壽告畢，淨識俄遷，奄然歸寂，
性火闍維，光暈五色，瞻之仰之，嗟歎無極，
高弟月公，孝義不忒，勒碑刻石，述師之績，
萬古巍巍，德風不匿。

門資，至正元年歲次辛巳五月建。嗣法，本寺住持華嚴經講主了然小律師，顯月書丹，立石，

講主：道果、道和、道普、道定、道亨、道臻、道惠、道淨、道寧。

寺主：道因、道昶、道源、道忍、道隱、道海、道遠、道榮、道進、教讀覺忠、提點德洪、道廣、道永、道昌、道用、莊主道忠、道勝、道泰、法孫。

講主：德行、德遇、德端、德義、德顯、德緣、德悟。

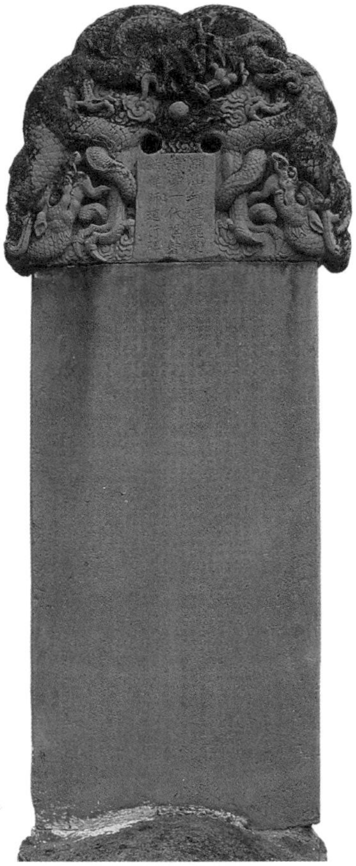

圖五 《開山敕建龍泉寺第一代祖智然律師道行碑》

七　寧昌路《大元加封詔》碑

（一）寧昌路《大元加封詔》碑簡介

該碑出土於元寧昌路故城（亦秤察罕城），位於內蒙古自治區赤峰市敖漢旗瑪尼罕鄉五十家子城遺址。碑殘高一一一釐米，殘寬四一—五六釐米，碑厚一六釐米，碑的正背兩面均刻有文字（圖六）。

（二）寧昌路《大元加封詔》碑碑銘考釋

寧昌路《大元加封詔》正面碑文如下：

大元加封詔

上天眷命，

皇帝聖旨：

蓋聞先孔子而聖者，非孔子無以明；后孔子而聖者，非孔子無以法。所謂祖述堯舜，憲章文武，儀範百王，師表萬世者也。朕纂成丕緒，敬仰休風。循治古之良規，舉追封之盛典。加號『大成至聖文宣王』。遣使闕裏，祀乙太牢。於戲！父子之親，君臣之義，永惟聖教之尊；天地之大，日月之明，奚罄名言之妙。尚資神化，祚我皇元，主者施行。大德

寧昌路《大元加封詔》背面碑文如下：

王□，將仕佐郎前寧昌路經歷，今蒙古斷事官黑黑／錢糧府判官木兒體斤，寧昌路阿剌不花，

□□□□寧昌路，□□校尉，寧昌路仕郎，寧昌路官廣智／□武校尉，寧昌路□官府知事完者怙木兒，將仕寧昌路儒學學正王／勅授寧昌路寧昌

圖六　寧昌路《大元加封詔》碑拓片

縣儒學前教諭杜暢，寧□□□□□赤脫脫／縣尹得安／縣丞小廝罕／□伯。旹至正二年歲次壬午五月中旬吉□□儒學教授

據《元史·祭祀五》卷七六中『宣聖』條載：『宣聖廟，太祖始置於燕京。至元十年三月，中書省命春秋釋奠，執事官各公服如其品，陪位諸儒襴帶唐巾行禮。成宗始命建宣聖廟於京師。大德十年秋，廟成。至大元年秋七月，詔加號先聖曰大成至聖文宣王。』《元史》同卷中『郡縣宣聖廟』條載：『中統二年夏六月，詔宣聖廟及所在書院有司，歲時致祭，月朔釋奠。八月丁酉，命開平守臣釋奠于宣聖廟。成宗即位，詔曲阜林廟，上都、大都諸路府州縣邑廟學、書院，贍學土地及貢士莊田，以供春秋二丁、朔望祭祀，修完廟宇。自是天下郡邑廟學，無不完葺，釋奠悉如舊儀。』中統二年（一二六一）朝廷下詔宣聖廟及所在書院有司等，按時祭祀大成至聖文宣王。同時，命令上都、大都等諸路，及下屬各府州縣邑均興建廟學。元成宗鐵穆耳（一二九四—一三〇七在位）即位之後，下詔全國各地，包括路府州縣邑各級政府均應修建宣聖廟，按時致祭。寧昌王和該路官府回應上述詔旨，於至元二年（一二六五）新建（重修）寧昌路儒學，並立碑（再次）刊刻《大元加封詔》，注明參與襄贊者姓名以記其事。該碑雖刻於至正二年（一三四二），但碑文正面與元大德十一年（一三〇七）朝廷所頒加封孔子尊號的《大元加封詔》內容相同。由此可知元代即使是在草原深處的邊城也有濃厚的尊孔之俗。

寧昌路的儒學修建較早，傳統儒學文化深入於當地，這說明元代的內蒙古地區文化程度不遜于中原。蒙古民族雖『興起朔漠』，但在未放棄自己傳統文化的同時，在入主中原後『報本反始』，極力重視發展中國傳統的文化教育事業，為保護和發展中華文化做出重大貢獻。

在碑的後面，詳細刻有寧王，寧昌路、寧昌縣地方官府及官員的名稱。可釋讀的有『王』、『寧昌路』、『寧昌縣』、『經歷』、『蒙古斷事官』、『錢糧府判官』、『武校尉』、『縣尹』、『縣丞』、『前儒學教授』、『儒學教授』、『儒學學正』等字樣。

寧昌路為蒙古宗王『昌王』亦乞列思部部長所建，据《元史·表第四》卷一〇九《諸公主表》：成吉思汗曾將妹妹和女兒嫁給昌王孛禿。在元代共有十八位公主下嫁該部，有兩位皇后和一位皇妃出於該部。寧昌路《大元加封詔》碑刻，對於寧昌路這個在《元史》一筆帶過的路級建制官府內官員的情況，提供了詳細資料。同時，這通《大元加封詔》碑，也證明了在昌王的大力宣導下，寧昌路、寧昌縣衙署內各級官員均在尊崇儒學的情況。

附録：大德十一年（一三〇七）九月闍復起草的《加封孔子詔》

上天眷命，皇帝聖旨：蓋聞先孔子而聖者，非孔子無以明；后孔子而聖者，非孔子無以法。所謂祖述堯舜，憲章文武，儀範百王，師表萬世者也。朕纂承丕緒，敬仰休風。循治古之良規，舉追封之盛典。加號大成至聖文宣王。遣使闕里，祀乙太牢。於戲！父子之親，君臣之義，永惟聖教之尊；天地之大，日月之明，奚罄名言之妙。尚資神化，祚我皇元。主者施行。

八 《全寧路新建儒學記》碑

（一）《全寧路新建儒學記》碑簡介

《全寧路新建儒學記》碑，原位于元代全寧路遺址內（今赤峰市翁牛特旗烏丹鎮），現藏翁牛特旗博物館。這通石碑通高三一〇釐米，碑首寬約一〇五釐米，碑身寬約九八釐米，碑厚三〇釐米。現殘斷為兩截，碑系龜趺座，長約二·二米，寬約一·〇五米，高〇·八三米。座上鑿凹槽，碑身原嵌其中，現已分離（圖七）。碑文五百餘字。

（二）《全寧路新建儒學記》碑碑銘考釋

《全寧路新建儒學記》系元泰定二年（一三二五）六月二日立。原立於烏丹鎮關帝廟內。《全寧路新建儒學記》記載元代大長公主和魯王尊孔重教的事實，為研究赤峰地區的教育史提供了珍貴的文字資料（圖八）。

《全寧路新建儒學記》有云：『全寧之學，始于皇姑、駙馬，今皇姊大長公主，稟性深知學用，□熙紹舅姑既往之志，嘉惠斯文，以教道結人心。魯王溫恭好學，子道以孝，世世舅甥于皇家，福澤詎可涯也。』

偽滿洲國時期，日本學者曾對此碑作過調查，解放後下落不明。《滿洲金石志》（一九三六年四月，由滿鐵調查部資料科編印。後經著名學者羅振玉之子羅福頤輯校，於一九三七年以石印本發行）曾有過記載：『碑高一丈零三尺六分，廣三尺九寸，二十四行，（行）五十七字，正書，篆額書：「全寧路新建儒學記/。」』全文計五百一十四字。

解放前，羅福頤曾撰文考釋有云：『此碑今在烏丹城，文字經鑿損，頗不易辨，然篆額及碑題「全寧路新建儒學記/各八字，固明朗可見，撰文人款但存「前集賢待制/五字，書人款但存「承事郎同知/五字，此後一行存「大學士□□大夫/字，殆篆額人款也。』

根據《全寧路新建儒學記》（泰定二年）文首所記『□□前賢待制□□□□□□□□□，□□承事郎同知□□□□趙□□□□，集賢大學士□禄大夫□□□篆蓋』，再根據《應昌路曼陀山新建龍興寺記》（泰定二年立，現存

圖七 《全寧路新建儒學記》碑

赤峰市克什克騰旗博物館）所記：『皇尊姑大長公主普納，魯王桑哥不剌重修佈施，長住承事郎同知常寧州事趙岩撰並書，集賢大學士光禄大夫趙世延篆額』和《全寧路新建儒學記》所記：『至元一天下是重學□□□□□□□知常寧州事趙……，聖人必□盛行於□□光禄大夫□□□□』可以進一步推斷：《全寧路新建儒學記》與《應昌路新建儒學記》，均由長住承事郎同知常寧州趙岩撰並書，集賢大學士光禄大夫趙世延篆蓋。

《全寧路新建儒學記》的撰寫者和書丹者趙岩，其行跡《元史》有載。《全寧路新建儒學記》的篆蓋者趙世延，字子敬。曾任集賢大學士、光禄大夫，工篆書，《元史》有傳。

圖八　《全寧路新建儒學記》碑（局部）

九 《應昌路新建儒學記》殘碑

（一）《應昌路新建儒學記》殘碑簡介

該碑位於赤峰市克什克騰旗元代應昌路遺址，碑額為篆書，內容為『應昌路新建儒學記』。碑文已漫漶不清（圖九、一〇）。

（二）《應昌路新建儒學記》殘碑碑銘考釋

根據《全寧路新建儒學記》（泰定二年）文首所記，又根據《應昌路曼陀山新建龍興寺記》（泰定二年立）所記：『皇尊姑大長公主普納，魯王桑哥不剌重修佈施，長住承事郎同知常寧州事趙岩撰並書，集賢大學士光禄大夫趙世延篆額』和《全寧路新建儒學記》所記『至元一天下是重學□□□□□□□□知常寧州事趙，聖人必□盛行於□□光禄大夫□□□□』可推斷：《全寧路新建儒學記》與《應昌路新建儒學記》，均由長住承事郎同知常寧州事趙岩撰並書，集賢大學士光禄大夫趙世延篆蓋。因此，《應昌路新建儒學記》的內容，與《全寧路新建儒學記》基本相同。

圖九　《應昌路新建儒學記》殘碑

圖一〇　《應昌路新建儒學記》殘碑碑額拓片

一〇 《敕賜興元閣碑》

（一）《敕賜興元閣碑》簡介

《敕賜興元閣碑》是遵元順帝妥歡帖木兒之命，於至正六年（一三四六）（圖一一、一二）所立。考古學者從大蒙古國首都哈剌和林廢址上發現石碑的殘塊。一八九二年，俄國學者拉德洛夫將兩截石碑殘塊圖片發表於《蒙古古代文物畫冊》；一九一八年，波蘭學者科特維奇將另外兩截石碑殘塊圖片發表於《額爾德尼召蒙古文碑文》。後來美國學者柯立夫（Francis Woodman Cleaves）在《哈佛亞細亞學報》一九五二年第十五卷上發表題目為『The Shi0 M0ngolian Inscription of 1346』的研究論文。此後中國社會科學院民族研究所道布先生以及日本大穀大學學者松川節君等進行研究，進一步補充並豐富了研究成果。漠北地區是成吉思汗大斡耳朵及蒙古舊都哈剌和林所在的根本之地。《敕賜興元閣碑》記述了和林定都的歷史：『太祖聖武皇帝之十五年，歲在庚辰（一二二〇），定都和林。太宗皇帝，培植煦育，民物康阜，始建宮闕，因築梵宇，基而未屋。憲宗繼述，歲丙辰（一二五六），作大浮屠。覆以傑閣，鳩工方殷，六龍狩蜀，代工使能。伻督絡繹，力底于成。閣五級，高三百尺；其下四面為屋。各七間，環列諸佛，具如經旨。』

由此可知，大蒙古國在哈剌和林定都的時間為一二二〇年，到窩闊台汗時期始建宮闕，至蒙哥汗時期，興建五級高閣。此碑史料價值很高，可明確成吉思汗在和林定都的準確時間。如今，在哈剌和林古城遺址上還建有一些佛寺（圖一三）。

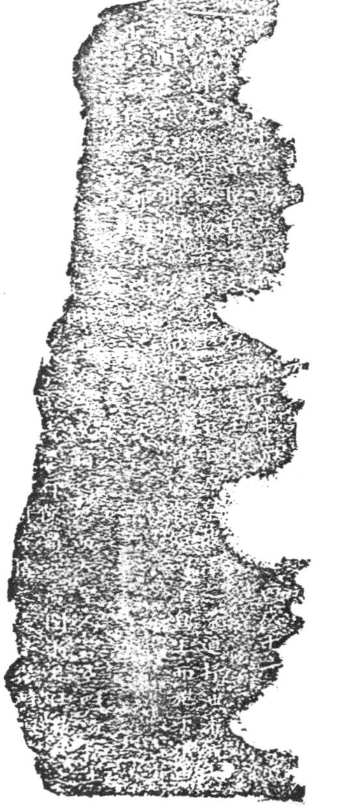

圖一一　《敕賜興元閣碑》拓片

圖一二　《敕賜興元閣碑》畏兀兒字蒙古文碑文拓片

（二）《敕賜興元閣碑》碑銘考釋與畏兀兒字蒙古文的拉丁文轉寫

漢文內容如下：

太祖聖武皇帝之十五年，歲在庚辰（一二二〇），定都和林。太宗皇帝，培植煦育，民物康阜，始建宮闕。因築梵宇，基而未屋。憲宗繼述，歲丙辰（一二五六），作大浮屠。覆以傑閣，鳩工方殷，六龍狩蜀，代工使能。伻督絡繹，力底于成。閣五級，高三百尺；其下四面為屋。各七間，環列諸佛，具如經旨。又至大辛亥（一三一一），仁皇禦天，聞有弊損，遣延慶使搠思監葦鎩葺之。三十二年，為至正壬午（一三四二），皇上念祖宗根本之地，二聖築構之艱，敕怯憐府同知、今武備卿普達失理，暨嶺北行中書省右丞、今宣政院使月魯帖木兒，專督重修，曆四年方致完美。周塔塗金，晃朗奪目。閣中邊頂踵，鉅細曲折，若礠平髹堊，靡不堅麗精至。重三其門，繚以周垣，煥乎一新。縣官出中統楮幣為緡，二十六萬五千有奇。費視昔半而功則倍之。丙戌（一三四六）十一月七日，上禦明仁殿，中書省臣奏，合修惟新，不可不銘。敕翰林學士承旨臣有壬文諸石。臣有壬拜，稽首而言曰：

天地運用之妙，臣無得而名焉；即其形跡，近者言之；風雷雨暘之散動潤烜，發生萬物者，皆自上而施於下；源泉陂澤之流通抒泄，灌溉大田者，亦由高以及乎卑。我國家興王之地，俯瞰萬國。大聖人首出，庶物位乎天德，引闕孳萌紐牙，開闢而后畜；而未發之氣，以資始品匯，自上而施於下，由高以及乎卑。故澤之流，若高屋之建瓴；師之出，如泰山之墜石。功烈之成，登三邁五漢而下，莫我擬也。定都和林，造邦之基立矣；太宗、憲宗，雖幹戈間，而以不嗜殺人為心，聞象教清靜，覺皇慈仁之旨，有契宸衷資其說，以格蚩蚩之未格者；非大示尊崇，

圖一三　建在哈剌和林古城遺址上的額爾德尼召

則無以為感觸之地；而大聖人，罨空四海，撮土八埏；囊括宇宙，席捲河山之量；實兆朕於是焉。臣有壬，生長熙洽之世，朔南名刹，罔不暦觀；聞嶺北人誦閣之大，竊疑其誇；質諸嘗行陝、蜀、江、廣、閩、浙，且任嶺北之人，信天下之合無與為比也。昔祇桓寺基八十頃，一百二十院，祇陀、須達二人成之。我國家富有四海，視布地之金，特錙銖耳。則此合締構之峻偉傑峙，與雪山相高，鷲嶺侔盛宜也。合始無名，但以大合寺著稱。皇上賜名曰：興元之合。蓋經始之日，實我元順天應人，龍興之初，名協乎實矣；且和林自元昌路，為轉運司，為宣慰司，又為嶺北行中書省。丙辰（一二五六）迄今九十一年（一三四六），而列聖峻極之跡，雄都瑰異之觀，無一人一言及紀述者。一旦形諸玉音刻之，堅珤遲速，其亦有緣乎！於戲休哉！為大利益，其可量也？夫銘曰：

鴻蒙再辟世再初，聖神立極卑黄虞；建邦乃握天地樞，俯拾萬國如墜枯。

喈喈赤子饑待哺，后奚后我來其蘇；天戈豈欲專天誅，心以不殺人自孚。

顧兹象教非虛無，與我異世而同符；以大智慧明群愚，開極樂國包寰區。

祇園方欲鳩其徒，乘龍遽爾反鼎湖；后聖繼作志不渝，巍巍成此兜率居。

不宏其規豈遠模，矗天拔地高標孤；中有屹立金浮屠，諸佛環擁分四隅。

至大修廢走使車，三十一年等須臾；吾皇法祖恢聖謨，坐令金碧新渠渠。

龐恩覆幬均堪輿，如合容塔綽有餘；中書有請帝曰俞，汝臣有壬其大書。

不騫不磷磐石如，億萬斯歲綿皇圖。

（原文載於《至正集》卷第四十五《碑誌二》，録自《哈佛亞細亞學報》一九五二年，第一五卷，影印插頁。）

畏兀兒字蒙古文的拉丁文轉寫如下：

ǰarliγ-iyar bayiγuldaγsan qing-ön-gau-yin bii taš

第一行：[ǰarliγ-iyar bayiγuldaγsan qing-ön-gau-yin bii taš buyu.]

第二行：[činggis qaγan yeke or-a saγuγsan harban tabuduγar hon] ging luu [-ǰil-dür] qorum-a saγuqu balaγasun orosiγuluγsan aǰuγu. qoyin-a

第三行：[ögedei qaγan yeke or-a saγuǰu türün] sayi ordo [-ban] bosqaγuluγad tegüneče ulam süm-e-yin ger busqaγulur-un tegdü nödügülǰü keyid-i busqaγul-qu učir es-e bolǰuγu.

第四行： [mongka qaγan bing luu-ǰil-dür ǰalγamǰilaγuluγad yeke bur]qan suburγan-i qučin (?) bürküküy-e aγui ündür gau busqaγultuγai kemen urad-i qura-γul-ǰu bosqaγulqui-dur

第五行： [… … si čön-dür …] songγuǰu ulam ulam [… qada] γalaγuluγsan-u tula] süm-e-yin ger ülü udan sedkil-iyer bütügsen aǰuγu. ene süm-e-yin ger kemebesü

第六行： [… tabun dabqurtu … öndör inü γurban ǰaγun či … door-a inu dörben eteged-tür doloγan] gen-tü keyid-i bosq]aγuluγad tede dotor-a burqan-nuγudi nom-un yosuγar ǰergeber orosiγuluγsan aǰuγu. γaqai ǰil

第七行： [buyantu qaγan yeke or-a saγuγad … kemen sonosču yan-king-ši čösgem-i ileǰü … qoyi]n-a γučin nigen hod bolǰuγu. ǰi-ǰing zim morin ǰil-dür

第八行： [suu-tu qaγan uridus-yuγan huǰaγur-un γaǰar ba qoyar seče]d-ün ǰoban bosqaγsan-i sedkiǰü ǰrlγ-iyar endeče budaširi-yi ileǰü qorum singun yiučing örügtemür-lüge qamtu qadaγalaǰu

第九行： [… dörben hod boluγad …] kümün-ü nidün-i ǰ[erg]elekü metü čoγtu bolǰuγu. süm-e-yin ger-ün dotor-a γadan-a deger-e ba door-a ǰiruγsan sigü-sülegsen

第十行： […] bolγaγsan-i alin-i maγtaǰu baraγdaqu. horčin inu qoriyan nödüǰü qoyar dabqur ǰergeber γurbaγad qaγalγa-tu bolγaǰuγu. qan-ača

第十一行： [qorin ǰirγuγan tümen tabun mingγan hülegü ǰung-tung sükes čau γarγaγdaγad…] bögetele edögeki üile adalidqabasu uridaqi-ača hülegü boluγsan aǰuγu. bing noqai ǰil harban nigen sara-yin doloγan sinede

第十二行： [suu-tu qaγan-a ǰungšü singun tüsimed …ke]men öčibesü čingǰi yiu-zim [bii taš-un] bičig-i ǰokiyatuγai kemen

第十三行： [ǰrlγ bolǰuγu. yiu-zim … ayuγad emiged ügüler-ün. tngri γaǰar-un] törögülkü […] yosun-i bi maγui uqaγ-a ügegü ker ügül[ekü. tümen bodas]

第十四行： [k]ökideǰü törögülün manduγulurun bügüde degereče door-a kürgeyü. adalidqabasu tariyan usulaqui-dur usun-i

第十五行： [mün-kü ündür-eče boγoni-dur kürgeyü. bidanu] ulus bayiγulquy-a ǰoqistu γaǰar buyu. tngri-yin mör kemebesü ümer-eče egüsüged tümen ǰüil ed-i törögülǰü manduγulumu.

第十六行： […]-i enerin asaraqu bui. adalidqabasu deger-e-eče door-a ündür-eče boγoni-dur kürgeküi ger deger-eče usun-i

第十七行： kemnekü (?) […] türbel mital ügegüy-e ulus quriγaγsan erten-ü sam-qong uu-di kemekün-i qoyitus ba qan

第十八行： […] qorum-a saγuqu balaγa[sun orosi]γulǰuγu. ögedei qaγan mongka qaγan aγan deger-e yabubasu-ber kümün-ü

第十九行：[amin-i qoruγaqu ügei-yi …] burqan-u šazin nom-un yosun [-i daγan] dotoraγan sedkir-ün. nom šazin-i delgeregülǰü ülü uqaqun mungqaγ-ud-i sayid udumiyar uduy-a

第二十行：[…] yeke kündülemdegü sedkil-iyer es-e [degeǰilebesü …] ba süm-e-yi bosqaγulqu siltaγan eyin-kü bui ǰ-e.　suu-tan

第二十一行：[degedüs nigen] ǰiluγ-a-dur-iyan oroγulqu yerü […] ǰuγu. bi maγui boγol yiu-zim engke amuγulang čaγ-tur törögseber dotoγadu γadaγadu balaγaq-tur

第二十二行：qorom-ača iregsed ene süm-e-yin [ger …] šamsi. ši-čön. γangǰe. vu-gen. gigeün (?) γaǰar-a kürügsed ǰiči qorum-a noyalan odču qariǰu

第二十三行：[…] balγasun-dur bükün yeke süm-e ger qorum-un […] kemeldübei. erte šakyamuni burqan-u čaγ-tur nigen čitavan neretü süm-e-yin ger horčin

第二十四行：[nayan king …] toyid-un saγuqu keyid nigen ǰaγun qorin bö[ged čita sudata] qoyar-kü kümün bosqaγuluγsan aǰuγu. edöge ulus

第二十五行：[… naran urγuqu-ača nara]n singgekü-dür kürtele nigetügsen-dür tere čitavan süm-e [-yin ger …] metü öndür yeke bögetele čoγtu uran büküi-ber

第二十六行：[časutu] aγula metü ündür bögetele gantiragud aγula-dur-ber adali buyu. tür[ün ner-e ügegü boluγsabar dai-gau-si kemen aldarsiγsan bülüge.]

第二十七行：[suu-tan degedüs qing-ön-gau] kemen nereyidčüküi. qing-ön kemebesü yeke mongγol ulus-un […]

第二十八行：suu-tan degedüs tngri-yin ǰrlγ-iyar türün öber-ün ulus bayiγulun … … … učir […] -tur masi nairaldun tengčeldümü. qorum bürün

第二十九行：urida ön-čang-lu neretü čölge bülüge. [qoy]in-a basa [ǰön-yün-si bolǰuγu. qoyin-a basa sön-ui-si bolǰuγu. qoyin-a basa ling-bui qing ǰungsü šing bolǰuγu. bing luu-ǰil-eče inaγsi-da yeren nigen hod] bolǰuγu. urida

第三十行：suu-tan degedüs altan bey-e kürügsen balaγasun ene metü ene metü čoγtu yeke süm-e [-yin ger …]

第三十一行：suu-tu qaγan-u altan čikin-dür kürgegülüged sača　ǰrlγ-iyar […] čing ünen

第三十二行：γayiqamsiγ sayin-a eyimün yeke buyan-tu üile-yi ker ügüleǰü baraγdaqu. [… kemeǰügü]

第三十三行：terigülesi ügei čaγ-ača inaγsi-da

delekei ulus samaγuraγsan-u qoyin-a

第三十四行：činggis qan töröǰü

delem-e qaris-un qad-i deyileǰuγu. [yeke] mongγol ulus ba[…]

第三十五行：unaγsan nabčin-i [čöblen?]

第三十六行：küčüten … … …

附録

一 《敕建兴元阁记》

作者李文田（簡介見卷一）。

録自《和林金石録》卷二十四。

李文□　□下闕

案此碑碑陽補半字六正誤字二據章本補字三碑陰

據章本補字二

勅建興元閣記

存字九行上截斷泐
行存字不等正書

上闕專督□□□□□方□完□□□□□□□□□□□

□上闕褚幣□□□□十六萬五千有□□視昔半而□□□□□

丙戌十一□□日□上闕翰林學士承　旨臣有壬文□石臣

有壬承

上闕之散動潤煊發生萬物者皆自上而施于下源泉陂澤之

流通抒泄灌溉大上闕引該闡孳萌紐牙開闢而後蓄而未發

之氣以資始品彙自上而施于下由上闕下莫我㽔也定都和

林造邦之基立矣此下原空一行乃因太宗二字挑行

上闕示尊崇則無以爲感觸之地而大聖人罍空四海撮土上闕

夸寶諸嘗行陝蜀江廣閩浙且仕嶺北之上闕絺構之峻偉傑

峙興下闕

案文載許文忠公至正集卷四十五取此碑與集本校

無甚異同惟集本臣有壬拜首稽首而言曰碑本存臣

有壬承四字承下挑行殆是臣有壬承命拜首稽首而

言曰視集本多承命二字命字另行頂格書也又集本

引闡孳萌紐牙闢門碑本引下尚有該字殆衍文也此

碑校録增釋字二補半字五正誤字三

三皇廟殘碑

上截斷損存字十一行
行存二十九字正書

二　《敕賜應昌府罔極寺碑》碑文輯録

作者劉敏中（一二四三—一三一八），字端甫，濟南章丘（今屬山東省）人。于皇慶元年（一三一二）冬十一月，奉元仁宗詔撰寫《應昌府罔極寺碑》。劉敏中擅長散文，文風從容，理備辭明，著有《中庵集》、《平宋録》。

碑文影印自四庫全書《中庵集》卷十四。

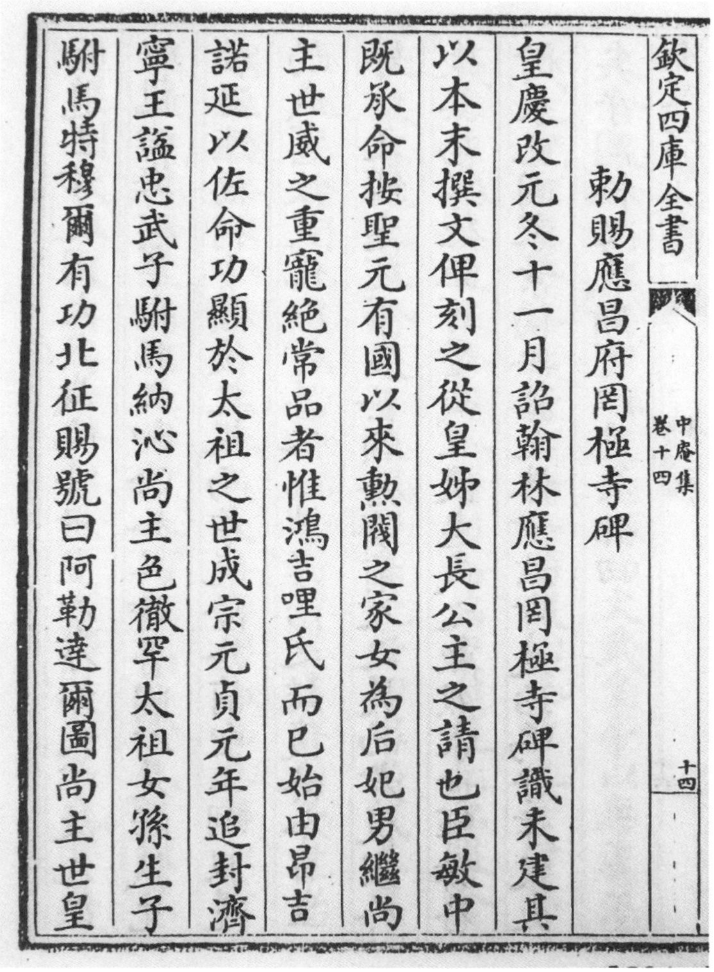
欽定四庫全書　中庵集 卷十四　十四

勑賜應昌府罔極寺碑

皇慶改元冬十一月詔翰林應昌罔極寺碑識未建其
以本末撰文俾刻之從皇姊大長公主之請也臣敏中
既承命按聖元有國以來勲閥之家女為后妃男繼尚
主世威之重寵絶常品者惟鴻吉哩氏而已始由昂吉
諾延以佐命功顯於太祖之世成宗元貞元年追封濟
寧王謚忠武子駙馬納沁尚主色徹罕太祖女孫生子
駙馬特穆爾有功北征賜號曰阿勒達爾圖尚主世皇

第三女囊嘉特戳封皇姑魯國大長公主魯國三子長為烏敦巴拉駙馬大徳十一年封魯王尚順皇女僧格喇實上初即位封皇姊大長公主子阿哩雅實哩襲爵魯王初至元辛未之歲魯國自以内壹鍾愛出嬪于遠慨然永思圖所以致孝者乃相忠武營牧故地天都撫其坤維金山拱乎艮方大澤二泓渟浩瀚相距左右號東西海二海之間原膴膴宏爽乃乞綸命為城郭為宫室為府署為佛寺府賜名曰應昌寺曰罔極寺為正殿為周

廡廡四維為樓為碑樓為垣為門為齋廬庖庫金碧上下輝映絢爛諸佛像設妙極莊嚴又為浮居府城之西聘梵僧有徳業者誦持祝釐祈年其間蓋嘗欲勒石而輒不果今四十年矣故皇姊因有是請臣竊惟佛法有四恩之説而父母居其首義與蓼莪詩合詩曰父兮生我母兮鞠我欲報之徳昊天罔極寺之名出於此乎故知人之所以為人國之所以為國百行之所出萬化之所生小大終始必本於孝而後可故曰君子務本本立而道生孝之用大矣哉嗚呼世皇以孝治天下故九族以親四海以寧雍熙之和洽於其時魯國以是歸誠梵教滋殖福利申顧復之報而孝既隆於前聖上嗣服遵酌成憲故美化以行善俗以興孝治之懿復於今日皇姊以是繼志述事廣發願念濟前人之美而孝復宏於後其為功徳詎可量哉且使忠武之勲烈家世輝赫蕃衍永庇國家景福無疆之休伊兹寺是始嗚呼孝果大矣乎罔極之義斯可以見矣銘曰

佛以空傳儒以有教空有不同同者惟孝孝之為用萬善所根本根或遺善奚於存為孝無方惟心是屬一誠所及孝無不足魯國之孝顧復孔懷圖報梵宫介福允諧世皇壽之名以啟之皇姊述志稟命紀之帝命赫赫玉刻煥發魯國之舉忠武之烈忠武子孫生為帝姻遵是法門世以孝聞永報國恩

中菴集卷十四

三　《應昌府報恩寺碑》

程鉅夫（一二四九—一三一八），元代官員、文學家。初名文海，因避元武宗廟諱，改用字代名，號雪樓，又號遠齋。建昌（今江西南城）人，祖籍郢州京山（今屬湖北）。吳澄同學。宋亡後入大都（今北京），留宿衛。元世祖試以筆劄，改授應奉翰林文字，累官翰林學士承旨。曆仕四朝，號為名臣。追封楚國公，謚文憲。文章雍容大雅，其詩亦磊落俊偉。有《雪樓集》三十卷。

碑文影印自內蒙古圖書館特藏四部全書本《元文類》卷二二。

有岑其宇有踐其廡有楹惟旅金鋪雕礎瞿瞿其瞻劇劇其廉秩
秩其正於粲其嚴伊誰考斯帝宮亞匹則今皇帝覺皇氏卽其圖
以進薦福于幽於我裕聖報德是求惟我裕聖爲烈無競大帝遐
征儲席虛正時我成廟撫軍龍荒惟朝委裘三月皇皇萬里召赴
天位畀據其神而明孰測爲度如是拱默宮居深安陋昔后母簾
政僭干惟撫慈孫於學知勵又開太平大業今繼始爲之小其報
猶私今焉一人以天下爲以天下爲誰專裕聖嘉與慈闈實普其
慶往聖已矣慈闈萬年翼翼綿綿悠久如天皇上之心初豈以已
覺皇貞之其錫繁祉

應昌府報恩寺碑　程鉅夫

城應昌之四十有一年上卽皇帝位制公主相哥剌吉封皇姊大
長公主子阿禮嘉世立嗣封魯王命下之日主謂王曰應昌有土
肇自太祖皇帝成於世祖裕皇而順宗皇帝今儀天興聖慈仁昭
懿壽元皇太后實已所自出上篤親睦之誼承成宗武宗惇敘之
志以有今日欲報之德惟佛焉依至大二年嘗規建佛寺于宮之
東曰報恩盍竭力成之既成請文勒碑昭示無極上以命詞臣臣
鉅夫謹按太祖初興魯國忠武王按赤那演以佐命元勳有分地
約世婚而昭睿順聖皇后歸于我世祖太祖之孫薛赤干公主下
嫁王子納陳至元八年始置應昌府以封其子帖木兒尚帝季女
囊加眞公主未幾陞府爲路十四年帖木兒北征有大勳賜號按
答兒圖那演元貞元年封濟寧王主爲皇姑魯國大長公主子弴
不剌尚相哥剌吉公主乃今皇太后之中子也大德十一年武宗
卽位封皇妹大長公主弴不剌魯王逮今嗣王祖孫凡五世國益
大爵益貴恩數益異爲之傅以輔之爲之羣有司以治之於是弘
吉剌氏維古塗山有娀不足擬隆寺之建所以歸美報上昭忠孝
也殿堂廡門庖寮庫庾庋經之室棲碑之亭金碧焜華棼橑宏密
繚以周垣亘以修塗一木一石必出乎已一夫一役不煩乎民簡
僧之有行業者曰智心主之日帥其徒請演祝讚梵唄洋溢諸佛
降監祖考來格帝室王家福祿攸同謂之報恩不亦宜乎洪惟聖
祖神孫覆斯天載斯地廣大慈仁與佛一德皇姊嗣王克永孝思
克廣德心以崇佛乘宜聖上親親之道彌至而臣子報稱之誠無
斁贊皇圖於億載保王國以亡休猗歟盛哉臣鉅夫謹拜手稽首
而獻頌曰
在昔太祖龍興朔方惟弘吉剌忠武洸洸佐定中原遂開大荒約
締世婚申錫土疆寔生昭睿相我世皇光天之下德盛仁彊應昌
既邦魯國是王貳館繼承奕葉重芳連城列邑沃野相望設官分
職乃紀乃綱婉婉皇姊愛積厥躬帝弟帝兄承于祖宗洎我聖母
澤濬恩隆何以報之佛法是崇迺集羣材迺徵六工于城之中于
宮之東爰作爰謀爰蕆我衷以奠覺皇以展孝恭飛殿峨峨列屋
周阿丹題藻棁電轉星羅彤雲承霤翠霧凝柯天花夕雨貝葉晨
哦慧日曬光祥風扇和寒松沃色碧海澄波永底佛慈百祿是荷
磐石其宗礪山帶河聖母萬年帝壽且多佛法廣運皇道無頗

四 《全寧路新建三皇廟記》

碑文録自柳贯《柳待制文集》卷十四。

藏之平江府庫祭則出而陳之其籍則繫之漕府而且稽其出納馬漕臣曰惟古神聖制器尚象而祭為尤重致明誠達氣臭用其所貴非徒物也天妃之祀列在中祠垂五十年雖祭有常儀而器不稱物猶有待於大臣之論奏皇上之垂仁然後數周而禮備使不文之金石其何以彰君賜格神休臣實甚懼迺來請辭臣某昔待罪禮廷竊嘗與聞明德卹祀之義乃執筆書之俾後有考其諸器數具列下方

全寧路新建三皇廟記　代人作

三皇廟祀伏羲氏神農氏黄帝氏即古所謂三皇者三皇開天立極之功千萬世帝王所由宗而歷代未有祠祠之自我聖朝始夫既始祠之而其尸祝之事乃獨託之醫家者流所以神三皇之道以興物前用累聖稽古教民之意微矣至矣今徧天下郡邑咸立廟建學有師有生而全寧路獨闕全寧為駙馬都尉魯王分邑延祐四年魯國大長公主以帝姊居藩首捐湯沐之資作新廟于大永慶寺之東陛楯豐崇像圖煥儼春秋薦事牲碩酒清禮典斯應神亦寧止於是公主授使者命屬大史某記其成役不得辭竊嘗考之三聖人而知夫道在天地間微顯闡幽固各有攸當而洪纖高下其歸一致伏羲身察陰陽六氣以有四時水火升降之象神農辨艸木色鯹而審其燥寒平毒畏惡之性著本草立方書對察和齊致利天下黄帝坐明堂觀八極察氣推運作内經以命臣色脉方餌三皇之書大抵以醫傳其書傳

則其道神雖以醫家者流尸其廟事未為不嚴且尊也然今郡國之制豈無他祠而公主顧獨汲汲焉而不敢以為後是其心豈不欲宏推斯道上以壽吾君吾國中以壽吾戚藩而下以壽吾民乎嗚呼此麟趾騶虞之化而肅雝之德之成者也某雖不敏敢誦所聞以復使者之命而且以為記

見初亭記

國子博士劉先生眉人而塟其先府君宣之南陵南陵

卷四

《大元敕賜故薊國公張氏先塋碑》等碑研究

卷四説明

本卷録入的碑銘，主要為《大元敕賜故薊國公張氏先塋碑》、《大元張公住童先德碑》、《大元敕賜故諸色人匠府達魯花赤竹公神道碑》。其中，《大元敕賜薊國公張氏先塋碑》、《大元敕賜諸色人匠府達魯花赤竹公神道碑》的背面，還刻寫有對應的數千個畏兀兒蒙古文碑文，並用八思巴字篆額，這是罕見傳世的珍貴元代蒙古文獻。

三碑漢字碑文分别由元朝文臣馬祖常、張起岩、揭傒斯等撰寫，馬、揭雖有文集傳世，但皆失收碑文，加上張起岩的《張氏先塋碑》，自乾隆時發現以來，受到錢大昕等大學者的重視，均收入乾隆敕修的《熱河志》以及《承德府志》、《畿輔通志》等書。三碑都由元代書法大家康里巎巎書寫，因此三碑也是元代重要的書法歷史遺産。

本卷録入的《大元敕賜諸色人匠府達魯花赤竹公神道碑》（即《竹溫台碑》），其價值不遜於張氏碑。因此，自錢大昕起一個多世紀以來，該碑引起國内外蒙古學者的重視和研究。抗戰後由於時局動盪，致使《竹溫台碑》失存。幸而承蒙業師周清澍先生提攜幫助，從美國《哈佛亞洲研究》一九五一年第六期上，找到了『竹溫台碑』的拓本照片，成為本書編纂中的一段佳話。

弘吉剌部是元代『漠南五投下』之一，政治上極受優寵。其地處漠南農牧皆宜的自然環境，加之弘吉剌部上層人士善於用人的政策，再有以張應瑞家族為代表的漢族人士的忠心輔弼，促成了該部的繁榮。這也是一三六八年元廷從大都北退到草原後，應昌府成為北元的臨時首都，並且有能力與明朝抗衡數年的重要原因。

一 《大元敕賜故薊國公張氏先塋碑》

（一）《大元敕賜故薊國公張氏先塋碑》簡介

『大元敕賜故榮禄大夫遼陽等處行中書平章政事柱國追封薊國公張氏先塋碑』簡秤『大元敕賜薊國公張氏先塋碑』。位於赤峰市翁牛特旗梧桐花鄉國公府村雞冠子山東南坡張氏家族墓地。墓地位於山間平地上，為正南北方向，由南向北依次排列有石碑兩通。

碑為龜趺螭首，通高六六三釐米、寬一三五釐米、厚三七釐米，碑正面篆書額題『大元敕賜故榮禄大夫遼陽等處行中書平章政事柱國追封薊國公張氏先塋碑』。碑首背面為篆刻的八思巴文，內容同碑首正面的漢文。碑身正面陰刻漢文楷書，共三十九行，約二千五百字；碑身背面陰刻畏兀兒字蒙古文約三千字；在碑的側面也有銘文（圖一—六）。此外，張氏墓地還有石雕文吏、武將和獅、虎、麒麟以及石羊、龜趺等許多較為珍貴的石雕遺跡遺物，也為相關課題的研究提供了珍貴資料（图七—九）。

圖一　《大元敕賜故薊國公張氏先塋碑》（正面）

圖二　《大元敕賜故薊國公張氏先塋碑》（背面）

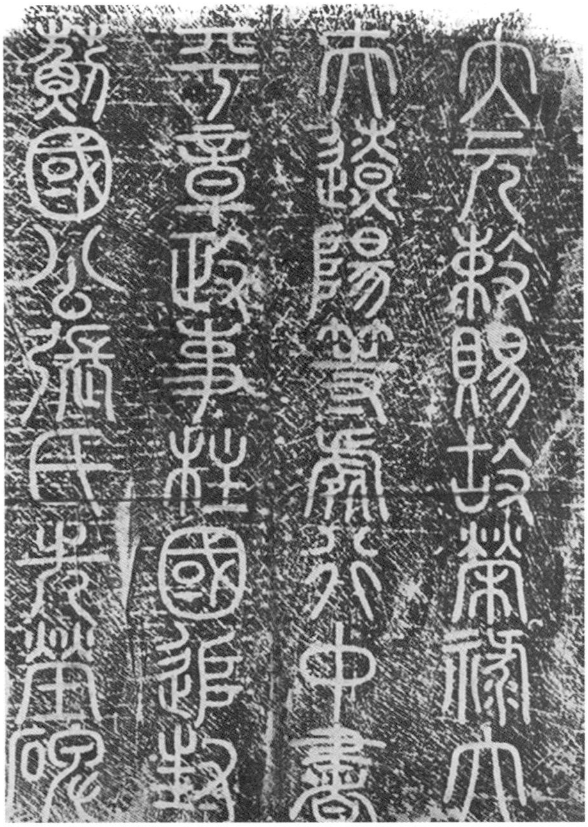

圖三　《大元敕賜故薊國公張氏先塋碑》篆書碑額拓本

圖四　《大元敕賜故薊國公張氏先塋碑》八思巴文碑額拓本

圖五　《大元敕賜故薊國公張氏先塋碑》漢文碑銘拓本（局部）

圖六　《大元敕賜故薊國公張氏先塋碑》畏兀兒字蒙古文碑铭拓本（局部）

圖八　張氏家族墓地石羊、龜趺

圖七　《大元敕賜故薊國公張氏先塋碑》碑側及銘文“大都西南房山縣獨樹村石經山銘石”

圖九　張氏家族墓地文官、武將石像

（二）《大元敕賜故薊國公張氏先塋碑》碑銘

漢文碑銘內容如下：

皇元敕賜故贈榮禄大夫遼陽等處行中書省平章政事柱國追封薊國公張氏先塋之碑

奎章閣學士院供奉學士、朝散大夫、經筵官、臣尚師簡奉敕撰

翰林侍講學士、中奉大夫、知制誥、同修國史、同知經筵事、臣張起岩同奉敕撰

奎章閣承制學士、臣巙巙奉敕書

榮禄大夫、翰林承旨、臣許師敬奉敕篆額

皇上踐祚之初，尊皇太后，奉以天下之養，申命元勳大臣領徽政院，宿望舊勞，咸在其選。於時，中政使同知、昭功萬户都總使府臣住童拜榮禄大夫、徽政院使，已又推恩降制，贈其三代。元統三年春正月，敕翰林侍講學士臣起岩、奎章閣供奉學士臣師簡文其碑，奎章閣承制學士臣巙巙書，翰林學士承旨臣許師敬篆其碑首。臣起岩等謹按：贈榮禄大夫、遼陽等處行中書省平章政事、柱國、追封薊國公張公諱應瑞，世為全寧大家。全寧，魯王分地，故隸籍魯邸村。其祖考諱仲賢，秉性純篤，忠厚和易，樂善而有恆，鄉裏咸崇敬之。常語人曰：『與其遺子孫以財，曷若教子孫以德，財或用之有盡，德可傳之無窮。』時人以為名言。以曾孫今徽政貴，贈中奉大夫、嶺北等處行中書省參知政事、護軍，追封清河郡公。妣李氏，追封清河郡夫人。考諱伯祥，謹願而有志略，為納臣那演所知，擢置宿衛，事必咨問。時公生甫七歲，已嶷然重厚，有成人風，納臣那演子養之。及長，材力精敏，識趣超異，于時務尤練達，美須髯，風儀端整，臨事謹恪慎重。納臣病凡三年，躬調護視，醫藥飲食，扶掖撫摩，時其衣衾之寒燠，坐立寢處其側，寒暑晝夜無倦色；溲遺滲□□，裀簟更易，潔除浣濯，人皆以為難，公不少怠也。病既愈，指公戒其子曰：『吾病時，汝雖天倫至親，非不欲竭心力以奉我，然疾當隱處，亦有不得近者。唯此兒勤力精思，能知吾疾痛所在，三載之久，殆若一日，病獲痊復，此兒力也。忠孝若此，汝毋忘之！』及斡羅臣嗣位，世祖皇帝以皇女公主釐降為駙馬都尉，思其父之遺訓，遇公禮意優厚，公事之彌謹。俄駙馬之弟袛兒瓦叛，挾駙馬北去，並竊太祖皇帝所賜券。公與俱往，思有以脱駙馬於難。駙馬既遇害，並困辱公，楚毒百至，公曰：『吾聞主辱臣死，吾不難一死，以從主於地下。顧吾死，主冤孰白者？』伺守者懈，得逃還，訟其事於上。事下有司，罪人斯得，而主仇竟復，追索得所竊券。世皇嘉之，賜楮幣五百緡。俾歸，輔其嗣主。主薨，子諦瓦八剌立，尚武宗皇帝妹，是為皇姑徽文懿福貞壽大長公主，肇封魯王，開府置僚屬。王念公勞勤，以為請璽書，錫命亞中大夫、王府傅，壽八十二以終。初贈中奉大夫、河南行省參知政事，加贈一品，以受今封。夫人剛氏，由清河郡夫人加封薊國夫人。而公之考，由贈嘉議大夫，同知太常禮儀院事，上輕車都尉、清河郡侯，加贈資政大夫、河南江北等處行中書省右丞、上護軍，仍封清河郡公。

妣王氏，追封清河郡夫人。公之子三人：住童、大都閭、全閭。住童謙抑廉謹，静而寡言，及臨事，剖析曲當，大長公主器重之，初命嘉議大夫、怯憐口都總管。天曆初，文宗皇帝正位宸極，遣使通問魯邸。時東藩諸王連遼海兵，方抗拒上命，恐不利於使者，乃潛遣使從間道歸。彼知其然，即執之付上都，至則以計獲免脱。今贊天開聖仁壽徽懿宣昭皇太后，太主所出也。主灼其忠，蓋以為媵臣，遂躋於朝，授集賢侍講學士，進資善大夫、中政院使，提調中興武功庫，兼監隨路都總管府同知，賜授虎符，昭功萬户都總使府管媵人千夫長，嗣拜今命。次曰大都閭，都總管府總管。次曰全閭，未仕。男孫三人：郤閭，嘉議大夫、同知通政院事，兼群牧監卿，提調洪徽局事；次忻都，朝列大夫，繕工司卿，太皇太后位下口愠怯薛官；次孛蘭奚。臣起岩等惟大易有曰：『積善之家，必有餘慶。』又聞先哲有言：『名門右族，莫不由祖先忠孝勤儉以成立之。』斯言也，其萬世之龜鏡歟！觀公之祖考，平昔立論，賤貨貴德，確為世法，言雖簡而施之無窮，俾萬世子孫有所據依而取之不竭，蓋有古君子之烈焉。其先考始為陪臣，遂見信任，葉贊忠告之效，境内受賜久矣。再傳至公，自其幼時，器度凝重，已結主知，果勤勞不懈，秤副所期，訓言諄切，遺其嗣人，復能盡忠所事，躬冒白刃，以蹈不測之禍，大義所在，命輕鴻毛，酷毒備嘗，皆所不恤。公既挺身脱虎口，赴訴於上，卒復其主之仇，以雪不世之恨，其忠藎視古人可無愧焉。故其超居王傅之位，安享耋年之壽，非幸也，宜也。神鑒孔昭。是生臣住童，受知太母，晉筵朝著，公遂顯膺贈典，位列臺階，勳則柱國，以開薊封。若祖若父，咸錫公爵，並聯執政，覃及諸孫，通籍禁中，聯事皇朝，方來之慶，進進未艾。兹欽承明命，賜碑先壟，昭揭世德，以焜耀永世。蓋其慶源所衍，皆由積善與夫忠孝勤儉致然，又非幸也，亦宜也。臣等既鋪敍其世濟之美，敢以公之素履，載揚於銘。其辭曰：

顯允張公，秉德在中。生而亢宗，唯時之逢。鉅藩屏東，位望隆隆。早歲景從，灼其丹衷。子養於宫，恩貴實同。圖報效忠，精思劬躬。佩佩其容，坦坦其胸。夙夜恪共，一其初終。帝婿乘龍，顧遇益穠。豺梟内訌，憫其遘凶。力嬰彼鋒，思發其幪。絙網阱籠，莫遮真鴻。上愬九重，帝為哀恫。天戈一揮，殲厥渠凶。復仇奏功，烈烈高風。有傚頑嚚，壽高爵崇。神鑒昭融，慶門秀鐘。嗣息睦雍，咸韶笙鏞。郊禋璧琮，蒞事肅恭。臣職是供，積其勳庸。禁籍以通，湛恩龐洪。爰開薊封，寵章被蒙。漏泉昭穹，震聲渢渢。旁達四充，良冶良弓。紹其芳蹤，蘭桂成叢。遼霫之雄，譬彼上農。種勤獲豐，佳城鬱葱。殖殖柏鬆，賜碑穹窿。既琢且礱，辭徹帝聰。作配景鐘，載德罔窮。以勸臣工。

時元統三年歲次乙亥孟春吉日建

（三）《大元敕賜故薊國公張氏先塋碑》碑銘考釋

《大元敕賜薊國公張氏先塋碑》為漢文和畏兀兒字蒙古文兩種文字撰寫，兩相對照，玆對碑中不同內容予以注釋。

第一，該碑文蒙譯者名字已漫漶不清，而其職位卻保留了下來。但根據蒙文正文的敘述可以還原漫漶部分的內容：該碑文蒙譯者名字為桑哥（sengge），其職位為奎章閣學士院供奉學士、奉政大夫、經筵官，故桑哥奉敕從漢文翻譯，成畏兀兒字蒙古文，是毋庸置疑的。

第二，書寫蒙文者乃是奉議大夫、藝文提點監丞普顏帖木兒。但關於這位普顏帖木兒的生平不詳。

第三，斡羅臣那顏即斡羅臣駙馬。斡羅臣駙馬之弟衹兒瓦之名，蒙文中書為『衹兒瓦歹』。其一，斡羅臣（亦書作斡羅陳、斡羅真），弘吉剌氏納陳之子。世襲乃父萬戶，封地應昌（今內蒙古克什克騰旗）、全寧（今內蒙古翁牛特旗）二路。娶魯國長公主完澤為妻，後又娶囊加真公主為妻。生女實憐答里，是為元成宗貞慈靜懿皇后。其二，衹兒瓦歹《元史》或作衹兒瓦台、衹兒火台、衹里瓦歹、衹里瓦帶、衹里斡台、衹魯瓦歹，等等。曾任元應昌府守臣，至元十四年（一二七七），與諸王脫脫木、失烈吉為應叛去。後為土土哈、博羅歡討平。據《元史》卷一四九《移剌元臣傳》：『衹兒瓦台叛，圍應昌府，時皇女魯國公主在圍中。』《張氏先塋碑》的價值在於指出衹兒瓦台是『駙馬之弟』，並『挾駙馬北去，並竊太祖皇帝所賜券』。可見此次叛亂乃因弘吉剌部主內部矛盾而起，並非外來侵犯。

第四，漢文銘詩，四字一行，四行一首計為十五首又余一行。蒙古文銘詩，四行一首計為十二首。其中自一至十一首詩蒙古文與漢文基本對應；蒙古文銘詩第十二首詩對應漢文銘詩第十二至十五首。蒙古文內容衹譯出漢文第十四首詩的後兩行和銘詩最末兩行。即衹譯出『殖殖柏松，賜碑穹窿』和『載德罔窮，以勸臣工』。

第五，另外，蒙古文中沒有秤張應瑞『美須髯』一句。還有漢文中多處尊秤如『公』等，蒙古文中一概按傳統直呼其名諱。

第六，漢文有一處敘述不甚合理，如：『公曰：吾聞主辱臣死，吾不難一死，以從主子地下。顧吾死，主冤孰白者？伺守者懈，得逃還。』而蒙古文敘述卻較為合理。其文云：『ying-šuy ……mün sedkir-ün. sayid-un üge kemen sonosuγsan minu bülege. eǰen boluγsan kümünbusud-ta güǰiregdebesü. daγaγči kümün qamtu ükülduküü yosutu bui. bi eǰen-ügen daγaǰu ükükü-yi yaγu berkesiyekü. iγ-a (ǰiγ-a?) maγa bi ükübesü eǰen-ü minu öd ügei güǰiregdegsen-i ken-iyer edügülkü kemen sedkiǰü ildün (ildara?)s arγabar saqiγčin haran-i önggeregülǰü orγuǰu ireged』翻譯如下：

應瑞……還思忖道：『吾曾聞賢者有言：'若主遇害，僕當同死。吾從主一死不難，殊不知吾死，主冤孰白者？麽道，計騙守者，伺機逃還。』

也就是說漢文碑『公曰』不妥，應為上文所譯『思忖道』，即『心裏想到』。

第七，漢文有一處敍述非常清楚，如：『時東藩諸王，連遼海兵，方抗拒上命。』而蒙古文卻翻譯的非常模糊，衹譯為：『左翼之亂軍每』(ǰegün eteged-ün samaγuralduγsad čerigüd)一帶而過。

第八，贊天開聖仁壽徽懿昭宣皇太后，蒙古文衹譯為：『當今皇太后』(edögeki qong-tai-qiu)，指的是文宗之皇后卜荅失里：弘吉剌氏，魯國大長公主桑哥吉剌之女也。天曆元年立為皇后，二年授冊寶；至順三年尊為皇太后，臨朝稱制。元統元年又尊為太皇太后，仍稱制。《元史·順帝紀》謂：元統二年冬十月『己卯，奉玉冊、玉寶，上皇太后尊號曰贊天開聖仁壽徽懿昭宣皇太后』。至元六年黜贊天開聖徽懿宣昭貞文慈佑儲善衍慶福元太皇太后之號，徙東安州，卒於徙所。

第九，碑文中出現的部分官職，依《元史·百官志》簡釋如下：

柱國，為元代十階勳之第二階，從一品，衹用于封贈。

上輕車都尉，為元代十階勳之第五階，正三品，衹用于封贈。

上護軍，為元代十階勳之第三階，正二品，衹用于封贈。

亞中大夫：為元代文散官四十二階之第二十，秩從三品，宣授，服紫。

中奉大夫，為元代文散官四十二階之第十四，秩從二品，宣授，服紫。

榮祿大夫，為元代文散官四十二階之第八，秩從一品，宣授，服紫。

嘉議大夫，為元代文散官四十二階之第十七，秩正三品，宣授，服紫。

資政大夫，為元代文散官四十二階之第十，秩正二品，宣授，服紫。

資善大夫，為元代文散官四十二階之第十一，秩正二品，宣授，服紫。

奉政大夫，為元代文散官四十二階之第二十七，秩正五品，宣授，服紫。

奉議大夫，為元代文散官四十二階之第二十八，秩正五品，宣授，服紫。

中政院使，為元代中政院長官。至大三年（一三一〇），置院使七員，秩從一品；皇慶二年（一三一三），定置院使七員，秩正二品。

徽政院使，為元代徽政院長官，秩正二品。成宗、武宗、順帝朝所置；主管皇太后錢糧、侍奉等事。

（四）《大元敕賜故薊國公張氏先塋碑》畏兀兒字蒙古文的拉丁文轉寫

碑文篆額八思巴文四行，碑文畏兀兒字蒙古文正文部分計五十七行。張雙福研究員轉寫如下：

八思巴文篆額：

第一行：tay ‘uen či chi gu yüng lu tay

第二行：fu lew yang dhing ču hying ǰung šü

第三行：ping ǰang ǰing jhi ǰü gue jui fung

第四行：gei gue gung ǰang jhi sen ‘üng bue

畏兀兒字蒙古文正文：

第一行：yeke mongγol ulus-un čaγ-tur.

第二行：yung-luu dayvu lėw-yang ding-čuu hing-ǰung-šü-[ši]ng pingǰang ǰing-ši ǰügöi jui-vung gi-göi-gung ǰang ying-žui-yin [uridus-un] tula.

第三行：ǰrlγ-iyar bayiγuldaγsan biy taš buyu.

第四行：suu-tu

第五行：qaγan türün

第六行：yeke or-a saγuγad.

第七行：qong-tayqiw-da delegei ulus-iyar kündülen taqiǰu uǰaγur-tan noyad-i quy-ǰing ön-dür qadaγalaγulun tüsiged. basa urida-ača ǰüg-iyer küčü ögügsed sayid haran-i songγuǰu kereglekül-dür. ǰung-ǰing önši. tungǰi ǰaw-gung wan-quu duu-zong-ši-vuu. ǰütung-i yung-luu dayvu. šianggon öggüged kui-ǰing

第八行：önši bolγan tüšiǰü γurban üyes-tür kürtele vungsing ner-e soyurqaǰuγu. ön tung γurban hon qabur-un terigün sara-dur. qanlim ön-ü ši-giang hiaw-ši ǰang kiyam. kui-ǰang-giaw-yin gung-vung hiaw-ši. šang ši-gen-ten-i biy taš-un bičig-i ǰoqiyaγulun.. kui-ǰang-giaw-yin čing-ǰi hiaw-ši. nau-nau-yi bičigülün. qan-lim

第九行：čing-ǰi hu-ši-ging-i manglai-yin bičig-i bičigülün. kui-ǰang -giaw-yin gung-vung hiaw-ši. seng-ge-yi mongγolčilan orčiγulǰu. yi-wun-gem-ün tidiem buyan temür-i bičigültügei kemen..

第十行：ǰrlγ bolbasu. ki-yam kiged ügülerün. ǰang ying-šuy-a yžui-luu dayvu lew-yang ding-čuu hing ǰungšü-šing pingǰang ǰingši ǰügöi ǰui-vung gi-göi gung vungsing ner-e ögteǰü amu. ǰang- ying-žuy kemebesü sön-ning vuu-a aqu sayin ner-e oldaγsan huǰuγur-tu kümün aǰuγu. sön-ning vuu γaǰar-i.

第十一行∵ luu ong-a küčü ögtegsen-ü tula..

第十二行∵ luu ong-a qariyatu bolǰuγu. ǰang ying-šuy-yin ebüge inu ǰung-hian neretü aǰuγu. aburi inu usqal ǰibqulang čing ünen sedkil-tü bögetele nasu ürgülǰi sayin üile üiledküiber tendekin irgen imayi masi kündülen aǰuγu. mün nasuda ügüler-ün. qoyitus uruγ-a ed tabar ǰögeǰü ögtele sayin aγali surγaγdaqu bui. ker-be ed tabar ǰögeǰü ögbesü ǰaruǰu baraqu čaγ bolǰu sayin

第十三行∵ aγali aburi uruγ-un uruγ-a kürtele barasi ügei tusa bolumu ǰ-e kemen ügülebesü. tere čaγ-tur olan irgen sayin üge kemen maγtalduγsad aǰuγui. edöge ači-yin köbegün inu ǰütung. küi-ǰing önši-yin ner-e-dür kürügsen-ü tula elinčig (elinčüg)-inu ǰung-hėn-da ǰung-vung dayvuu ling-bui ding-čuu hing ǰungsü-šing samǰi ǰingši quu-gün ǰuy-vung sing-qoo

第十四行∵ gün-gung ner-e kürteged. yeke emege inu lii oboγtai. ǰuy-vung sing-qoo-gün vuzin ner-e ögteǰügüi. ebüge inu bay-siang neretü. kičiyenggü uqaγatu ünen ǰoriγ-tu-yin tula.　način noyan imayi derge oyir-a kesig-tür yabuγuluγad ali-ber üiles-i imaluγ-a eyetüldün aǰuγu. tere čaγ-tur ying-šuy doloγan nasutan böged degegsi manduqu aburi edügülügsen-ü tula.

第十五行∵ način noyan uqaǰu bürün köbegüčilen asaraγsan aǰuγu. yeke boluγad uqaγan bilig inu busud-tača neng deger-e bolǰu üile-dür bisiγun sayin. törölki inu-ber siliγun, üile-dür kičiyenggü aǰuγu. način noyan γurban hon ebečiyebesü. ying-žuy beyenggedün em. budaγa šülegen ǰoqiyan idegülün bosqui-dur saγuqui-dur. γada γarqui-dur tedküǰü söni qonoqui-dur bey-e-yi inu

第十六行∵ darun barilan. ǰögin qalaγun-u čaγ-tur nimlaγun ǰuǰaγan-i ǰoqiyan kemleged üdesi manaγar qaγačal ügei ülü uyitun taqiγad ker-be oron debüsker-tü edüi tedüi burtaγ bolbasu. öber-iyen uγiγan arčiγad busud-ta egüsiyegdekü üile-yi mün es-e berkesiyegsen aǰuγu. način noyan-u ebedčin taquraγsan-u qoyin-a ying-šuy-yin ǰidte (nidte?) köbegüd-iyen

第十七行∵ soyun ügüler-ün. bi ebečiyegsen-dür. ta köbegüd namayi taqiqu sedkil yaγun ügei aqu. γaγča ǰ-e ebedčin minu tan-a derge oyir-a iregdekü metü busu-yin tula taqin es-e čidaba ǰ-e. ene ying-šuy köbegün minu čing sedkil-iyer kičiyegeǰü ebečiyekü ǰobalang-i minu uqaǰu γurban hon-u ǰaγur-a nige edür metü üǰügületele taqiǰu ebedčin-i

第十八行∵ anaγuluγsan kemebesü. bügüde ene köbegün-ü küčüber bolbai. ene metü edüi čing sedkil-iyer taqin küčü ögügsen-i ta köbegüd minu buu umartad-qun kemen barilduγuluγsan aǰuγu. qoyin-a oločin ečige-yügen.

način noyan-u oron-a barildun tüsigdegsen-dür.

第十九行‥ sečen qaγan-a soyurqaγdaǰu törögsen ökin-iyen ögteged küregen bolbasu. urida ečige inu. nčqin noyan-u söyügsen üges-i sedkiǰü. ying-šuy-yi düled kündülen asaraγdabasu-ber mün düled-te kičigen qataγuǰiǰu taqiγsan aǰuγu. tegün-ü qoyin-a. oločin küregen-ü dtegü inu ǰirγuγadai dayiǰiǰu aq-a-yuγan oločin küregen-i abuγad. basa

第二十行‥ činggis qaγan soyurqaǰu uruγ-un uruγ-a kürtele barilduγulqu belge bolγan ögtegsen.

第二十一行‥ ǰrlγ-i ba yaγu ked-i küčümedeǰü abču ümegsi odbasu. mün ying-šuy sedkir-ün. noyan minu. oločin küregen-i ene ada dölegen-eče aburan tonilγaγulun čidaquγu kemen qamtu odulčaγad ǰaγur-a. oločin küregen-ü amin-a qoor kürgegdebesü. ying-šuy ildün-iyer sirqatabasu mün sedkir-ün. sayid-un üge kemen sonosuγsan minu bülege. eǰen boluγsan kümün

第二十二行‥ busud-ta güǰiregdebesü. daγaγči kümün qamtu üküldükü yosutu bui. bi eǰen-ügen dayaǰu ükükü-yi yaγu berkesiyekü. iγ-a (ǰiγ-a?) maγa bi ükübesü eǰen-ü minu öd ügei güǰiregdegsen-i ken-iyer edügülkü kemen sedkiǰü ildün (ildara?) arγabar saqiγčin haran-i önggeregülǰü orγuǰu ireged ede üges-i

第二十三行‥ deger-e ǰiγabasü qadaγatan noyad-iyar asaγqaγulǰu. tede harad-i eregülegülǰü.. eǰen-ügen ös aburaγad. basa huǰaγur abču oduγsada

第二十四行‥ ǰrlγ-i ba yaγu ked-i bügüde-yi qariγulǰuγu. tegüber

第二十五行‥ sečen qaγan ying-šuy-yi soyurqaǰu belge bolγan. tabun ǰaγun čaw sükes ögüged. tus eǰen-dür-iyen südkügülün mün γaǰar-taγan qariγuluγsan aǰuγu. qoyin-a eǰen inu ǰöb es-e bolǰu köbegüd inu div-a bala-yi ečige-yügen or-a tüsibesü

第二十六行‥ kölög qaγan-u döi soyurqaγdaǰu ögteged.

第二十七行‥ qong-guu kuy-wun yi-vuu ǰin-šiw day-ǰang gung-ǰuu ner-e ögüged. div-a bala küregen-e-ber luu-ong ner-e soyurqaǰu. ong-vuu yamun bayiγuluγad noyad-i tüsiküi-dür. luu-ong. ying-šuy-yin ǰüg-iyer küčü ögügsen-i sedkiǰü.

第二十八行‥ deger-e öčigülǰü yaǰung day-vu ong-vuu bol[γan] tüsiged sön abču ögčügü. nayan qoyar nasulaǰu. ǰöb es-e boluγsan-u qoyin-a türün ǰungvung day-vu. qonam šing samǰi-ǰingši ner-e ögčü [nigen ǰerge nemen vung]singlaǰu. yung-luu dayvu liaw-yang ding-čuu hing-ǰung-šü-[ši]ng pingǰang ǰing-ši ǰügöi ǰui-vung gi-göi-gung ner-e ögčügü. gergei

第二十九行‥ inu gang-ši-da sing-qoo gün vuzin ner-e ögčigi. qoyi-a basa gi-göi vuzin ner-e vungšinglaγsan aǰigi. ying-šuy-yin ečige bay-seng-e türün gia-yi day-vu tungǰi tay-čang li-yi önši šang-king-guu-yin du-ui. sing-qoo gün-hiu. nögügete zi-ǰing day-vu qonam giang-bui ding-čuu hing ǰungšu-šing yiw-čing šang-quu-gün ner-e

第三十行：nemen. mün-kü uridu yosuγar sing-qoo-gün gung [nerebe]r vungsinglaγsan aǰuγu. bay-seng-ün geregei ong-ši-da sing-qoo-gün vuzin nereber vungsinglaǰig[i]. ying-šuy γurban köbegütü aǰuγu. yekemed inu ǰütung. ded inu daydulü. γutuγar inu sönlü neretü. ǰütung-un aburi kemebesü. nairamtaγu kündülemtegü beyeben saqiγči usqal aburi-tu bögetele ali-be üiles-i

第三十一行：neng qaγas üiledün aǰuγu. tegüber day-ǰang gung[-ǰuu] imayi soyurqaǰu angq-a türün ger-ün köbegüd duu-zunggon-vuu-yin zunggon bolγan tüsibesü. gia-yi day-vu sianggon-iyar sön ögteǰügü. tien-li terigün hon-dur.

第三十二行：ǰayaγatu qaγan yeke or-a saγuǰu. luu-ong-a [bolγar-a] ilčin ilegsen-dür ǰegün eteged-ün samaγuralduγsad čerigüd ker-be ilčin-dür qoor ada kürgegügü kemen sedkiǰü tede ilčin-i ǰütung bulǰim tergegür-iyer qariγulǰu ilegsen-i tede čerigüd medeǰü ǰütung-i bariǰu šangdu-da ögčü ilebesü mün arγ-a bilig ǰoqiyaǰu toniluγsan aǰuγu. edögeki

第三十三行：qong-tai-qiu kemebesü day-ǰang gung-ǰuu sengge aγ-a-dača törögsen-ü tula. ǰütung-un čing ünen sedkil-tü büküi-yi day-ǰang gung-ǰuu uqaǰu

第三十四行：qong-tai-qiu-da inǰe bolγan ögčigi. mün

第三十五行：degedüs-ün derge čaqada yabuγad. angq-a urida sihian ši-giang hiaw-ši bolγan tüsigdeǰügü. qoyin-a zi-šan dayvu ǰung-ǰing önši ti-diaw ǰung-hing wuu-gung kuu. suy-lu duu-zunggon-vuu-yin daruγ-a ǰiaw-gung wan-quu duu-zung-ši-vuu [gon] inǰe tungǰi nereber bars berigütü altan gerege ögčü ger-ün köbegüd-ün mingγ-a medegülǰügü. edöge

第三十六行：hui-ǰing-ön-ü önši bolγan tüsigdeǰü amu. nögüge köbegün daydulü. ger-ün köbegüd-ün Zunggon vuu-yin zunggon üile-dür tüsigdeǰü amu. γutuγar inu sönlü üile-dür es-e barilduγuldaǰuγu. ǰütung γurban köbegütü aǰuγu. yekemed hilü aǰuγu. edöge gia-yi day-vuu sianggon-iyar tung-ǰing-ön-dür tungǰi bolγan

第三十七行：tüsigdeged basa kün-muu gem-dür aqalan gem-king bolγaγad. ti-diaw hung-qui-gü-ši. ded köbegün inu hindu čawlie dayvuu šan-gung-si-king

第三十八行：tay-qong-tay-qiw-dür köbegün kesigün noyan bolγan tüsigdeǰü amu. γutaγar inu boralhi neretü aǰuγu. ba ki-yam eden-e (ten-e?) uqabasu ǰiw-yi neretü bičig-tür ügüler-ün sayin üiles üiledügčin ele bolbasu. qoyin-a ölǰei qutuγ kürkü belen bui. basa erten-ü sayid-un üges-tür buyu. yeke ner-e-dür küregsed noyaliγ[udu]n uridus anu.

第三十九行：degedüs-tür ǰüg-iyer küčü ögčü. ečige eke-dür-iyen taqimdaγu boluγad čing ünen sedkil [-iyer s]ayin üile üiledügsen-ü tula. sayin hači hür-e inu qoyitus uruγ-a kürkü siltaγan ene buyu. edeger üges kemebesü tüg tümen hod-tur kürtele. düri dürsü bolqu üges ülügü bui. ying-šuy-yin ebüge inu ǰüng-hian ügülegsen üge metü. ed-i könggelen aγali

第四十行∵ aburi-yi degeǰilekü. üge inu olan-a üliger bolɣaɣdaqui busuɣu. ene üge čögen-ber bögesü. [ɣab]iy-a inu aɣui delger böged buyu. qoyitus uruɣ inu ede üges-iyer yabun čidabasu. barasi ügei egüri urtuda ölǰei qutuɣ bolumu ǰ-e. egüber uqabasu. ǰung-hian erten-ü sayid-tur adali köbegüd-iyen söyügsen aǰuɣu.

第四十一行∵ način noyan-dur yabuqui-dur. ügeben büsiregdeged ali-ber üiles -tür itegeǰü tüsigdegsen aǰuɣu. mün-ber nasu način noyan-a sayin üge durad-qaɣsabar. anu medelün irgen-e masi tusa bolǰuɣui. qoyin-a ying-šuy. način noyan-dur yabuqui-dur. nasun üčügen bögetele usqal aburi-tu büküi-yin tula. način noyan imayi uqaǰu derge yabuɣulbasu. mün-ber

第四十二行∵ način noyan-a čing sedkil-iyer küčü ögčü [kičiyegen?] yabuɣsan aǰuɣu. način noyan ügüler-ün. bi urida imayi kümün bolumu ǰ-e kemen sedki-lüge. sedkigseber minu bolba kemegsen aǰuɣu. elinčig (elinčüg) inu ed tabar-i könggelen aɣali aburi-yi degeǰileǰü. köbegüd-iyen soyun surɣaɣsan-u tula qoyitu törögsed uruɣ inu ene metü

第四十三行∵ degedüs-e ǰüg-iyer küčü öggüged. qoyin-a oločin degü-yügen ǰirɣuɣaday-a abču oduɣsan-dur mün-ber amiban ülü qayiralan odulčaǰu. tede dayin -a sirqaɣdabasu ükükülben yaɣun-a-be es-e bolɣaǰuɣui. eǰen inu oločin-u amin-a qoor kürgegdebesü mün ying-šuy bars-un aman-ača tonilǰu ɣaruɣad mendü qariǰu ireǰü eǰen-ügen öd ügei boluɣsan-i

第四十四行∵ dege-e ǰiɣaǰu ös aburaǰuɣu. mün eǰen-ügen tula čing ünen sedkil-iyer hači qariɣulqu-yi sedkikü inu. erten-ü sayid-tur adali buyu. ene metü ong-vuu-yin ner-e-tür kürčü urtu nasulaqu siltaɣan inu egüber buyu. basa tngry-te ibegegdeǰü. ǰütung metü sayin köbegün töröged.

第四十五行∵ day-ǰang gungǰü-de soyurqaɣdaǰu.

第四十六行∵ [suu-tan degedüs-ün derge] čaqada yabuɣad. yeke üile-dür tüsigdegsen-ü tula ɣurban üyes-tür kürtele. yeke nereber vungsinglaɣad köbegüd ači-nar inu-ber

第四十七行∵ [suu-tan] degedüs[-ün] derge oyir-a yabuɣsan-dur qoyin-a sayin üiles urusqu usun[-u urusqal] metü tasulsi ügei iremüi-ǰ-e. edöge ene metü

第四十八行∵ [ǰrlɣ]-iyar biy [taš bayiɣuldaǰu] üiledügsen sayin üiles-i anu mona qoyin-a egüri urtu-da geyigülküi kemebesü. uridus anu

第四十九行∵ degedüs-e ǰug[-iyer] küčü ögüged. ečige eke-degen taqimdaɣu boluɣsan-u siltaɣabar bolbai ǰ-e. tegüber ba üiledügsen sayind üiles-i anu ǰergeber ügüleged. edöge šlok-iyar maɣtan aɣalɣulay-a.

ner-e aldarsiɣsan ǰang ying-šuy

sayid ečige eke-deče töröged.

tegüs čing aγali aburi-tu bolǰu

engke sayin čaγ-tur učiraǰuγu.

第五十行∶ način [noyan] ǰegün eteged darun saγuǰu

sayin ner-e inu aldarsiγsan-dur

ying-šuy üčügen hon böged yabubasu

čing sedkil-i inu temdeg-e medeǰügü.

način noyan-a köbegüčilen asaraγdaǰu.

ner-e ba soyurqal kürtegsen-dür-i

nasuta hači qariγulquiban duradču

sedkil-iyen kedüiken kičigen oriyaǰuγu.

öngge čirai inu usqal ǰibqulang alaγčin

第五十一行∶ ügei [čing] sedkil-tü bolǰu

üde manaγar kičigen qataγuǰiγad türün-eče

üǰügületele nigen čaγ-iyar yabuǰuγui.

oločin noyan küregen boluγsan-dur

düled imayi soyurqan asaraǰu

qoyina maγun haran samaγuralduγsan učir-tur

eǰen-ügen amin-a qoor kürgegsen-i

eneriǰügüi. tere metü ayul-tu ükül-eče.

eǰen-ügen aburasu kemen sedkiǰü

第五十二行∶ monda [öber] -iyen [dayin-a] širqadabasu-ber

ildün (ildara?) arγabar ǰoqiyaǰu γarčuγui.

eǰen-ügen öd ügei boluγsan-i ǰiγabasu.

第五十三行·· degedüs-ün sedkil-ber alǰaγaǰu.

čerigüd-iyer dayin haran-i bariγuluγad.

hekilegsed-i anu ölidkeǰügü.

ös abuγsan čab inu aldarsiγad

uqaγ-a ügegü maγun-i uruγsida gesegülǰü.

ene metü yeke ner-e-dür kürčü

urtu nasu inu

第五十四行·· tngry-de ibegegdegseber bolbai ǰ-e.

egenegte sayid üiles üiledügsen-ü tula

qoyitu uruγ inu ǰokildun [nökeče]gdeǰü

kög daγun metü nayiralduγsabar

sayin aburi inu erdini metü degeǰilegdeǰügü.

ali-be üiles-tür tüsigdebesü

čidaqui-ača kičigen qataγuǰiǰu

čing sedkil-iyer küčü ögügseber

第五十五行·· degedüs-ün oyir-a čaqada yabuγulǰuγui.

soyurqaγdaǰu [ye]ke üile-dür tüsigdegseber.

uridus-a inu gi-göi gung nereber vungsinglaǰu

qoyitus uruγ inu ürüsügsen-ü tula

ǰegün eteged-ün irgen-e sayisiyaγdaǰuγui.

narasun čigöresün modu-tu kegür-tür

yeke biy taš bayiyulǰu
uridus-uyan üiledügsen sayid üiles-i
uruysida uqayan dayuriyayulun kičigegülǰügüi.
第五十六行∵ ǰrlγ-iyar ene bičig-i ǰoqiyalyabai.
第五十七行∵ ǰrlγ-iyar kui-ǰang [gew] hiawši-ön-ü gung-vung hiawši vung-ǰing dayu [ging]-yan-gon [seng-ge] mongyolčilan orčiyulǰu. vung-yi dayu yi-wun tidem [day]ši gem ging-yan-gon buyantemür bičibei. ön-tung γurban hon qabur-un terigün sar-a-da

二 《大元張公住童先德碑》

（一）《大元張公住童先德碑》簡介

該碑現已斷裂為二，倒置於《張氏先塋碑》之後。石碑上刻螭首，另有龜趺，大理石質，殘長三五七釐米，寬一五三釐米。額刻篆書，正面陰刻漢字楷書，共二十八行，每行六十八字。碑文已難辨認全貌。此碑由馬祖常撰文，巙巙書丹，尚師簡篆額（图一〇）。

《大元同知徽政院事張公先德之碑》，簡秤《大元張公住童先德碑》。據碑文記載，住童碑立於元文宗至順四年（一三三三），住童官居中政使、同知昭功萬戶都總使府，晉升為榮禄大夫、徽政院使，元順帝推恩降制，贈封他的三代先人。

在《滿洲金石志》中有録文，《全元文》第三二冊第四五七頁《馬祖常第七》，據《滿洲金石志》輯出此碑文。

圖一〇　《大元張公住童先德碑》及碑額

（二）《大元張公住童先德碑》碑銘考釋

碑文如下：

大元同知徽政院事張公先德之碑

中奉大夫內臺□□臣馬祖常奉旨撰

正□大夫禮部尚書監□□□領會同館事臣巙巙奉旨書

朝列大夫户部郎中尚師簡篆額

皇太后既全付有家于明宗皇帝之子，師保大臣協恭寅亮□□有日，內外臣庶，翕和胥悅，謳歌道途，乃口徽政院事臣住童而言曰：『宗廟社稷之事，則大正矣，予何憂焉！若昔先妣皇姑徽文懿福貞壽大長公主，□□□□來嬪帝室，克享終始，母儀天下，茲皆公主之教，而何敢忘焉！□於引者思服事恭闈，願謹小心，予追□□極之報，先皇帝假汝官中政使，覃恩祖考，光施□□，汝宜慎之。引者思猶言媵者也。』臣□拜而對曰：『臣今又叨貳徽政過待罪世出太后陛下父母家。太后孝思父母，推及臣先，臣□□□□家之□□請刻之於碑，以示臣子口觀而勉焉。』諭臣祖常制文，謹按：臣住童系本張氏，家牒亡所。自三世而下，籍雍吉剌部，雍吉剌之□□□王啟封於魯，與國家為世姻，貴亞於國姓，賞食□地曰全寧、曰應昌。張氏居全寧者四世矣。祖諱伯詳，贈嘉議大夫、同知太常禮儀院事、上輕車都尉，追封清河郡侯。祖妣王氏，追封清河郡夫人。考諱應瑞，攝魯王傅，贈中□河南江北等處行中書省參知政事、護軍，追封清河郡公。妣剛氏，追封清河郡夫人。臣稽于載籍，富貴利達，雖間有倖致，然口有世德啟迪之功，則善慶之道不□也。臣住童名位不大顯於時，備陪臣於異姓，一旦由陪臣而列官天子之朝，侍講集賢學士、中奉大夫、進資善大夫、中政使，存者享爵禄之崇，歿者□□□之美，而又有勞有勤，暴箸中外，豈非有世德啟迪之功者歟？不寧惟是，天曆之初，大臣建議迎先皇帝於今中興，脫使者于厄，以濟大事。先皇帝嘗嘉賞之。夫人忽都替□氏，封清河郡夫人。子三人：長郤閭，僉徽政院事□□備宿衛；次卜蘭奚。是於法皆應銘，矧敬承太后之旨乎？臣祖常百拜而獻銘曰：

維張受氏，始出清河。載合載□？其支則多。全寧□□，□□□□。爰有張世，譜亡厥系。雖則譜亡，卓矣彌昌。姓自我著，全寧之張。光奕寵榮，閎其門閭。□□則遇，□多休聲。始也公主，百兩□□。□帝媵臣，從官帝所。□匪私□，是□□事。摳衣禁闥，履踐不□。□□□□，孰□□□。□□□□，而得餅繒。張氏先德，潛而弗耀。孫曾發之，以其象肖。穹龜負碑，聖蟠蛟螭。

□有行者，□我銘詩。

時至順四年，歲次□□□□□□□日建。□□營造司副使兼石局提領田欽。

三 《大元敕賜故薊國公張氏先塋碑》及《大元張公住童先德碑》研究

（一）《大元敕賜故薊國公張氏先塋碑》研究

元薊國公張應瑞，《元史》無傳。其家族墓地位於內蒙古自治区赤峰市翁牛特旗梧桐花鄉國公府村雞冠子山東南坡。

碑有龜趺，通高六六三釐米、寬一三五釐米、厚三七釐米，碑首正面篆書額題『大元敕賜故贈榮禄大夫遼陽等處行中書省平章政事柱國追封薊國公張氏先塋之碑』。碑首的背面為篆刻的八思巴文，內容同碑首正面的漢文，但缺少中書省之『省』字。碑身正面陰刻漢文楷書，共三十九行，約二千五百字；碑身背面陰刻畏兀兒字蒙古文約三千字，是正面漢文的譯文。但碑文中的『皇元』等元朝國號，均譯為『大蒙古國』，一碑之中兩個國號並用。一二七一年，元世祖忽必烈基於統治漢地的需要，正式建立以承襲中原王朝正統的國號『大元』，但成吉思汗時即已確定的蒙古語國號『大蒙古國』仍舊沿用。用《張氏先塋碑》蒙古文譯文與漢文相對照，正反映了當時存在的這種情況。從成吉思汗時代起，就有漢族、契丹族以及西域諸民族的上層人士，加入大蒙古國的統治階層，張氏家族祇是其中的一員。金代漢南的居民納入南遷的蒙古部的投下中，張氏家族充當領主侍從，由陪臣上升為主人的親信，最終又融入蒙古族之中。從張應瑞的子輩起，即開始取蒙古名，張應瑞家族也是在蒙古統治集團內逐步發展起來的。因此，《張氏先塋碑》從一個側面反映了蒙漢民族之間的交融，對於蒙元史的研究者來說，是一份珍貴的歷史資料。

在《張氏先塋碑》身右側，陰刻楷書『大都西南房山縣獨樹村石經山銘石』十五字，說明此巨碑是從元大都（今北京）附近的房山縣刻畢，又輾轉運到蒙古草原上的。該碑石質細潤，屬優質大理石，雖歷經六百餘年風雨，但碑文字跡清晰，蒙漢合璧，內容豐富，是我國現存蒙古文字最多的元代石碑。

碑文首先羅列了奉旨撰文者、書丹者、書篆者的姓名和官職，他們分別是：尚師簡、張起岩、許師敬，皆為當時重臣俊傑，或參與編修宋、遼、金三史。

尚師簡，字虞仲，滿城人。以有人薦為大都路學正，累遷監察御史。至正初為奎章閣侍書學士，同知經筵事。卒謚文肅。事蹟僅見於《萬曆保定府志》，《元史》附載于其父《尚野傳》後，尚野乃世祖以來四朝老臣，仁宗時官至集賢侍講學士兼國子祭酒。

張起岩（一二八五—一三五三），元代曆城人（今濟南），字夢臣，號畢峰，延祐二年進士第一，進為翰林待制，兼任國史院編修，泰定時為監察御史，上書劾丞相倒沙。文宗時轉參議中書省事，順帝時任御史中丞。後又以翰林承旨充任遼、宋、金三史總史總裁官，熟知金代典故及宋儒道學源流，三史編成後歸辭故里。博學有文，善篆、隸。事見《元史》卷一八二《張起岩傳》。

巎巎（一二九五—一三四五），西域康里人，字子山，為平章政事不忽木之子，學識淵博，倡修三史，擅真、草、行書，『單牘片紙，人爭寶之』。仕文宗、順帝兩朝，歷任監察御史、禮部尚書。『張氏先塋碑』是他傳世字數最多的楷書作品，是元代書法佳作，《元史》卷一四三有傳。許師敬（生卒年不詳），懷孟河內（今河南沁陽）人，字敬臣，許衡子，頗習蒙古文。武宗時任吏部尚書，皇慶元年（一三一二）授中書參知政事。次年，奉領國子學。泰定二年（一三二五），拜中書左丞，官居正二品的副宰相。依據以修德為治之說，編類帝訓，請於經筵進講，奉詔命與翰林學士承旨阿璘帖木兒等人，將帝訓譯為蒙古文，改名為《皇圖大訓》，授皇太子，後卒於官。天曆二年（一三二九），文宗以《皇圖大訓》一書譯說詳明，文字通雅，便於蒙古人士閱誦，詔命刻印天下。

碑文以『皇上踐祚之初』開頭，碑立於元統三年（一三三五），『皇上』指元順帝。據《元史·順帝紀》，文宗後與大臣共議立妥懽貼睦爾為帝，尊文宗後為皇太后。『至順四年（一三三三）六月己巳，帝即位於上都』『十二月乙亥，為皇太后置徽政院，設官屬三百六十有六員。』即碑文所說的『尊皇太后奉以天下之養，申命元勳大臣領徽政院，宿望舊勞，咸在其選』。這時，住童官居中政使、同知昭功萬戶都總使府，晉升為榮祿大夫、徽政院使，接著又推恩降制，贈封他的三代先人。

元統三年春正月，以皇帝名義敕張起巖、尚師簡起草碑文，書法家巎巎書寫碑文，許師敬在碑額用篆書寫碑名，稱為篆額。他們姓名前皆羅列所有本、兼官職和散官品階，皆注明『奉敕』，以示莊重。

《先塋碑》之『薊國公』指住童之父張應瑞。張氏與中原各地民戶不同，雖『世為全寧』人，籍貫卻不屬路府，卻由於全寧是『魯王分地，故隸籍魯邸』。張氏家族應是蒙古南下被征服的漢族人，故『自三世而下，籍雍吉剌部』（《先德碑》），即成為弘吉剌部魯王家私屬的部民。第一代仲賢，衹有『秉性純篤』等碑文中常見的諛墓之詞，實際上衹是普通的弘吉剌部屬民。第二代伯祥已被部主納臣那演『擢置宿衛』，『始為陪臣，遂見信任』。納臣《元史·特薛禪傳》作納陳，國舅（太祖後孛兒台兄）按陳之子，歲丁巳（一二五七）襲其兄弘吉剌萬戶職。

第三代應瑞七歲就由納臣留用為侍從，護視病中的主人，『醫藥飲食，扶掖撫摩，時其衣衾之寒燠，坐立寢處其側』，成為主人左右的親信，最後官至王傅。碑文記載這個家族的歷史為蒙古領主之下屬民地位的變化提供了一個實例。

《元史·特薛禪傳》：『斡羅陳襲萬戶，尚完澤公主。』『繼尚囊加真公主。』《諸公主表》：『魯國大長公主囊加真，世祖女。』故碑中稱：『世祖皇帝以皇女公主釐降為駙馬都尉。』但《諸公主表》衹說囊加真『適納陳子帖木兒，再適帖木兒弟蠻子台』。與《特薛禪傳》所載不同，此碑可佐證《特薛禪傳》正確，囊加真是先嫁斡羅臣，再嫁三嫁其弟帖木兒和蠻子台，這也反映了蒙古族兄死弟娶其嫂的風俗。

衹兒瓦的叛亂《元史》多見，或譯衹兒瓦台、衹兒火台、衹里瓦歹、衹里瓦帶、衹里斡台、衹魯瓦歹等，碑中譯音不全。事件發生在至元十四年

（一二七七），祇兒瓦台回應宗王失烈吉（或譯昔里吉，蒙哥之子）、脫脫木（或譯脫黑帖木兒，蒙哥弟歲哥都之子）、藥木忽兒（阿里不哥之子）的叛亂，『掠祖宗所禦大帳以去』。《元史》卷一二八《土土哈傳》秤他為『應昌部族』，卷一三二《杭忽思傳》則秤為『甕吉剌祇兒瓦台』，卷一三五《阿答赤傳》作『甕吉剌祇兒瓦台』，皆弘吉剌的異譯，說明他是應昌弘吉剌族人，《先塋碑》的價值在於明確他是『駙馬之弟』。

《元史》卷一四九《移剌元臣傳》載：『祇兒瓦台叛，圍應昌府，時皇女魯國公主在圍中。』祇有此處透露了叛亂的形勢。《先塋碑》進一步提供了『挾駙馬北去，並竊太祖皇帝所賜券』等更多的訊息。《特薛禪傳》說斡羅陳『至元十四年薨』，諱言死因，這碑明言是這次被挾持『遇害』。可見這次叛亂乃因弘吉剌部主內部矛盾而起，失烈吉等『掠祖宗所禦大帳』即成吉思汗留下的大斡耳朵，是為了爭奪汗位正統；祇兒瓦台『竊太祖皇帝所賜券』，就是希圖奪得弘吉剌部領主的繼承權。從《元史》各處散見的記載看，失烈吉等之亂，得到祇兒瓦台回應，將戰火從漠北延向漠南，威脅到元朝的兩都，迫使忽必烈從平宋前線緊急調回總帥伯顏、東路統帥別急里迷失、博羅歡、欽察軍統帥土土哈等北上鎮壓，可見事態的嚴重，《先塋碑》的記載揭示了祇兒瓦台的身份和部分事件經過。

駙馬被挾，張應瑞一同『俱往』，與駙馬共患難，後『得逃還』，『主仇竟復，追索得所竊券』，得到世祖的嘉獎。接著輔佐嗣主帖木兒（世祖賜名按答兒禿）和蠻子台。《特薛禪傳》載：蠻子台薨，『按答兒禿長子琱阿不剌襲萬戶』。碑云：『主薨，子諦瓦八剌立』，諦瓦八剌即琱阿不剌Diuabala的異譯，也是公主之子，即按答兒禿和囊加真公主所生。《諸公主表》：祥哥剌吉，順宗（答剌麻八剌，武宗、仁宗之父）女，適帖木兒子弓周阿不剌，因此《先塋碑》說『尚武宗皇帝妹』。《武宗紀》：大德十一年五月，即皇帝位於上都。六月『壬子，封皇妹祥哥剌吉為魯國大長公主，駙馬琱阿不剌為魯王』。就是由濟寧王（二字王）進封為魯王（一字王），故碑文說是『肇封』。《特薛禪傳》說：魯王有王傅府，其群屬『以署計者四十餘，以員計者七百餘』，故碑上說『開府置僚屬』，任命張應瑞為王傅，並同朝廷官員一樣，申請頒賜皇帝的璽書，錫命為從三品的亞中大夫。《文宗紀》：天曆二年十二月乙未，文宗諭廷臣說：『皇姑大長公主，……女（卜答失里）配予一人。』令趙世延、虞集等議封號。乃加號『皇姑徽文懿福貞壽大長公主』，文宗乃武宗子，故改秤祥哥剌吉為皇姑。其女又許配給他，姑母又成為岳母。《元史》《諸公主表·特薛禪傳》皆誤『貞壽』為『真壽』，校點本已據此碑改正。

張應瑞有子三人，是第四代。長子住童得到大長公主的『器重』，任命為弘吉剌部內『怯憐口都總管』，並有朝廷正三品文散官嘉議大夫的頭銜。

下文是指泰定帝致和元年（一三二八）死於上都，留守大都的僉樞密院事燕帖木兒發動政變，從江陵迎立文宗即位，改元天曆。隨同泰定帝時巡上都的丞相倒剌沙等派兵討伐，當時東部斡赤斤後王遼王脫脫是上都的堅定支持者，故有『東藩諸王連遼海兵』的事。由於文宗後卜答失里是大長公主祥哥剌吉之女，故『遣使通問魯邸』，希望得到至親的支持，弘吉剌部鄰近上都，處於上都和東藩、遼海之間，有舉足輕重的作用。住童以計讓使者獲免脫，所以《住童碑》也說：『天曆之初，大臣建義迎先皇帝（文宗）於今中興（天曆二年，以文宗潛藩改江陵為中興路），脫使者于厄以濟大事。』後一句就是讚揚住童為文宗效力的功勞。

《順帝紀》元統二年冬十月己卯，上皇太后尊號曰『贊天開聖仁壽徽懿昭宣皇太后』，即文宗後卜答失里。惟『昭宣』碑作『宣昭』。至元元年十二月乙丑，皇太后改秤太皇太后，尊號在原有十字後又加十字，但『昭宣』作『宣昭』，與《先塋碑》同，可校正『昭宣』之誤。

住童因得到大長公主信任，派遣他充當其女嫁往帝室的『媵臣』，即陪嫁人。從此張氏第四代『遂躋於朝』。據《元史》卷八八《百官志》，中政院『掌中宮財賦營造供給，並番衛之士，湯沐之邑』。中政院使就是文宗后中宮的主管。昭功萬戶都總使府，據《元史》卷八九《百官志》『至順二年立，凡文宗潛邸扈從之臣皆領於是府』。即文宗潛邸扈從的媵人千夫長。《順帝紀》元統元年十二月乙亥，『為皇太后置徽政院』，碑文開頭秤住童為『今徽政』，所謂『拜今命』，就是指改任主管皇太后私屬的徽政院使。

第五代男孫三人：邵閭，同知通政院事，兼群牧監卿，提調洪徽局事；次忻都，繕工司卿，太皇太后位下口慍怯薛官。全寧張氏已由弘吉剌部投下官員躋身為朝廷命官。據《元史·百官志》：通政院管理驛傳站赤，分置大都、上都兩院，同知通政院事是院使的副手，正三品。群牧監『掌中宮位下孳畜』，屬徽政院，仍以善牧養為文宗后服務。繕工司，正三品，天曆二年（一三二九）置，『掌人匠營造之事』。至順二年改屬新設的管領『文宗潛邸扈從之臣』的昭功萬戶都總使司。忻都擔任繕工司卿和太皇太后位下口慍怯薛官，始終是以文宗后的扈從為她的私屬官署服務。

《張氏先塋碑》詳細記敘了從元世祖至元順帝時期，張應瑞家族為元朝以及蒙古弘吉剌部首領盡忠效力之事。其中，對元朝皇帝與弘吉剌部聯姻，以及蒙古統治集團內部鬥爭的歷史有較多記載，有些內容可補《元史》之闕。張氏家族所效命的弘吉剌部，與成吉思汗家族乞顏部為世代姻親，據《元史·特薛禪傳》載：『弘吉剌氏生女世以為后；生男世尚公主。每歲四時孟月，聽讀所賜旨，世世不絕。』弘吉剌部首領，即成吉思汗的岳父，名特薛禪。其子名按陳那顏，按陳之子名斡陳，均世襲為弘吉剌部首領。斡陳死後，弘吉剌部首領之任，轉由斡陳之弟納陳繼承。

《張氏先塋碑》所記之事，由納陳主政時開始（碑中秤之為納臣那演）。納陳死後，其子斡羅臣繼之（碑文亦秤斡羅陳）。據碑文所敘，應瑞有子三人：住童、大都閭、全閭。住童甚得皇室器重，事見《住童先德碑》；大都閭任全寧路都總管府總管；全閭碑文未載其事，然據翁牛特旗文管所考察，在該旗山嘴子大新井上窯村發現一座元代磚室墓，墓存一碑，墓主人名醜閭，與全閭為同名異譯，均為蒙古語楚魯之意，據墓碑所記，醜閭官至全寧路都總管府總管，此人應為張應瑞第三子全閭。

應瑞有孫三人：邵閭、忻都、孛蘭奚。邵閭官至嘉議大夫、同知通政院事，兼群牧監卿，提調洪徽局事，忻都官至朝列大夫、繕工司卿、太皇太后位下口慍怯薛官；孛蘭奚本意是官府收留的流散人口和牧畜，為元朝負責收留人畜的官吏。

（二）《大元張公住童先德碑》研究

『大元同知徽政院事住童先德之碑』現已斷裂為二，倒置於《張氏先塋碑》之後。石碑為龜趺，大理石質，殘長三・五七米，寬一・五三米。碑額刻篆書，正面陰刻漢字楷書，共二十八行，每行六十八字。碑文已難辨認全貌，《翁牛特旗文物志》有早期抄件。

據碑文記載，住童碑立於元文宗至順四年，即公元一三三三年，比《張氏先塋碑》早二年，亦為奉旨所建。此時，住童尚健在，他是建碑的建議者。

碑文先羅列撰文者、書丹者和書篆者的官職姓名，他們是：馬祖常、巙巙、尚師簡，後二人前文已介紹過，馬祖常在《元史》卷一四三有傳。馬祖常（一二七九—一三三八），先世為汪古部人，為禮部尚書月合乃曾孫。祖常於延祐時科舉考試中，鄉貢、會試、廷試皆名列前茅，歷任監察御史、翰林待制、禮部尚書、御史中丞、樞密副使，工文章、能詩，曾預修《英宗實録》，有《石田文集》傳世。此文《石田集》失收，《全元文》第三二冊《馬祖常第七》，據《滿洲金石志》所録文輯出此碑。

碑文開頭說：『皇太后既全付有家於明宗皇帝之子』，這碑建於至順四年，三年八月、十一月，文宗和新立的寧宗相繼去世。皇太后因妥懽貼睦爾乃『明宗皇帝之世嫡』，遣使迎立，『以至順四年六月初八日即皇帝位於上都』（《元史》卷三八《順帝紀》）就是指碑文中這件事。『皇太后』指文宗後卜答失里，明宗子指順帝。前一段是皇太后對時任同知徽政院事住童說的話。『皇姑徽文懿福貞壽大長公主』指下嫁弘吉剌部諦瓦八剌之祥哥剌吉公主，卜答失里正是其女，故秤她為『先妣』。下文有缺字，『來嬪帝室』指卜答失里嫁給文宗，成為皇后，故秤『母儀天下』。下文『引者思』，與《元史》卷一二〇《術赤台傳》所見同，即《秘史》第四三頁之『引者』inje，第二〇八頁譯音為『媵者思』injes，乃蒙古語多數，皆旁譯『從嫁』。《元史》秤其群體為『媵戶』（《泰定帝紀》四年八月乙亥），秤住童之類人為『媵臣』（《文宗紀》至順元年八月壬申）。據本碑解釋：『猶言媵者也』。

碑文中的『先皇帝』指文宗，因他是皇后媵臣，『服事恭闈，願謹小心』。故封住童官中政使，覃恩追封他的祖、父。

順帝即位，住童改任同知徽政院事，故自秤『叨貳徽政』。由於他原來是弘吉剌部魯王諦瓦八剌的家臣，所以說『世出皇太后父母家』。皇太后思念父母，推恩於他的先人，因此住童向皇太后請求將先人的事蹟『刻之於碑』。建碑時間至順四年以下月、日皆殘泐，按《順帝紀》所記，應該在六月初八順帝即位後，十月戊辰改元元統元年以前。

張氏家族『籍雍吉剌部』，即弘吉剌部，《元史・特薛禪》載：『弘吉剌氏生女世以為後，生男世尚公主。每歲四時孟月，聽讀所賜旨，世世不絕。』故《碑》中說『與國家為世姻』，其地位僅『貴亞於國姓』，僅次於成吉思汗的黃金家族。

《元史・特薛禪傳》載：『至元七年（一二七〇），斡羅陳萬戶及其妃囊加真公主請於朝曰：「本藩所受農土，在上都東北三百里答兒海子，實本藩駐夏之地，可建城邑以居。』帝從之。遂名其城為應昌府。二十二年，改為應昌路。元貞元年（一二九五），濟寧王蠻子台亦尚囊加真公主，複與公主請於帝，以應昌路東七百里駐冬之地創建城邑，復從之。大德元年（一二九七），名其城為全寧路。』即《碑》中所說：『賞食分地曰全寧、曰應昌。』

『張氏居全寧者四世』就是籍隸弘吉剌部已有四代人，此前可能從外地擄掠而來，漢人住童父子得到部主親信，『備陪臣於異姓』，實屬罕見。再由『陪臣而列官天子之朝』，『享爵禄之崇』。當然與天曆間迎立文宗時，住童『脫使者於厄以濟大事』有關，這事經過見於《先塋碑》。

住童《元史》無傳，《文宗紀》天曆二年春正月丙子載：『皇后媵臣張住童等七人授集賢侍講學士等官』，與碑文中『一旦由陪臣而列官天子之朝，侍講集賢學士……』合。

住童『子三人：長部閭，僉□政院事。』缺字疑應作『徽』，即與其父同是『宿望舊勞，咸在其選』的徽政院官員。次子之名也殘缺，據《張氏先塋碑》名忻都，備宿衛，也是宮廷内親信侍從。

據《張氏先塋碑》所記：『住童謙抑廉謹，靜而寡言，及臨事，剖析曲當，大長公主器重之。』大長公主之女，《張氏先塋碑》中秤之『今贊天開聖仁壽徽懿宣昭皇太后，公主所出也』。這位皇太后也器重住童，曾授予住童虎符，任其為滕人千夫長等職（事見《張氏先塋碑》）。

『住童碑』指明了弘吉剌部在蒙古人中的地位，『與國家為世姻，貴亞於國姓』，是僅次於成吉思汗的黃金家族的顯要氏族。指出其封地一為全寧，另一為應昌（今内蒙古克什克騰旗達來諾爾湖畔，有元代弘吉剌部所建應昌府遺址）。住童《元史》無傳，《文宗紀》天曆二年春正月丙子載：『皇后媵臣張住童等七人授集賢侍講學士等官』，與碑文中云：『一旦由陪臣而列官天子之朝侍講□□學士』合。

《大元薊國公張氏先塋碑》記述其甚得弘吉剌部大長公主器重，文宗天曆年間（一三二八—一三二九），蒙古東部藩王連遼海之兵抗命，文宗遣使魯王通問，住童恐使者遇險，讓其從小路潛回京城。東路藩王知此事，將住童押至上都（故址在今錫林郭勒盟正藍旗），住童『至則以計獲免脫』，『先皇帝嘗嘉賞之』。文宗一朝時局動盪，帝位之爭造成骨肉相殘，弘吉剌部始終支持朝廷，從張氏墓地的碑文中，亦可窺見一二。

為明瞭張氏家族與弘吉剌部的關係，有必要對弘吉剌部的地位及其封地、王府管理等問題加以探討，從而知悉當時的具體情況。

如前所述，弘吉剌部與成吉思汗家族的乞顔部為世代姻親，成吉思汗（鐵木真）之父也速該秤弘吉剌部長特薛禪為親家。少年時代的鐵木真即與特薛禪之女孛兒帖訂了親，數年之後即迎娶之。弘吉剌又秤雍吉剌，是蒙古迭兒列斤部一支，遼金時期，散居於額爾古納河、呼倫湖、貝爾湖以東，原駐牧地與漢地相距很遠。一二一三年，蒙古軍包圍金中都後，其右手軍由成吉思汗之弟哈撒兒、弘吉剌部按陳那顔（即特薛禪之子，《元史》載：『按陳從太祖征伐凡三十二戰，平西夏、斷潼關道，取回紇尋思幹城，皆與有功』）率領，東進至海，經遼西各地北返，招降了今内蒙古東部廣大地區的民眾。

一二一四年，成吉思汗將新附的東部地區進行分封，弘吉剌部原有的駐牧地被封給哈撒兒和斡赤斤，弘吉剌部則遷往漠南方面。按陳那顔分得可木兒溫都兒（今河北省圍場縣北蝦蟆兒嶺）、荅兒腦兒（今赤峰市克什克騰旗達來諾爾）。按陳之弟冊分得阿剌忽馬乞（約今錫林郭勒盟西烏珠穆沁旗）以東；按陳弟火忽分得哈老溫（今大興安嶺）以東，塗河（今老哈河）、潢河（今西拉木倫河）之間，以及火兒赤納（今烏爾吉木倫）、慶州（今赤峰市巴林右旗西北）；按陳之子唆魯火都分得絡馬河（今陰河）至於赤山（今赤峰市紅山）以南等地。這次由成吉思汗重新劃分的牧地，使弘吉剌部南移，與中原的北部地方相接，其統轄區域幾乎包括了今赤峰市全境，還包括今錫林郭勒盟、通遼市和河北省北部地方。為隆重表彰按陳那顏的軍功，成吉思汗二十二年（一二二七），賜其號為『國舅按陳那顏』。元太宗四年（一二三二）又封其為河西王；八年按陳由千戶長升為萬戶長。

太宗九年，按陳萬戶死，其子斡陳繼之，次年襲封萬戶長，尚睿宗（托雷）之女速不花公主。斡陳死，其弟納陳（即張氏碑所記之納臣那演）繼之，憲宗七年（一二五七）襲封萬戶，『奉旨伐宋，攻釣魚山，又從世祖南涉淮甸，下大清口，獲船百餘艘，又率兵平山東濟、兖、單等州』。此後，山東濟、兖、單三州（含曲阜、鄆城、泗水等地共十六縣）於成宗元貞二年（一二九六）悉數被賜與弘吉剌部（該部首領被封『魯王』即源於此）。

納陳死後，其子斡羅臣繼之；先尚完澤公主，完澤死，又尚囊加真公主。據《元史·特薛禪傳》所記，囊加真公主為元世祖之女，她於至元七年（一二七〇）與駙馬都尉斡羅臣上書世祖：『本藩所受農土在上都東北三百里荅兒海子（即達來諾爾），實本藩駐夏之地，可建城邑以居。』帝從之。是年，建城之役興，建成後被賜名『應昌府』。

至元二十二年（一二八五），應昌府升為路，設達魯花赤、總管府等職，還設有王傅府，專門管理封地內的各項事務，張應瑞即是弘吉剌部王傅府的首任王傅。王傅府下的官署機構總計為四十餘個，擁有大小官員七百餘人。《元史》儘管被後人指責為記事過於簡略，但在《元史·特薛禪傳》中，卻詳細記載了弘吉剌部王傅府的機構和人員狀況，其中包括管領錢糧稅收的錢糧都總管府，管理不屬於國家戶籍人口的怯憐口都總管府，以及管理人匠、鷹坊、軍民、營田、稻田、煙粉的官署等等，這為我們研究元代宗王的經濟提供了詳細的史料，從中也可以推測出張應瑞本人及其家族成員，在弘吉剌部所佔有的重要地位。應昌路古城遺址，是研究弘吉剌部在草原地區活動的重要實物。

張應瑞家族世代所居的全寧城，也是弘吉剌部的分地。據《元史·特薛禪傳》所記，斡羅臣死後，其弟濟寧王蠻子台依蒙古舊俗尚囊加真公主，二人於成宗元貞元年（一二九五）上書朝廷，請以應昌路東七百里駐冬之地並建城邑，成宗『復從之。大德元年，名其城為全寧路』。據《元史，諸王表》，蠻子台任弘吉剌部長時，被封為『魯王』，但未記受封時間。記録有準確封王時間的，則有按陳之孫凋阿不剌（『張氏先塋碑』中寫作諦瓦八剌）於成宗大德十一年（一三〇七）被封魯王。凋阿不剌之子阿里嘉實利，於武宗至大四年（一三一一）襲封。凋阿不剌之弟桑哥不剌，於順帝元統二年（一三三四）由鄆安王進封魯王；馬某沙約在順帝至正十四年（一三五四）之前，就已封為魯王。《張氏先塋碑》所立的時間是元順帝正統三年（一三三五），其內容包括未封魯王之前弘吉剌部首領納陳和斡羅臣的歷史，以及至少四位魯王在位時的歷史線索，這對於研究元代皇親關係史是重要的歷史資料。

附録：魯王家譜（第一代至第六代）考

第一代：特薛禪；

第二代：（一）特薛禪之子按陳那顔（妻哈真）。（二）按陳之弟冊。（三）按陳之弟火忽；

第三代：（一）按陳之子斡陳（尚睿宗女也速不花公主）。（二）按陳次子必哥。（三）按陳之子唆兒火都。（四）斡陳之弟納陳；

第四代：（一）納陳之子哈海。（二）納陳之子脱歡。（三）納陳之子斡羅陳（尚完澤公主；完澤公主薨，繼尚囊加真公主。無子）。（四）斡羅陳之弟帖木兒＝按答兒禿那顔。（五）帖木兒之弟蠻子台（尚囊加真公主，公主薨，繼尚裕宗女喃哥不剌公主）；

第五代：（一）帖木兒之長子雕阿不剌（尚祥哥剌吉公主）。（二）帖木兒之次子桑哥不剌＝魯王雕阿不剌之弟、阿里嘉室利之叔（尚普納公主＝封鄆安大長公主）；

第六代：雕阿不剌之嫡子阿里嘉室利（尚朵兒祇班公主）。

四 《大元敕賜故諸色人匠府達魯花赤竹公神道碑銘》

（一）《大元敕賜故諸色人匠府達魯花赤竹公神道碑銘》簡介

此碑額篆書『大元敕賜故諸色人匠府達魯花赤竹公神道碑銘』，碑高四六七釐米，寬一五一釐米，二十七行，行七十字，正書（圖一一一—一四）。最早收入乾隆欽定《熱河志》；錢大昕參預修《熱河志》，亦得碑拓；《承德府志》、《畿輔通志》皆有收録。

《翁牛特旗志》（內蒙古人民出版社，一九九三年）第七二六頁，記載了此碑在民間輾轉的情況：『民國十年（一九二一），烏丹城河南營子居民李彬家南牆外發現元代魯國達魯花赤竹溫台墓碑。據李氏談：『此碑係民國八年由南方五里之南梁子運來，埋入烏蘭板附近農田，農民耕地時發現。挖掘現場發現龜形碑座一部，其北部有一土丘，頗似古墓。土丘附近二十步左右，地表有古磚瓦碎片。』其後，翁牛特旗文物館多次去石碑出土地考察，發現石碑及龜座已經不存。值得慶幸的是，在業師周清澍先生的指導下，我們在昭和十二年四月（一九三七），由日本善鄰協會發行的《蒙古學》第壹冊中查到了日本學者田村實造的論文《探索烏丹城附近的元碑》，並附録竹溫台神道碑碑陰蒙古文銘文之拓本，碑臥於野之照片；以及一九五一年哈佛大學學報刊載之竹溫台碑拓本，這兩篇文獻所收録的照片、拓本均十分珍貴，特擇要轉録於本書，以供學者研究參考。

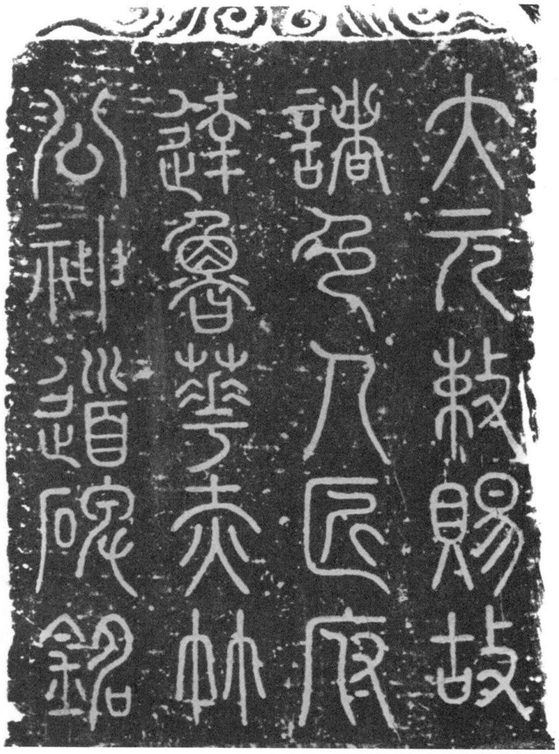

圖一一　《大元敕賜故諸色人匠府達魯花赤竹公神道碑銘》碑額拓片

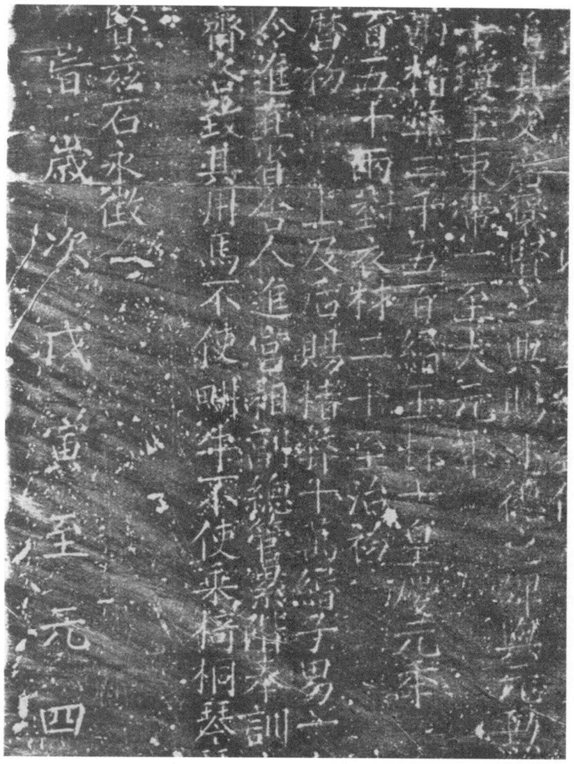

圖一二　《大元敕賜故諸色人匠府達魯花赤竹公神道碑銘》拓片（局部）

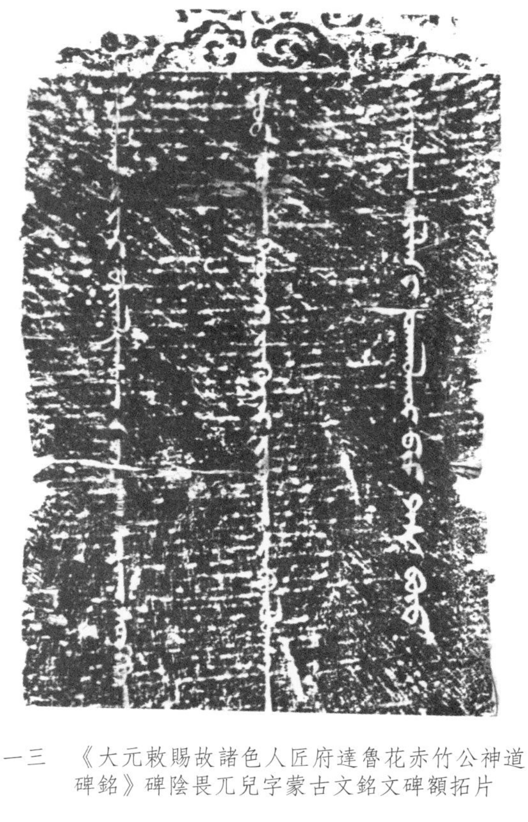

圖一三　《大元敕賜故諸色人匠府達魯花赤竹公神道碑銘》碑陰畏兀兒字蒙古文銘文碑額拓片

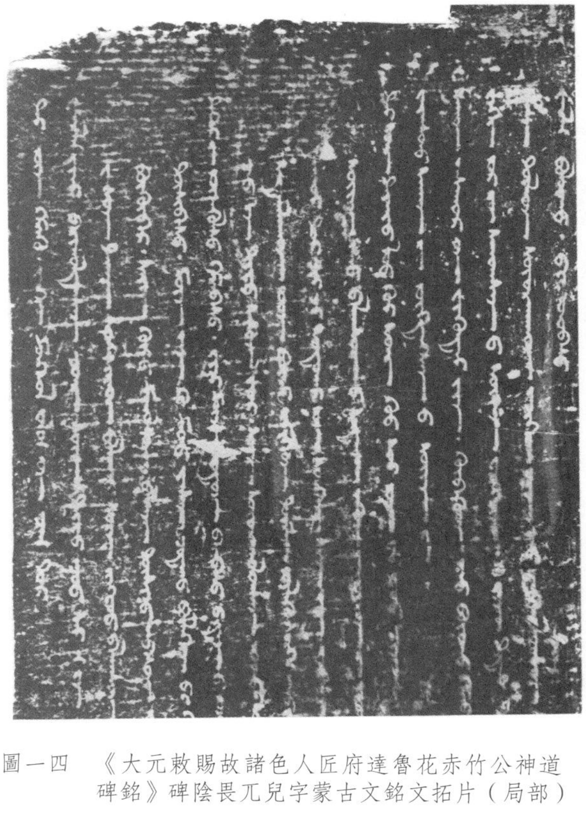

圖一四　《大元敕賜故諸色人匠府達魯花赤竹公神道碑銘》碑陰畏兀兒字蒙古文銘文拓片（局部）

（二）《大元敕賜故諸色人匠府達魯花赤竹公神道碑銘》碑銘考釋

《竹溫台碑》刻於元順帝至元四年（一三三八），碑額為『大元敕賜故諸色人匠府達魯花赤竹公神道碑銘』，碑文如下：

第一行：大元敕賜故中順大夫諸色人匠都總管府達魯花赤竹君之碑

第二行：翰林待制奉議大夫兼國史院編修官　臣　揭傒斯　奉　敕撰

第三行：奎章閣大學士資善大夫知經筵事　臣巎巎奉　敕書

第四行：奎章閣侍書學士中奉大夫同知經筵事　臣　尚師簡　奉　敕篆額

第五行：國族有諱竹溫臺者，為

第六行：魯國大長公主媵臣，事魯王淳不剌，甚愛幸，遂冒

第七行：魯王族雍吉剌氏，家全寧，今為全寧人。父曰野旂，有德行，舉其部以父事之。公善牧養，畜馬牛羊累鉅萬。既擇其地，必謹其人，其順之若隨，其視之若遺，而不亂其指麾，以畜以孳

第八行：而已若不知，而賞罰是宜。常曰：『使吾得其民治之，亦猶是也。』及事　魯王，魯王以其才可大用，一府中亦交稱其賢，數欲獻之

第九行：上。復念府中去是人，緩急無可使者，遂奏為管領隨路打捕鷹房諸色人匠等户錢糧都總管府副達魯花赤，與階朝列大夫，尋進中順大夫，以為達魯花赤。居府中十餘年，貨無悖

第十行：入，亦無濫出，歲節財用五十餘萬緡。公室以富，民生以遂，猶恨不能盡其才。至治三年三月十日，年四十二，卒於京師之仁壽里。府中如失其弟兄，境內之民如失其父母。

第十一行：后□日葬城西南五里歡喜嶺之麓。

第十二行：今太皇太后，魯國大長公主之女也。其歸

第十三行：文宗，文宗問：『竹溫臺有后否？』曰：『有，有子曰撒而吉思鑑，今若幹年矣。』遂求以充媵臣。以其父賢，必有賢子也。及即位，置宮相都總管府，以為副總管，入宿衛。

第十四行：今皇帝尤愛之，詔樹碑其父之墓，以旌其賢，以勸於後，而以文命臣傒斯。臣竊惟我

第十五行：朝以仁愛立心，以廣大制國，故能臣天下，號令八方。凡在國人，出一言，施一政，不待問學，亦動與古聖賢合，天運之所在如此。

若公平生尚義而好施，饑而待其食，寒而待其衣，長

第十六行：而待其婚嫁，沒而待其喪葬者，誠不知其幾。以公之志，復假之年，使得守封疆，立廊廟，當何如也？而竟止此！然夫人阿答而氏，

以盛年而失其所天，能玉雪自守，以保其節；子撒而

第十七行：吉思鑑，以弱齡而失其所怙，能奮勵自克，以善其繼，致使

第十八行：天子賢其父以及其子，因其子以追其父，廣褒賢之典，賜述德之碑，與元勳世臣等，不亦盛哉！冣公平生所被錫賚：大德三年

第十九行：裕聖太后賜白金為兩二百有五十、瓊玉束帶一；至大元年，

第二十行：武宗賜大珠首飾一副、白金五十兩、楮幣二千五百緡、玉杯一；皇慶元年，魯國大長公主割賜濟寧堯河分地五十頃及金玉器各一，

上及后賜楮幣二千五百緡，對衣材廿，

第二十一行：元聖太后賜黃金五十兩、白金二百五十兩、對衣材二十；至治初，

第二十二行：英宗賜楮幣五萬緡、對衣材十；天曆初，　上及后賜楮幣十萬緡。子男一人，撒而吉思鑒，受知

第二十三行：文宗，特授奉宸庫提點，曆尚功署令，進直省舍人，進宮相副總管，累階奉訓大夫。

第二十四行：天地至大，萬物至眾，生之不齊，各致其用。馬不使畊，牛不使乘，椅桐琴瑟，松柏棟楹。用大而小，君子之悄，用小而大，君子之戒。

公如騏驥，不隨駑駘，公如松柏，施之桷榱。以屈知己，

第二十五行：以就任使，而誰為之，豈曰

第二十六行：天子。生不盡用，沒有餘榮，子孝孫賢，茲石永征。

第二十七行：旨歲次戊寅，至元四年五月吉日建

（三）《大元敕賜故諸色人匠府達魯花赤竹公神道碑銘》考證

碑文首題『大元敕賜故中順大夫諸色人匠都總管府達魯花赤竹君之碑』。接著列署奉敕撰、書、篆額人官職姓名，分別是：翰林待制、奉議大夫兼國史院編修官揭傒斯，奎章閣大學士、資善大夫、知經筵事巎巎，奎章閣侍書學士、中奉大夫、同知經筵事尚師簡。

揭傒斯（一二七四—一三四四）《元史》卷一八一有傳，通行《四部叢刊》本和上海古籍出版社一九八五年標校本皆失收此碑，《全元文》二八

冊篇五一一—五一二據《滿洲金石志》輯出此碑。

張氏《先德碑》和《先塋碑》皆巙巙所書，尚師簡則為《先德碑》篆額，並與張起岩為《先塋碑》合撰碑文，生平事蹟前已介紹。

碑文開首說：竹溫台是『國族』，即蒙古人，以媵臣隨魯國大長公主下嫁，事魯王淳不剌，遂改以魯王族雍吉剌氏為姓，『今為全寧人』。張住童以文宗皇后卜答失里的媵臣隨嫁文宗，竹溫台則是隨公主祥哥剌吉陪嫁到弘吉剌部，由此可見蒙元時期陪嫁人臣習俗之盛行。其二，家臣、奴僕進入某部某氏族後，即承認是主人部落或氏族中人，從此也可看出以血緣為紐帶的古老氏族已解體。

《碑》中說：竹溫台是魯王私屬牧群的總管，『善牧養』部內牲畜：『既擇其地，必謹其人』，『畜馬牛羊累鉅萬』。說明弘吉剌部南遷漠南後，地理條件較前優越，牧畜得到很大的發展。《元史·特薛禪傳》：『弘吉剌之分邑，得任其陪臣為達魯花赤』；『其應昌、全寧等路則自達魯花赤、總管以下諸官屬，皆得專任其陪臣』。在王傅府之下，群屬有管理錢糧、人匠、鷹房等官員，『以署計者四十餘』。竹溫台出任管領隨路打捕鷹房、諸色人匠等戶、錢糧都總管府副達魯花赤，再升達魯花赤，皆由投下領主奏請任命，不必由朝廷官員中任命，即所謂『王人不與』。同時還賜給竹溫台朝廷品階朝列大夫，不久升中順大夫。至此，竹溫台由陪臣升為弘吉剌部極有實權的高層人物，其管理財政的才幹得以充分顯示。

碑文所稱『今太皇太后』就是文宗皇后卜答失里，相繼立寧宗、順帝，被尊為皇太后。後至元元年（一三三五），又尊為太皇太后，此碑立於後至元四年（一三三八），故秤太皇太后。由於她是魯國大長公主祥哥剌吉之女，早先從弘吉剌部嫁給文宗時，竹溫台之子撒而吉思鑒充當媵臣陪嫁，文宗至順二年（一三三一）三月，置宮相都總管府，任命撒而吉思鑒為副總管，入宮任宿衛。由於宮相府是主管皇帝私人事務的機構，所以命右丞相燕鐵木兒總制宮相都總管府事，知樞密院事也不倫、平章政事伯撒里俱以本官兼宮相都總管府都達魯花赤。

『今皇帝』指元順帝，至元四年（一三三八），下詔為撒而吉思鑒其父竹溫台墓樹碑，使之『與元勳世臣等』。『元勳世臣』在反面畏兀兒字蒙古文作 öt gü bo γ od。拉施特《史集》提到一個秤為 үтэгү-богол 的蒙古部，『他們都是成吉思汗祖先的奴隸和奴隸的後裔』。前蘇聯符拉基米爾佐夫院士著《蒙古社會制度》，將這個詞構擬為 Unagan bo ol- 古老的奴隸，並將這種人作為當時的社會制度專章討論，他的理論在蒙古史學界產生深遠的影響，並引起爭論。《竹溫台碑》『元勳世臣』以相對應的 Otogü 出現，解決這個詞蒙古語的正確讀法和元朝在漢語中對應的意義。Otogü《元朝秘史》第一八九頁譯音『斡脫古』，旁譯『老』；第七八、一二五、一二七、一三〇、一六〇、一七八頁累次以多數形式『斡脫古思』Otogüs 出現，旁譯『老的每』。第一三七、一八〇、二〇〇、二一一頁皆有 bo γ ol, 譯音『孛斡勒』，旁譯『奴婢』。

魯國大長公主，據《元史》卷一一〇《公主表》，共有六位，《竹溫台碑》曰：『今太皇太后，魯國大長公主之女也。』被順帝尊為太皇太后者，乃元文宗皇后卜答失里，其母即《住童碑》中皇太后所秤『先妣皇姑徽文懿福貞壽大長公主』。《先塋碑》並說她是『武宗皇帝妹』嫁魯王『諦瓦八剌」，所載徽號同。《元史·諸公主表·魯國公主位》載其名祥哥剌吉，徽號『貞壽』誤作『真壽』。諱瓦八剌本碑作『淳不剌』，《元史·諸公主表》作凋阿不剌。

魯王淳不剌，即《元史·公主表》所記的魯王凋阿不剌。《元史》卷一一八《特薛禪傳》，『大德十一年三月，按答兒長子凋阿不剌襲萬戶，尚祥哥剌吉公主。六月，封大長公主，賜凋阿不剌金印，加封魯王』。是年，竹溫台為二十六歲。

全寧路遺址位於今赤峰市翁牛特旗烏丹鎮西門外，為正方形，邊長一公里，為弘吉剌部駐冬之地，元貞元年（一二九五）建城，大德元年（一二九七）升全寧州為全寧府，大德七年升全寧府為全寧路。

竹溫台在世期間，曾多次得到元帝、後及魯國大長公主的重賞，碑文中均加以詳細記敘。通過這些賞賜明細，可以看到元朝厚賞之風盛行，以及因厚賞等原因造成紙幣逐步貶值的情況。

竹溫台（一二八一—一三二三），雖在《元史》無載，但他在蒙古弘吉剌部卓有成效的建樹仍然令人欽佩，而且他的才能與成就也是多方面的。通過對竹溫台碑的研究，可以進一步加深對於弘吉剌部所轄應昌、全寧兩路政治、經濟情況的瞭解。對於元朝北方草原地區經濟發展情況的研憲，它也是一份很有價值的文獻資料。

元朝時期，貴為皇親國戚的弘吉剌部除了享有其駐牧地應昌、全寧二路的全部收入外，還享有其食邑地（投下州縣）所納的差科。其投下州縣據《元史·特薛禪傳》所記，包括有濟寧路及濟、兗、單三州十六縣，汀州路長汀、上杭等六縣，水準路灤州、盧龍等六縣，還有至大二年（一三〇九）所賜平江稻田一千五百頃，以及濟寧路三万戶和汀州路四萬戶。這七萬戶所納差科『絲以斤計者歲二千二百有奇，鈔以錠（五十兩銀）計者歲一千六百有奇』。以上這些收入，最後要集中到魯王府，必須有得力人員經管，同時，弘吉剌部公主、駙馬，以及龐大的官府和官員人等開支，賞賜、貿易、手工業、牧業、農業（應昌路為全國一百二十處屯田所之一），也需由得力人員經管。在元代應昌、全寧兩路的民戶約二十萬左右，由於其是弘吉剌部的藩府屬地，又位於連接漠南漠北的要地，自然條件優越，農牧並舉，所以頗為繁榮。元代文人胡祖廣秤其『置官署，開蒼陌，立社稷、府庫、宮殿，大其制度，人民日眾，車馬舍第，填俘溢廊，兩路相去七百餘里，冬夏以避寒暑，在京師猶為傑觀』。如此盛景，沒有很好的經營管理是難以想象的。據《竹溫台碑》所載，其『居府中十餘年，財貨無悖入，亦無濫出，歲節財用五十餘萬緡。公室以富，民生以遂』，儘管取得如此業績，但才智甚高的竹溫台仍感不足，『猶恨不能盡其才』。元英宗至治三年（一三二三），竹溫台逝世，享年四十二歲。竹溫台死後，被葬於全寧城西南五里的歡喜嶺，即今翁牛特旗烏丹鎮西南的大西山。

《元史》卷八八《百官志》：『管領隨路打捕鷹房民匠等戶總管府，秩正三品，達魯花赤一員，總管一員……掌錢糧造作之事，大德三年（一三〇五）

始置。』按元朝為加強對各投下的控制，在各投下領地內設置與全國行政系統相應的統治機構，應昌、全寧均設置達魯花赤、總管，以及管領隨路打捕鷹房民匠等戶總管府等官職、官署。竹溫台即是魯王府中副達魯花赤（後升為達魯花赤），並不是主掌元朝的錢糧造作之事的。

據《元史·地理志》所記，應昌、全寧兩路由於自然條件優越，多民族雜處其間，農牧並舉，加之管理有方，所以在元朝草原地區是比較繁榮的。弘吉剌部地處漠南，是元代『漠南五投下』之一，優越的政治地位和農牧皆宜的自然環境，弘吉剌部上層人士善於用人的政策，加之以張應瑞家族為代表的漢族上層人士的忠心輔弼，促成了該部的繁榮。這也是為何在元朝被推翻，應昌府成為北元的臨時首都，並且有能力與明朝抗衡數年的重要原因。

（四）《大元敕賜故諸色人匠府達魯花赤竹公神道碑銘》畏兀兒字蒙古文碑文相關問題研究

張雙福研究員指出，《竹溫台碑》畏兀兒字蒙古文碑文共計三十七行，內容與漢文內容基本相同，但也有一些不同之處。

碑文蒙古文內容在漢文內容中沒有或有所不同點：

第一，此碑由大都路都總管府咬住奉敕從漢文譯成畏兀兒字體蒙古文，並書寫蒙古文篆額。大都路總管府至元二十一年（一二八四）夏四月始立，秩從三品咬住可能曾任大都路蒙古必闍赤一職。

第二，立碑時間更具體。漢文祇道：『歲次戊寅至元四年五月吉日建』，蒙古文道：『至元四年歲次戊寅五月二十一日立石』。

第三，漢文碑文中無，而蒙古文碑文內容多出一句。漢文祇道：竹溫台『子男一人，撒而吉思鑑，受知文宗，特授奉宸庫提點，曆尚功署令，進直省舍人，進宮相副總管，累階奉訓大夫。』蒙古文道：『子男一人，名曰撒而吉思鑑，現任宮相府副總管；侄子一人，名曰趙河生（人名，音譯）。』köbegün nigen sargesgiab neretü. edöge gung-siang-vuu-yin vu zunggon buyu. a i köbegün nigen aw qošang neretü a u γu.

第四，魯王弴阿不剌，漢文碑文中書作『魯王弴不剌』，該碑蒙古文中正字正讀比較準確，書為『div-a-bala』，在《張氏先塋碑》中書為『divobala』。梵文借詞，正確讀音為『deva-paala』，詞義為『天的守護者』。需要指出的是，柯立夫（F.W.Cleaves）、李蓋提（L.Ligeti）等一些學者都讀作『diwubala』。《元史》卷一〇九《表第四·諸公主表》魯國公主位下記道：『魯國徽文懿福真壽大長公主祥哥剌吉，順宗女，適帖木兒子弴阿不剌』（張雙福注：『弴』字，在《元史》原文引文處寫作『弓』旁『周』字）。據《元史》卷一一八《特薛禪傳》：大德十一年（一三〇七）三月，按答兒禿長子弴阿不剌襲萬戶，尚祥哥剌吉公主，六月，封大長公主，賜弴阿不剌金印，加封魯王。至大二年（一三〇九），賜平江稻田一千五百頃。皇慶間（一三一二—一三一三），加封皇姊大長公主。天曆間（一三二八—一三三〇），加號皇姑徽文懿福貞壽大長公主。至大三年（一三一〇），弴阿不剌薨，葬末懷禿。

魯國大長公主領地永平路（治今河北盧龍）。文宗圖帖木兒時，加號『皇姑徽文懿福真壽大長公主』，至順二年（一三三一）卒。漢文碑文中未記名諱，祇謂『魯國大長公主』；而該碑蒙古文明確提到名諱『祥哥阿噶』（sengge a γ-a）或『祥哥剌吉阿噶』（senggeragi a γ_a）。

碑文中需要解釋的部分衙門、人名、職官名：

第一，管領隨路打捕鷹房諸色人匠等戶錢糧都總管府副達魯花赤

魯王弴不剌推薦竹溫台曾為：管領隨路打捕鷹房諸色人匠等戶錢糧都總管府副達魯花赤、朝列大夫，尋進中順大夫，又為達魯花赤。《元史·百官志》記載：『隨路諸色民匠打捕鷹房等戶都總管府，秩從三品。達魯花赤一員，總管一員，同知一員，經歷一員，知事一員，提控案牘兼照磨一員，令史六人，譯史一人，知印通事一人，奏差二人，掌別吉大營盤事及管領大都路打捕鷹房等戶。至元三十年置。延祐四年，升正三品。』

第二，有關冊封皇后、太后名號考釋。

今太皇太后：文宗之皇后卜荅失里，弘吉烈氏。魯國大長公主桑哥吉剌之女也。天曆元年立為皇后，二年授冊寶；至順三年尊為皇太后，臨朝稱制。元統元年又尊為太皇太后，仍稱制。至元六年黜太皇太后之號，徙東安州，卒於徙所。

裕聖太后：裕宗真金之妃伯藍也怯赤，弘吉烈氏。顯宗甘麻剌與順宗荅剌麻八剌之生母。成宗鐵穆耳即位後，於至元三十一年尊為皇太后。大德四年崩。謚徽仁裕聖太后。

元聖太后：順宗荅剌麻八剌之妃荅吉，弘吉烈氏。大德十一年尊為皇太后，延祐二年上尊號曰：儀天興聖慈仁明懿壽元合德泰寧福慶皇太后；延祐七年又尊曰：太皇太后，加徽文崇祐尊號；至治三年崩。謚昭獻元聖皇太后。

第三，參加製作碑銘的人員簡介。

其一，揭傒斯：翰林待制、奉議大夫、兼國史院編修官，，奉敕撰碑文者。《元史》有傳。順帝朝，詔修遼、金、宋三史，傒斯與為總裁官。《遼史》成，有旨獎諭，仍督早成金、宋二史。傒斯留宿史館，朝夕不敢休，因得寒疾，七日卒。謚曰文安。

其二巎巎：奎章閣大學士、資善大夫、知經筵事，奉敕書碑文者。巎巎，字子山，康里氏。父不忽木。巎巎善真行草書，識者謂得晉人筆意，單牘片紙，人爭寶之，不翅金玉。謚文忠。

其三，尚師簡：奎章閣侍書學士、中奉大夫、同知經筵，事奉敕篆額者。尚師簡乃保定人尚野之幼子。尚師簡有一長兄，名尚師易，曾任蘄州路總管府判官。

（五）《大元敕賜故諸色人匠府達魯花赤竹公神道碑銘》畏兀兒字蒙古文碑銘的拉丁文轉寫

ǰigüntei-yin yabuɣuldaɣsan sayin üiles-i uqaɣulqui biy taš-un bičig ǰrlɣ-iyar bayiɣuldaɣsan z-in sang zunggon vuu-yin daruɣači ǰigüntei-yin yabuɣuldaɣsan sayin üiles-i uqaɣulqui biy taš buyu

第一行∴ day-ön kemekü yeke mongɣol ulus-un čaɣ-tur

第二行∵ ǰrlɣ-iyar bayiɣuldaɣsan ǰung-šün day-vu ǰuu-šay z-in siang duu zunggon vuu-yin daruɣači ǰigüntei-yin biy taš buyu. ǰigüntei kemebesü huǰaɣur seng-ge aɣ-a-da inǰes bolu[n] ögteǰü luu qari-dur kürbesü divubal-a ong imeyi masi dotonalun asaraquibar anu

第三行∵ yasun-daɣan qungɣirad bolɣaǰu sön-ningvuu balɣasun-dur saɣulɣaɣsan aǰuɣu. ečige inü eǰen neretü. aɣali aburi yabudal anu sayin-u tula-da olan qari-yin irgen imayi ečige me[tü] kündülen aǰuɣu. ǰigüntei bürün morid hüked qonid aduɣun-a ǰeber

第四行∵ büküiber. sayin kümü manaɣulsun bolɣan tüsiǰü ebesün usun daɣan aduɣun-i belčigeǰü ese-ber ǰoɣsaɣulbasu ende tende ülü butaran kedün tümed-te kürtele öskegülügsen aǰuɣu. [ad]uɣun-i eyin ǰoqis-iyar öskegülür-ün mün nasu büri ügüler-ün namayi irgen medegülün

第五行∵ tüsibesü. mün ene metü ǰasan čidaqu bülege bi kemen aǰuɣu. anu ordo dotor-a bürün imayi sayisiɣan maɣtaɣdaǰu erdem-tü büküi-yin tula. divobala ong imayi yeke ü[il]e qadaɣalan čidamu-ǰ-e kemen nasuda.

第六行∵ deger-e üǰegülsü kemebesü. ǰiči mün odun barabasu bidan-u ordo dotor-a yambar-ba üile bolbasu. ǰaruɣdaqu keregtü kümün ügei bolǰuɣu kemen öčiǰü bürün. imayi gon-ling sui-luu dabu [y]ing-[v]ang ǰuu-šai z-in-siang ding-qu sian-liang duu zunggon vuu-yin vu daruɣači bolɣaɣad

第七行∵ čaw-lie day-vu siangon-iyar sön soyurqaɣuluɣsan aǰuɣu. qoyina basa iɣduriɣulǰu ǰungšün day-vu siangon-iyar mün zunggon vuu-yin daruɣači bolɣan. sön ögkegülǰügü. Teyin yabuɣad harb[a]n hülegü od bolǰu qadaɣalaɣsan ed sang-un oraqu ɣarqu üile-yi ǰoqis-iyar bolɣan

第八行∵ qadaralaɣad hod büri niǰiged tümen hülegü sükes arbidqan hülegülen. anu ordo-dur kereglekü ed sükes-i tögetele güičegen bögetele irgen-i-ber ülü alǰiyaɣulun aǰuɣu. teyin-ber bö[ges]ü. divobala ong erdem uqaɣan inu daɣustala ǰaruɣdaqu üile ügei kemen nasu qairalan

第九行∵ aqui-dur ǰii-ǰi ɣutuɣar hon ɣurban sara-yin harban sine-de döčin qoyar nasun-daɣan day-du balɣasun-dur ǰöb ese bolǰuɣu. anu ordo dotor-a aq-a degüyügen aldaɣsan metü med[el]-ün irgen inu ečige eke-yügen kegüdeglečegsen sitü emgenin aǰuɣu.kedün üdür-ün

第十行∵ qoyina anu balɣasan-u ɣadana emün-e ümer-e ǰüg qon-si-ling dabaɣan-u uɣ-tur bayuɣsan aǰuɣu. edögeki

第十一行∶ tay-qong tay-qiu luu-göi γong-guu qui-wun yi vuu-ǰin šiu day-ǰang gungǰu sengge aγ-a-yin ökin buyu. türün

第十二行∶ ǰayaγatai qaγan-a ögtegsen-ü qoyin-a

第十三行∶ qaγan asaγuru-n ǰigüntei-yin köbegüd inu buyuγu kemebesü sargesgab neretü köbegün bui kemegdeǰü ečige inu sečen sayin bülege. köbegün-ber inu sečen sayin-gü buyu-ǰ-e kemen in[ǰe]s bolγan γuyuǰu abču kesig medegülüged.

第十四行∶ yeke or-a saγuγsan-u qyin-a vungčin-ku-yin tidiem tüsigsen nögögedte šang-gung šu-ling. qoyina ǰišing šešin. edöge gung-siang-vuu-yin vu-zunggon bolγan vunghün day[v]u sangon-iyar sön soyurqaǰu ögčügü. edöge.

第十五行∶ qaγan düled soyurqaγad ečige-yin inu yabuγuluγsan sayid üiles-i olan-i daγuriyaγulun kegür-tür inu biy taš bayiγultuγai biy taš-un bičig. bi ge hiosi-yi ǰoqiyatuγai kemen

第十六行∶ ǰrlγ bolǰuγu. bi onubasu

第十七行∶ suu-tan degedüs nigüleskǖi [örö]siyekǖi sedkil-iyer ulus-iyan aγuy-a dölegen-e bariγsan-u tula olan qari-yi oraγuluγad nigedkekü siltaγan ene-gü bui-ǰ-e. edögeki mongγol irgen bičig erdem es-e-ber surbasu nigeken üge ügülekü tutum üile üi[l]edükü tutum erten-ü sečed sayid[-un]

第十八行∶ üile-dür toqiyaldun neyilemü. siltaγan inu yaγun kemebesü tngry-yin ǰayaγabar. törögsen-gü bui-ǰ-e ǰigüntei bürün. sayid üiles-i taγalaǰu üiled-ügči bögetele ögiyemür aγsan aǰuγu. öl[ös]küleng-dür budaγan daγaraγsan-dur degel qubčasun [nasu]n-dur kürügsed-te beri ba[γulqui]

第十九行∶ öki be γarγaqui-dur neme[ge]sün ükügsed-te yasun bariqu küčün nemeǰü ögün aǰuγu. hon büri eyimü üiles kedün-te be bütegen aǰuγu. ǰigüntei-yin ene metü sayin ǰoriγ-tur inu [a]dali. imayi ker-ber tngry nigülesigeǰü nasun urtu bolγaγad üǰügür qiǰaγar[-un üile]

第二十行∶ qadaγalaγulun es-e bögesü šing. tai-yin yeke üile qadaγala- γuluγsan bögesü. hülegü bolqu bülege. ker maγ-a edüiber qočorčuγu. qairan tai gergei inu adar neretei nasun ǰalaγu-duriyan ere-yügen ǰöb es-e bolbasu. önöčin köbegün-iyen manduγulǰu asaraγad

第二十一行∶ čing ǰoriγ …… beyeben ariγun-a saqiǰu saγun aǰiγai. köbegün inu-ber nilq-a büküi-degen ečige-yügen keγudeglečeǰü önöčin qočorbasu. kičigen. amaraγulaγsabar ečige-yin ǰal[γamǰi abu]n čidaǰuγu. ečige-če inu ulam sargesgab

第二十二行∶ degedüs-e ene metü …… soyurqaγdaγad imadača ulam basa süitügsen ečige-yin inu urida yabuγuluγsan sayid üiles-i geyigülün

第二十三行∶ degedüs-e soyurqaγdaǰu biy taš bayiγulǰu ögtekü inu ötögü boγod-un uruγ-ača hülegü hülegü bui. ǰigüntei

第二十四行∶ degedüs-e ǰüg-iyer belgetey-e küčü ögügsen-ü tula soyurqaǰu ögtegsen ed sükes-ün toγan. day-diy γurban hon-dur

第二十五行‥ yeke tayqiw soyurqaǰu tabun menggü sükes nigen qas büs-e ögügsen aǰuγu. ǰi-day terigün hon-dur

第二十六行‥ külüg qaγan soyurqaǰu tanatu tomuγ-a. nigen menggü süke. tabun sükes čaw nigen qas ayaγ-a ögügsen aǰuγu. qong-king terigün hon-dur. day-ǰang gungǰu senggeragi aγ-a sining medelün yaw-qoo vun γaǰar-a bükü γaǰad-tača tabin king γaǰad-i soyurqaǰu

第二十七行‥ ögüged basa niǰigeged altan ba qas ayaγ-a sabas ögügsen aǰuγu.

第二十八行‥ buyantu qaγan soyurqaǰu tabin sükes čaw. qorin kibutan törges.

第二十九行‥ yeke tay-qong tayqiw soyurqaǰu nigen altan süke. tabun menggü süke. basa qorin kibutan törges ögügsen aǰuγu. ǰi-ǰii terigün hon-dur.

第三十行‥ gegegen qaγan soyurqaǰu nigen mingγan sükes čaw. harban kibutan törges ögügsen aǰuγu. tien-li terigün hon-dur.

第三十一行‥ ǰayaγatu qaγan soyurqaǰu qoyar mingγan sükes čaw ögügsen aǰuγu. köbegün nigen sargesgiab neretü. edöge gung-siang-vuu-yin vu zunggon buyu. ači köbegün nigen čaw qošang neretü aǰuγu. bi ge hiosi onobasu [tngry γa]ǰar-un aγur yeke delger büküiber tümen ǰüil ed-i öber-e öber-e nigen

第三十二行‥ üile-dür ǰoqistay-a törögülün aǰuγu. adalidqabasu morin-i anǰasun ülü tataγulun. Huker-i ülü unuqu metü. üčügen mod-i quγur egüdkü. yeke mod-i niruγun tulγ-a bolγaquy-a ǰayaγaγsan me[t]ü. yeke-yi kereglekǖi-dür üčügen-i kereglebesü sečed-te herügdekü. üčügen-i

第三十三行‥ kereglekǖi-dür ǰiči yeke-yi kereglebesü sečed-te γadaγalaγdaqu buyu. ǰigüntei kemebesü sayin külüg morin-dur adali bögetele. maγuqan nasiγai morid-luγ-a qamtu yabuγsan metü. narasun čigüresü[n] yeke mod-tur adali bögetele. üčügen ed-i egüdküy-e kereglekü metü. tüsigdegsen

第三十四行‥ -dür-i öber-iyen ülü omoγsin tus-yuγan emüne aqui büküi sedkil-iyer küčü ögügsen aǰuγu. amidui-dur-iyan uqaγan bilig-tür inu adali es-e kereglegdebesü-ber ǰöb es-e boluγs[an]-u qoyina

第三十五行‥ degedüs-e ene metü soyurqaγdaqu inu köbegüd ačinar inu sayid törögsen-ü tula bolǰuγu ǰ-e. ene bayiγuluγsan biy taš egüri urtu-da eši boluγad uruγ-un uruγ inu öbade[gsi] öskü boltuγai.

第三十六行‥ ǰrlγ-iyar gia-yi day-vu daydu luu duu zunggon vuu-yin yauǰu qitad-un ayalγus-ača mongγol-un ayalγus-tur nayiraγulγan orčiγuluγad manglai-yin bičig [sel]te bičiǰü tegüskebei..

第三十七行‥ ǰi-ön dötüger hon wuu bars ǰil tabun sara-yin qorin nigen-dür bayiγulbai..

五　張應瑞夫人剛氏墓碑

（一）張應瑞夫人剛氏墓碑簡介

該碑為元薊國公張應瑞的夫人剛氏之墓碑，於一九九七年在張氏墓地中清理出土。此碑由碑座、碑身兩件組成。碑身高一四九釐米，寬八四釐米，厚一七·五釐米。碑座長方形，座長九七釐米，寬六一釐米，高五〇釐米，上端抹角，正、側三面作減地平鈒紋飾雕刻（圖一五、一六）。

（二）張應瑞夫人剛氏墓碑考釋

此碑豎刻漢字正楷五行，即『故贈榮禄大夫遼陽等處行中書省平章政事柱國追封薊國公公諱張應瑞加封薊國夫人剛氏之墓』，共四十個大字，陰刻雙勾，字體端莊雄健，為元代大書法家康里巙巙漢字楷書的佳作。

圖一五　張應瑞夫人剛氏墓碑

圖一六　張應瑞夫人剛氏墓碑拓片

六 元代書法大家康里巎巎的書法藝術

康里巎巎（一二九五—一三四五），中國元代書法家，字子山，號正齋、恕叟，西域康裏（元代屬欽察汗國，今屬哈薩克斯坦）人。曾任禮部尚書、奎章閣大學士。子山學識淵博，倡修三史，仕文宗、順帝兩朝，歷任監察御史、禮部尚書。晚年其家族當入籍蒙古。

康里巎巎的書法作品，在元代即有很大的影響。今內蒙古赤峰市翁牛特旗的張氏先塋碑、張應瑞夫人剛氏碑等，其碑文均為康里巎巎所書，其書結體沉穩，法度嚴謹，氣韻平和，剛柔相濟，反映出巎巎書風的另一面，是十分珍貴的傳世名家墨寶。其中，《張氏先塋碑》是他的傳世作品字數最多的楷書佳作。

康里巎巎的書法之名，在元代的影響很大。當時人秤『北巎南趙』，把他與趙孟頫並列。康里巎巎擅真、行、草書，師法虞世南、王羲之，善以懸腕作書，行筆迅急，筆法遒勁，轉折圓動，其作品『單牘片紙，人爭寶之』。有墨蹟《顏魯公述張旭筆法記卷》、《謫龍說卷》、《漁父辭冊》、《柳宗元梓人傳》、《臨十七帖》、《李白詩卷》等作品傳世（圖

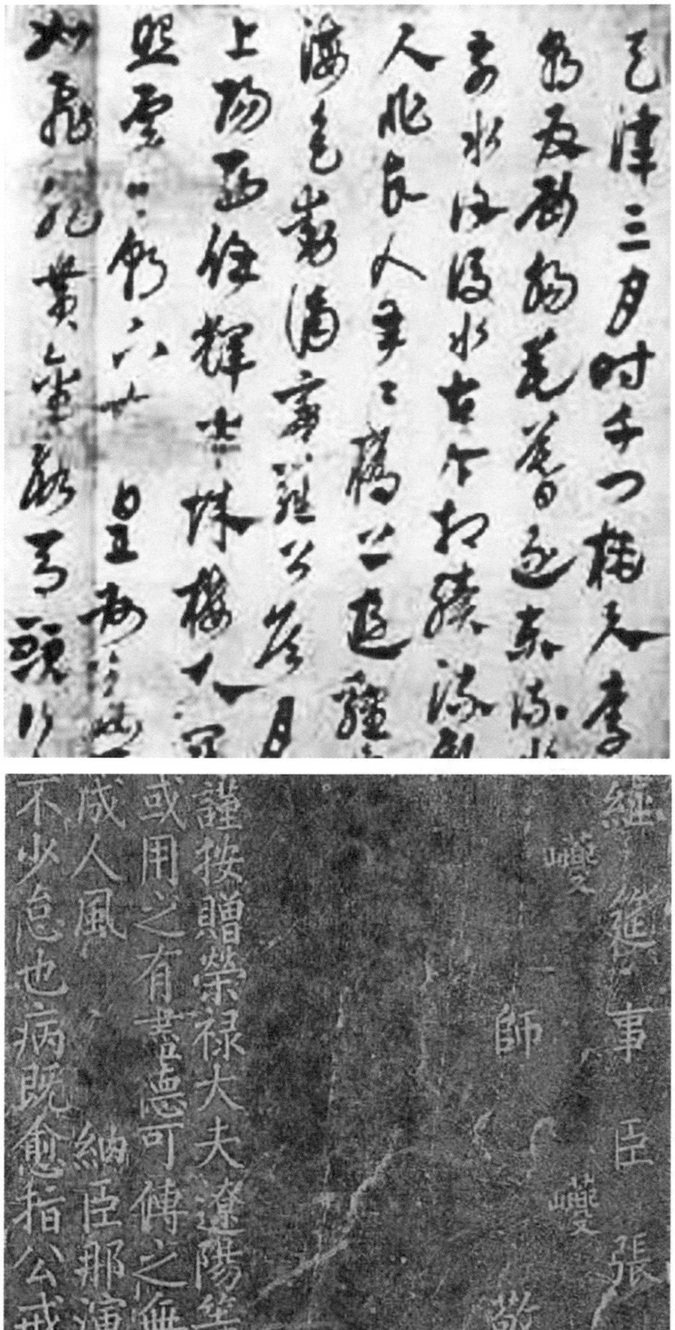

圖一七　康里巎巎行書作品

一七、一八）。

康里巎巎於元上都《臨王羲之十七帖》，字體秀麗，遒勁瀟灑，既有右軍之風，又不失自家本色。卷末自記曰：『去歲在上都時所臨，殊未能得其萬一耳。』

對康里巎巎的書法，內蒙古自治區書法家馮永林先生有如下論述：

在元代的書法家中，最具代表性的人物是趙孟頫與康里巎巎，他們一位是南方人，另一位是北方人，故有『北巎南趙』之稱。就成就和影響而論，趙松雪可謂集大成者。趙體以其秀逸風流而風靡當時，對後世影響很大，可謂家喻戶曉。康里子山在元代與趙松雪雙峰並峙，各有千秋，但身後聲名不彰，傳世作品廖廖，今人知其名者亦鮮。趙孟頫諸體皆工，尤以行楷見長；康里子山兼擅諸體，真書師虞世南，行書師鍾王，尤以草書名世，享譽當時。觀其所作，儼然晉人風度，不出二王畛域，而受唐人孫過庭《書譜》影響頗深，然字裏行間仍不失自家風範，用筆灑脫，鋒芒外露，結體修長，轉折流暢，外柔內剛，清爽淩厲，正可矯趙書工巧熟媚之弊。不足之處是下筆過疾，偶有輕率之病，稍缺頓挫沉雄之美。作為一位少數民族文人，康里巎巎不僅博聞強識，熟知中華文化，而且精於書法，自成一家，以功力深厚、韻致高遠為人稱道。當時書評家瞿智評子山書云：『如秋濤曹錦，光彩飛動，可謂妙絕古今矣。』明人解縉評其書『如雄劍倚天，長虹架海』，可見康里巎巎書法在當時的影響和地位已非同一般。

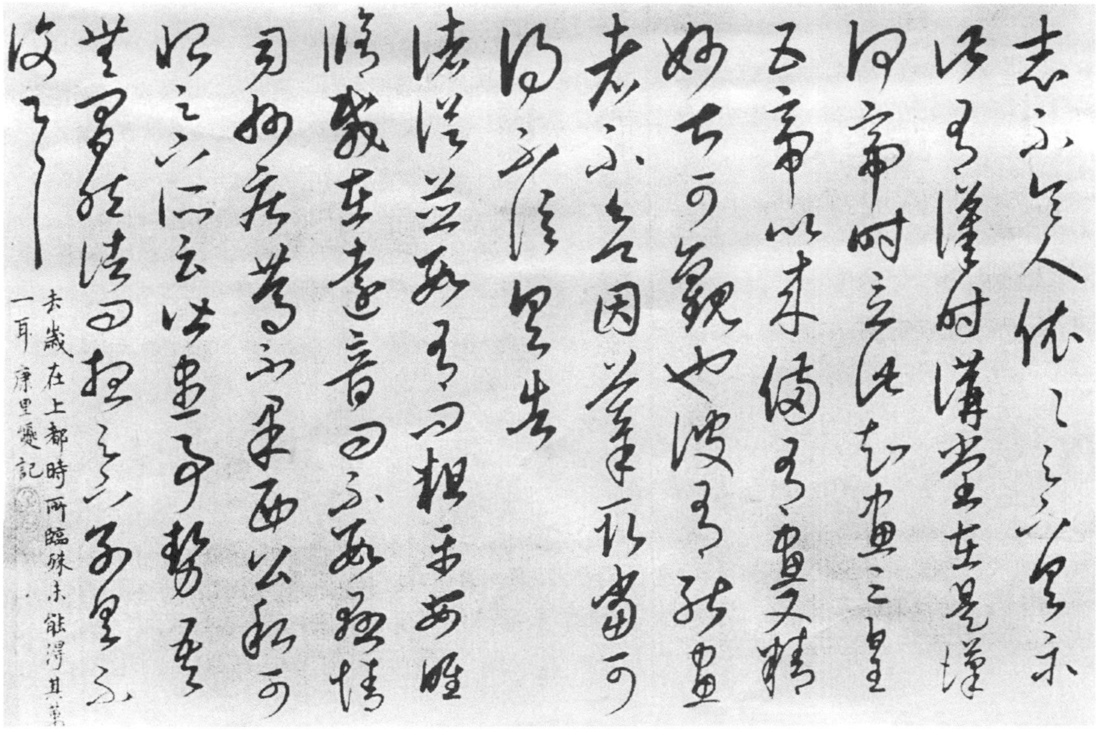

圖一八　康里巎巎於元上都草書《臨王羲之十七帖》

附録：『拖里帖木兒祖塋碑』碑文抄件

該碑出土於赤峰市寧城縣，現藏寧城縣博物館。碑文正面為八思巴文，背面為漢文楷書，共計四行四十字，內容如下：

宣武將軍，益都路總管府

達魯花赤，兼本路諸軍奥

魯總管，都達魯花赤管內

勸農事，拖里帖木兒祖塋。

卷五 集寧路《壯穆義勇武安英濟王崇寧護國真君》碑等碑研究

卷五説明

本卷所收録的碑刻，主要是在内蒙古中西部地區收集的，反映了元朝『腹里』地區的集寧、豐州、淨州、砂井、德寧的歷史情况的碑銘。上述地區在元代的北方草原位置十分重要，是連接東、西、南、北交通與經濟交流的樞紐，曾存在過繁榮的經濟文化。

本卷所收録的集寧路《壯穆義勇武安英濟王崇寧護國真君碑》、集寧路《大成至聖文宣王廟學碑》，見證了當時集寧路的繁榮。與集寧路一様，元代的豐州與淨州，雖然處在陰山南北的不同地域《豐州在陰山南，淨州在陰山北》，其戰略地位也很重要。尤其是豐州（遺址在今内蒙古首府呼和浩特東部的白塔村），與汪古部關係密切，它在元朝『腹里』地區，與陰山以北的聯繫，主要靠位於陰山溝谷間的白道。本卷收録的豐州《甸城道路碑》，對於豐州經濟地理和交通地理予以詳細的記述，可補《元史》記載的不足。

汪古部先世出於突厥，信奉景教，為金朝守衛界壕。在鐵木真與客烈、乃蠻部爭雄時，就已得到汪古部的支持。成吉思汗建大蒙古國，『授同開國有功者汪古部首領五千戶首領，約為『世婚，敦交友之好』』。蒙古部南下征金，汪古部棄金助成吉思汗跨越界壕，導致金朝覆滅。汪古五千戶領主因功得享有陰山以北地區為領地。元朝受封為王，在其領地内部管理和賦税皆由領主自理。本卷所收録的《王傅德風堂碑記》，《管領諸路也烈□□答耶律公神道之碑》、集寧路《大成玉聖文宣王廟學碑》、淨州路《大元诏宣聖》碑記等都是汪古部領地内的碑銘。

公元一三六八年，元朝在中原内地的統治結束，北元的歷史在草原地區開始。本卷收録有北元時期美岱召泰和門石匾、敖倫蘇木阿拉坦汗功德碑（蒙古文），以及反映北元時期蒙明關係的一些碑拓、題記等。尤其珍貴的是，美岱召泰和門石匾上刻有『大明金國』銘文，『大明』即明王朝，『金國』即信奉藏傳佛教的阿拉坦汗（金汗）統治的北元。

一　集寧路《壯穆義勇武安英濟王崇寧護國真君》碑

（一）集寧路《壯穆義勇武安英濟王崇寧護國真君》碑簡介

一九八四年，《壯穆義勇武安英濟王崇寧護國真君碑》由烏蘭察布文物工作站在集寧路遺址徵集，現存烏蘭察布博物館。此碑用花崗岩加工而成，製作精細。碑身呈長方形，碑首殘缺。殘高二二·二釐米，寬一一二釐米，厚二一·五釐米（圖一、二）。

《壯穆義勇武安英濟王崇寧護國真君》碑，刻於元泰定帝也孫鐵木兒致和元年，碑文內容為元朝時期集寧路民間為關公廟所建祭祀碑之事。此碑反映了當時在北方地區流行的關公信仰。

對關公的信仰由來已久。北宋崇寧三年（一一〇四），宋徽宗封關羽為崇寧真君。南宋孝宗淳熙十四年（一一八七），封關羽為『壯繆（應為壯穆）義勇武安英濟王』。

此碑還刻有唐代或民間神道的一些官銜，尚查不出何據，應是元文宗封關羽前民間沿襲前代對關公的封號。居住在寧路昌義坊的耿克昌，為佈施關公廟的公德主。

圖一　集寧路《壯穆義勇武安英濟王崇寧護國真君》碑拓片（正面）

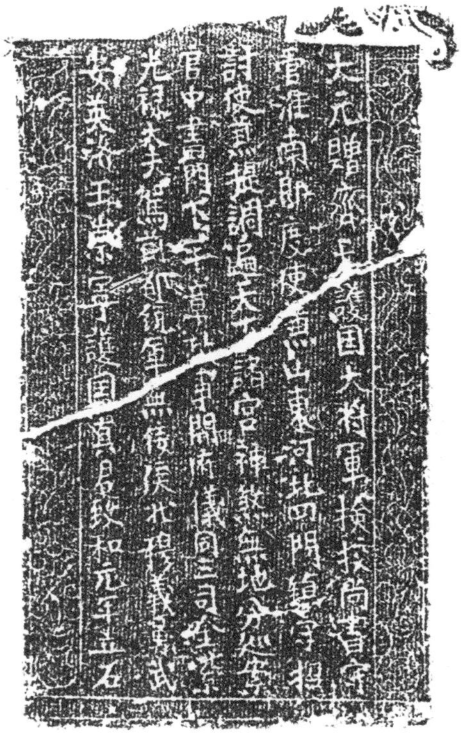

圖二　集寧路《壯穆義勇武安英濟王崇寧護國真君》碑拓片（背面）

（二）集寧路《壯穆義勇武安英濟王崇寧護國真君碑》碑銘考釋

碑文為陰刻楷書，茲録如下：

（正面）

大元贈齊天護國大將軍，檢校尚書守，
管淮南節度使，兼山東河北四閩，鎮守招
討使，兼提調遍天下諸宮神煞無地分巡案
官，中書門下平章政事開府儀同三司，金紫
光禄大夫，駕前都統軍，無佞侯壯穆義勇武
安英濟王，崇寧護國真君。致和元年立石。

（背面）

大元國集寧路昌義坊住人公德主耿克亮施。

二　集寧路《大成至聖文宣王廟學碑》

（一）集寧路《大成至聖文宣王廟學碑》簡介

集寧路《大成至聖文宣王廟學碑》現存烏蘭察布博物館。該碑原立於察右前旗土城子元代集寧路遺址(圖三)。碑由漢白玉製成，通高三三〇釐米，由碑額、碑身和碑座三部分組成。碑文所涉年號有：大德十一年(一三〇七)、至大三年(一三一〇)等；所涉人物有趙王即汪古部首領術忽難，江南浙西道簽肅政廉訪司事吳舉，以及元集寧路的一批官員。該碑於民國十一年（一九二二）由李成、何治等建補，並在碑陰勒名留念。載於《集寧縣志》卷四。

圖三　元集寧路古城航拍圖

（二）集寧路《大成至聖文宣王廟學碑》碑銘考釋

《大成至聖文宣王廟學碑》碑文如下：

（正面）

上天眷命

皇帝聖旨，蓋聞先孔子而聖者，非孔子無以明，后孔子而聖者，非孔子無以法，所謂祖述堯舜，憲章文武，儀範百王，師表萬世者也。

朕纂承丕緒，敬仰休風，循治古之良規，舉追封之盛典，宜加號大成至聖文宣王，遣使闕裏，祀乙太牢。

於戲！父子之親，君臣之義，永惟聖教之尊，天地之大，日月之明，奚罄名言之妙，尚資神化，祚我皇元。

主者施行，大德十一年七月十九日 至大三年正月□日

趙王鈞旨，出帑幣，遣侍人屆分邑集寧建立

大成至聖文宣王廟學碑，即該欽依已降

聖旨事意施行。

大德丁未秋，近臣傳旨，議加

至聖文宣王封號。臣復承乏翰林，獲預其議。竊謂自古秤夫子者多矣，而莫如孟子，孟子曰：『自有生民以來，未有孔子也。』

又曰：『伯夷，聖之清者也；伊尹，聖之仁者也；柳下惠，聖之和者也；孔子，聖之時者也』。孔子之謂集大成。集大成也者，金聲而玉振之也。

蓋言孔子集三聖之事，為一大成之事，猶作樂者集眾音之小成，而為一大成也

宜加號大成至聖文宣王

奏可，璽書錫命臣復職當具草，既已頒示天下矣。邇者江南浙西道簽肅政廉訪司事吳舉建言：褒封

先聖，實當今盛典，若不騰芳琬琰，曷以昭示罔極。於是省臺檄下諸路，勒石廟學。噫！

自木鐸聲沉千八百季，有國家者追崇聖號非一。至唐玄宗始進爵為『文宣王』，宋真宗復加『至聖』二字，是皆議出一時。雖極徽美之秤，

孰若我朝取孟子之言為佳，以聖譽聖之深切著明也。凡在郡邑長吏，祇若朝廷尊師重道之意。謹庠序之教，申之以孝悌、忠信，興化善俗為務，

豈不韙歟。翰林學士承旨、榮禄大夫、知制誥、監修國史、遙授平章政事致仕臣閻復頓首謹述。

王傅文學張益禄、進義副尉前静安路總管府判官裴克欽篆額。

敦□徼武校尉前同知静安路總管府事王元舉、遷□李德輝、董役總管府完顔克孝、學正完顔克敬、治中盧廷訓、李德輝、董役。

宣授集寧等處前民臣總管府達魯花赤、判事劉九、集寧總管府達魯花赤奚□喇侢□、總管完顔克孝、同知集寧縣達魯花赤王郎黑臺、縣尹裴權、教授王叔凱、學録賈瑞、教諭王光祖等立。石匠宋德、林中男、宋玨鐫。

皇慶元年正月□日雲中檢司提。

（背面）

集寧總管府同治中呈肅　判字

農事總管散户農事總管　完顔克

集寧縣尉　劉潤

李伯愈字繼賢

張革學字有文

高獲字仲禮

李叔義字述卿

田士秋字□□

黄嗣字□先

部民復其家以供禾火□□□

鄉黨耆艾□縉□嗜以增輸所有而替戍者

監造都事尉遲雲加

輸□監完顔允

中華民國十一年建補經理人　李成　何治　一劭　傳萬

（三）集寧路《大成至聖文宣王廟學碑》研究

集寧路：今烏蘭察布市察右前旗巴音塔拉鎮土城子村。遼代秤『春市場』。金代正式設立集寧縣，《金史·地理志》載：『集寧，明昌三年（一一九二）以春市場置，北界二百七十里』。元代升為集寧路，所轄人戶數量屬下等路，僅轄集寧一縣。

元大德十一年（一三〇七）五月，武宗即位於上都。七月辛巳，加封至聖文宣王為大成文宣王。《武宗紀》）所謂『至聖』，碑文作者閻復做出最好的表達：『先孔子而聖者，非孔子無以明，後孔子而聖者，非孔子無以法』，『儀範百王，師表萬世』等讚語為後世襲用。

武宗即位之初就『循治古之良規，舉追封之盛典』。並遣使赴曲阜闕里祭孔。其目的是『尚資神化，祚我皇元』。宣揚聖教之尊，保佑元朝江山永固。

這一段以《加封孔子制》為名，載於《元文類》卷一一，注明作於加封後的九月，作者是閻復。

下一段是說明這碑是奉趙王旨意，派人出資立的碑。趙王即汪古部主術忽難，於武宗至大二年（一三〇九）由鄃王進封趙王（《元史》卷一一八《本傳》）；『分邑集寧』表明集寧不同於中原的路府，而是趙王下屬的分地。

再下一段也是閻復所作，說明加封的意義和經過。在武宗新即位的秋天，閻復當時官居於翰林院的首長，參預了加封孔子的討論。主張採用孟子對孔子的評價，總的是說孔子能集中前人的主張、學說和德行等形成完整的體系：孔子是集大成的聖人，因此在宋朝的封號之上又加『大成』二字。

加封意見上奏得到皇帝許可後，下令閻復負責起草上述的制詔並頒示天下。

接著有江南浙西道簽肅政廉訪司事吳舉建議：褒封孔子是當今盛典，應該昭示全國，讓老百姓都知道。江南浙西道肅政廉訪司是江南諸道行御史台所轄地方監察機構，置司於杭州路。在首長肅政廉訪使之下有副使和簽事，簽事全秤為『簽肅政廉訪司事』。

吳舉《元史》等書無傳，但在《至大金陵新志》卷六下《行御史台》官員録中有名，大德六年任監察御史，至大四年任都事。大德十一年吳舉出任簽肅政廉訪司事，一直在江南行御史台管轄下任監察官。『省臺』『省』指中書省，『臺』指御史臺。由中央的這兩個部門聯名下達文書到全國各路，每處廟學都要將這篇詔制勒石立碑。因此，集寧路同全寧路、淨州路所發現的碑一樣，都刻著閻復撰寫的這篇加封孔子為大成至聖文宣王的詔制。

『木鐸』是一種以木為舌的銅鈴，據鄭玄說：古人『文事奮木鐸』。《論語·八佾》：『天將以夫子為木鐸』，因此『木鐸聲沉』就是指當時孔子已去世一八〇〇年。歷朝各代，先有唐玄宗進孔子爵為『文宣王』，宋真宗大中祥符五年（一〇一二）加『至聖』二字，閻復認為：畢竟不如我朝取孟子的評價為佳。武宗通過加封孔子並在各地廟學立碑，讓所有各地方長官，體會朝廷尊師重道之意，重視教育，改善民風民俗。

成宗大德四年（一三〇〇），閻復官拜翰林學士承旨，成為翰林兼國史院的首長。九年升正二品。武宗即位不久，『進階榮禄大夫，遙授平章政事。

給半俸，以佚其老』（《元史》卷八七《百官志》、《清容居士集》卷二七《閻復神道碑》）。榮禄大夫是從一品文散官。平章政事的職責是『貳宰相』，武宗時興行『遥授』，並不履行具體職責，是一種虚銜。知制誥、監修國史是翰林官員兼有的官銜。由於閻復年老申請退休，武宗才給他『進階』和『遥授』的榮譽，所以他自秤『致仕臣』。

以下介紹碑文的『篆額』、『董役』、立石人和鎸刻的石匠名單。

王傅文學是趙王王傅府内的官職，不見於《元史·百官志》，劉敏中的《駙馬趙王先德加封碑》乃根據『文學張益』的事狀寫成，可能張益就是碑文中的張益禄。本卷《德風堂碑》也有文學黑台的名字。『進義副尉』是從八品的文散官。静安路即汪古部主趙王『世居之地』，地處『黑水之陽』，即今艾不蓋河北岸的敖倫蘇木古城，原名按打堡子，世祖至元間汪古高唐王在這裏建新城，據《元史·成宗紀》：『大德九年秋七月，以黑水新城為静安路。』加封孔子正在設路的兩年後。

元朝在行省之下設路總管府，路設達魯花赤、總管、同知、治中、判官各一員，集寧路《廟學碑》是由來自趙王府的文學和静安路判官共同篆額。敦武校尉是從七品文散官，路總管府同知是總管的副手。閻復的《駙馬高唐忠獻王碑》是據『府屬』王元舉提供的事狀寫成，他應是這位同知王元舉。前面董役人是來自趙王府的官員同，以下是集寧路參加『董役』的官員。有總管完顔克孝和治中盧廷訓、李德輝，治中是同知之下、判官之上的官職。學正是主管儒學的官員，每路設教授、學正、學録各一員。

宣授集寧等處前民臣總管府達魯花赤、判事劉九、集寧總管府達魯花赤奚□喇佴□、總管完顔克孝、同知集寧縣達魯花赤王郎黑台、縣尹裴權、教授王叔凱、學録賈瑞、教諭王光祖等立。

這碑留下三個刻碑石匠的姓名，這是石刻中罕見現象。這三人都是漢人姓名，可見元代的集寧的民族構成同現在接近。

以下『皇慶元年（一三一二）正月……』應是立碑年月，即武宗頒發《加封孔子制》的五年後，仁宗即位時立此碑。

附：《大成至聖文宣王廟學碑》介紹

『皇慶元年今在豐鎮縣八蘇木土城中。

碑高九尺。寬四尺有奇。額篆大成至聖文宣王廟學碑十字。碑面刻加封孔子製全文。

並刻建立銜名。曰達魯花赤王郎黑台。皇慶元年春正月立。』

（録自綏遠通志館編纂：《綏遠通志稿》第六冊，卷四十九《金石·元代碑刻》，内蒙古人民出版社，二〇〇七年）

三　淨州路《大元加封詔》碑

（一）淨州路《大元加封詔》碑簡介

該碑高一六二釐米，寬八六釐米，厚一五釐米，豎長形，碑頭殘缺，碑身前後均有漢文。背面文字不清，正面文字為元和清代兩次所刻。碑身多處殘損（圖四）。

（二）淨州路《大元加封詔》碑文考釋

此碑原在元代淨州路府址，清時屬蒙古四子部落轄地城卜子古城遺址，後由浭陽張志潭在清代達爾罕王轄地敖倫蘇木古城見此碑，在上補刻三十

圖四　淨州路《大元加封詔》碑

餘字，記載了該碑輾轉過程。此碑現存鄂爾多斯成吉思汗陵園。碑文如下：

大元加封詔

上天眷命

皇帝聖旨

蓋聞先孔子而聖者，非孔子無以明，后孔子而聖者，非孔子無以法。所謂祖述堯舜，憲章文武，儀範百王師表萬世者也。朕纂成丕緒，敬仰休風，循治古之良規，舉追封之盛典，加號大成至聖文宣王。遣使闕裏，祀乙太牢。於戲！父子之親，君臣之義，永惟聖教之尊；天地之大，日月之明，奚罄名言之妙。尚資神化，祚我皇元。主者施行。大德。

此石自四子部落移置，為山石金石記所不□大德為元成宗年號，至今約六百歲矣

浸陽張志潭記。

（三）淨州路《大元加封詔》碑研究

考《元史》卷二二《武宗紀》：大德十一年（一三〇七）七月『加封至聖文宣王為大成至聖文宣王』。雖上述碑文無年款，但此碑應是大德十一年武宗加封孔子為『大成至聖文宣王』詔書的刻件。當時在元大都孔廟內也立有大德十一年《大元加封詔》的石碑。這是中國歷史上歷代帝王加封孔子的最高尊號。元代各地孔廟均立有這樣的石碑，即使是在草原深處的邊城也不例外。由此可見元代蒙古帝王對孔子的尊崇。

根據碑文末段所知，到六百年後的清朝末年，由浸陽人張志潭補刻了一段文字，記述此碑確系元大德年間所製，而且是從四子部落移置到此（即碑刻所在的達爾罕茂明安聯合旗都榮敖包蘇木敖倫蘇木古城）。

經考，元代四子部落轄地存有城卜子古城遺址，該古城在元代為淨州路府。二十世紀六十年代在淨州路古城遺址還出土過《文廟儒學碑》，上刻有『淨州路總管府，大德十一年七月立』字樣。由此推測，大德十一年七月在淨州路孔廟內，同時立有《大元加封詔》碑和《文廟儒學碑》。可知元中央政

府對北邊草原的政令很暢通。此外，清代從四子部移到達茂旗的這通石碑應定名為淨州路《大元加封詔》碑。

此碑詔文與《元史》記載的內容大致相符，是研究元代蒙古貴族統治者崇禮中國傳統文化的重要物證。

附：《大元加封宣聖碑記》介紹

『元加封宣聖碑

大德十一年　今在綏遠中山學院

碑高五尺餘。寬二尺五寸。螭首龜趺。碑陰無字。碑額正中刻篆文二行。為大元加封宣聖碑記八字。

歸綏道志。碑誌目案語云。古城孔子廟在烏藍板升城。元大德十一年敕建。勒碑於七月。正武宗即位之初。其文則閻復所撰加封孔子製也。書法遒勁。兼有魯公誠懸神骨。必為當時名筆。或云趙松雪。以時考之。或亦不謬。碑故完好。然臥荊棘中久之。為橐駝所牧。宜乎此間聖教之衰也。士人云。前任歸綏道文保欲移碑城中。為蒙王所沮。不克。又何不幸也。或云在翁城內。其傳之訛耶。志曰。廟去歸綏城僅二百里。遺址宛然。至今無重葺者。將有待於聖道之興?。

山西通志金石志。夏縣文廟有元大德十一年加封孔子詔碑。案語云。製詞為翰林學士閻復撰。見元文類。碑所在學宮。多有存者。而多為大德後補刊。

案此碑為民國六年前歸綏道尹濅陽張志潭移置。並於碑石缺損處刻草書跋語一則。謂此石自四子部落移置。山右金石記所不載。大德為元成宗年號。去今六百餘歲。云云。今復移在綏遠中山學院。』

（録自綏遠通志館編纂：《綏遠通志稿》第六冊，卷四十九《金石·元代碑刻》，內蒙古人民出版社，二〇〇七年）

四　《管領諸路也烈□□答耶律公神道之碑》

（一）《管領諸路也烈□□答耶律公神道之碑》簡介

《管領諸路也烈□□答耶律公神道之碑》簡稱《耶律公神道碑》。該碑位於烏蘭察布市四子王旗淨州路古城遺址附近，原在豐收地王墓梁陵園內，二十世紀三十年代纂修《綏遠省志》時訪得並收入書中。一九三六年，英人馬定曾來進行調查並攝照，撰文《關於綏遠歸化北的的景教遺跡的初步報告》。他將碑文請陳垣先生研究，也寫成《馬定先生在內蒙發見之殘碑》一文，同時發表在《華裔學志》（Monumenta Scrica），一九三八年，第三卷一期。陳垣對也里可溫研究有素，多得之於寺觀，或聖旨碑保護各種宗教提到也里可溫，認為專給也里可溫教徒立碑極其罕見。碑額為『管領諸路也烈□□答耶律公神道之碑』。碑文漢字共二十八行，對研究汪古部與契丹後裔的關係很有價值（圖五）。

（二）《管領諸路也烈□□答耶律公神道之碑》碑銘考釋

據碑文可知：墓主是耶律子成，其家世顯赫，家族是『前古功臣，世祿之家，□有功□於後代，為世族之貴盛者也』。其遠祖來自『西域帖裏薛人』，當遼聖宗朝，其遠祖『加太尉開府儀同三司，改姓曳剌氏。金代正隆間，生孫子春、子成。元太祖成吉思汗『詔復耶律氏』。成吉思汗三女兒阿剌合別乞監國公主『聞其賢』，曾派人將耶律子成召至公主的『位下』授官，但未接受，仍在某景教寺中『管領也里可溫』之事。元朝統治者『王太后』給耶律子成建造過一座規模很大的景教寺院。

圖五　《管領諸路也烈□□答耶律公神道之碑》拓本

五　豐州《甸城道路碑》

（一）豐州《甸城道路碑》簡介

豐州《甸城道路碑》，原位於呼和浩特市北郊陰山南麓通往漠北的交通要道入口處壩口子村。此碑在清初就由駐歸綏官員移入城內。康熙二十七年（一六八八），張鵬翮的《奉使俄羅斯日記》說：五月十八日，次歸化城。『十九日，入城，觀《甸城記碑》，其文曰：『豐之為郡……』。二十一日，行九里，入祁連山，有土城廢址，疑即碑所云甸城也。』可見碑在清康熙時早已移至城內。《歸綏縣志》卷四《金石志》收録碑文和拓本。因碑陰有『歸化城都統署烏藍察布六旗會盟使丹津』等七位官員題名，後署『雍正十三年歲次乙卯（一七三五）孟春十一月重立』，故《歸綏縣志》稱『清雍正十三年丹津移置歸化城都統署』。接著是清政府駐外蒙古庫倫辦事大臣三多途經歸綏，在碑陰題字：『邊塞不文，罕知存古。受命西來，獲讀斯碑，移置署右，永寶守之。』時間是戊辰秋月，即光緒三十四年；『署右』就是指後來的歸化城土默特旗政府西側。

該碑高一〇四釐米，寬七〇釐米，厚一〇—一二釐米，碑額右上角已殘缺，僅存篆文『甸城道』三字，其後銘文雖已殘缺，但據碑文內容考訂疑為『路碑』二字。故此，該碑額銘文為『甸城道路碑』（圖六、七）。據碑文可知，此碑於延祐七年（一三二〇）由『裕齋後人李文煥撰書，劉仲義刊，奉議大夫豐州知州兼諸軍奧魯，勸農事張鑄立石』。

圖六　豐州《甸城道路碑》拓本

圖七　豐州《甸城道路碑》拓本（局部）

（二）豐州《甸城道路碑》碑文考釋

碑文如下：

甸城道（路碑）

豐之為郡，其來尚矣。地名九原、雲朔、三輔，控禦□□方面之劇，金源世勳戚裏，置天德軍節度而鎮守焉。風俗惟淳，民物尚樸，厥土惟瘠鹵，厥田為下中，原高且平，墾耕牧養，軍民相參居止。郡南負郭黑河，青塚古跡仍存。郡北一舍，有環繞之山，名曰祁連，中有捷徑故道甸城山谷，比之銀甕迢遙，漁陽險阻，近爭一倍，抵天平七十餘里。歷經沿革，山水泛漲，阻妨車輛經行，寒暑迭遷，人無舉覆。粤有本州監郡傑烈奉議、知州郭承務、同知哈剌不花承務、判官倫忠勇等典牧是州。未及數月，講究興除利病，遂云：『方今政務，宣閫之外，供需漠北，以軍旅糧儲為重計，奈何以浮石磽確，有妨給餉之正路耶？又況歲值凶歉，輒欲修理，其可得乎！』遂將此議申明大同總府及憲司，計稟河東維嶽與聞，省臺既從其使。行會之間，伏遇鎮遏德寧天山分司宣慰使馬正奉、宣慰同知撒德彌實奉訓、宣慰副使孫朝請繼踵馳驛，路由是轂，亦既見之，允協前論，就諭相鄰社分，命東甸城、尖山、李家户三村等，鳩集丁役，蜂聚平治，經之營之，不日而就，以致險夷之地，遂成平坦之途。奔驛駕車，引重致遠，過者無不忻懌。復值暴雨沖流，窒礙行路，累蒙使州下令，永蠲本社三村雜泛，明諭家至户曉，常切用力，不致將來廢弛前功矣。於三岔山路，深重峽隘之處，設置巡兵警捕一所。盜賊畏伏，商旅通行，路不拾遺，民無病涉。王德成等既承其命，焉敢不遵。嘗聞悦以使民，民忘其苦。噫！守土之官，憂民之憂樂民之樂者，幾何人哉！封部之間，有廉君五袴之詠，慮其日月彌遠，前德闇而弗彰，而失其傳，鄉人西三州官醫前提領郭禹泊、張源、楊禮，並本社王德成、劉通甫、李天祐、王通甫等懇請，作文記之，以刻其石，愚辭不獲已，故摭其實而記之。延祐七年，歲次庚申十一月　日建，裕齋後人李文煥撰書，劉仲義刊，□□□旨奉議大夫豐州知州兼諸軍奧魯，勸農事張鑄立石，司吏王瑞、楊宗禮、程鵬舉、侯忠、何寧……

（三）豐州《甸城道路碑》研究

根據周清澍先生、李逸友先生、杜曉黎女士等研究成果，可知該碑記録了由今呼和浩特平原到蒙古草原的交通情況。碑文説，途經甸城山。這條大道是由元上都到蒙古鄂爾渾河之畔和林城的大道，是蒙古窩闊台汗時修建的木憐驛道。

據《經世大典·站赤》記載，木憐驛道計有三十八站，經行路線大致是自元上都西南第二站的李陵台向西行，經興和路、大同路北境，再由豐州甸城山谷出天山（今陰山），經淨州路（四子王旗城卜子古城）、砂井（四子王旗大廟古城），涉過浩瀚的沙漠，西北至汪吉河（翁金河）上游，折而北行抵鄂爾渾河之畔的和林城。

呼和浩特市東郊的豐州，是木憐道上很重要的一站，經常有『來使』往返。遺留在豐州白塔內題記中的旅行者，有經木憐道來自砂井的遊人，還有遠自蒙古鄂爾渾河畔和林的遊人。

木憐道在運輸上非常繁忙，從『甸城道路碑』便可以看出來。內地或陰山以南的糧食，要通過這條路運送到漠北各地。在清代，木憐道仍是南北交通的大動脈。《綏遠旗志》說：呼和浩特『北至壩口子二十里，又逾蜈蚣壩至克克以力根七十里，即通大青山後四子部落、茂明安、達爾罕各旗之大路，並西北之賽拉烏蘇、庫倫、烏里雅蘇台、科布多，以及古城、新疆伊犁、塔爾巴哈台各地，亦皆由此取道焉』。這條陰山古道，俗稱『白道』。

元朝是我國多民族國家空前統一和進一步發展的時期，《甸城道路碑》不僅記載了對這條交通幹線的整修，也可從中看出，這條驛道在溝通南北、『供需漠北』方面的重要性。

附：『元豐州平治甸城山谷道路碑』介紹

『元豐州平治甸城山谷道路碑

延祐七年　今在綏遠財政廳署

山西通志金石記案語云。碑秤郡北一舍。有環繞之山。名祁連。中有捷徑故道。甸城山谷。比之銀甕迢遙。漁陽險阻。近爭一倍。抵天平七十餘里。以大青山焉祁連山。沿當時淨州天山縣所在。因縣名遂以漠書傅合耳。所云甸城、天平、漁陽、銀甕。今皆不可考。惟漁陽嶺名。見於遼史天祚帝紀。

案此碑高三尺。寬二尺二寸。右方上缺一角。額篆四字。存甸城二字。其二字已泐。文共廿行。行三十字。略有殘損。尚可卒讀。碑尾署元延祐七年奉議大元豐州知州兼諸軍奧魯勸農事張鑄立。建裕齋後人李文煥撰並書。齋名未知誰屬。文與奉使記所載。亦有互異處。碑陰前列歸化城都統署烏藍察布六旗會盟使丹津以次七人銜名。

末書雍正十三年歲次乙卯孟春吉日重立。左側隸書跋語曰。邊塞不文。罕知存古。受命西來。獲讀斯碑。移置署右。永保守之。戊申秋月三多。右側行書跋語曰。共和成立之次年。余以漢官來鎮斯土。衙齋寥落。斷碣傾欹。撫讀一過。殆延祐間甸城開道碑也。延祐距今數百年。而古豐又荒僻不文之地。徵諸古跡。蓋亦盡焉。爰取而整飭之。以遺於不朽。中華民國二年交河賈賓卿識。是此碑原立所在。已不可考。始移置於舊都統署者。丹津也。三多留跋。而賓卿復翼之以亭也。碑輿亭在舊都署花園中。都署今已改為財政廳矣。』

（録自綏遠通志館編纂：《綏遠通志稿》第六冊，卷四十九《金石·元代碑刻》，內蒙古人民出版社，二〇〇七年）

六　豐州塔幢、塔銘

（一）豐州塔幢簡介

該塔幢出土於呼和浩特東郊遼金元三代沿用的豐州城（遺址在今白塔五路村）。當地共有四座僧塔，有三座塔銘證實屬於禪宗，其中三號塔銘記載僧如惠到燕京拜萬壽禪寺萬松大師為師事蹟。塔銘現陳列在內蒙古文化大廈三樓廳廊，高約一二〇釐米，八面刻有楷書漢文。僧如惠所在的禪寺，塔銘缺失一字，僅存前面的『崇』字，因而無從得知其寺名（圖八）。

一號塔額銘的拓本，現收藏在內蒙古艾博雲集博物館。一號塔額銘為大楷漢字『法旨僧正賜紫沙門定林永安禪寺住持濬公靈塔』（圖九）。

一號塔銘第二、三面的拓本，同樣收藏在內蒙古艾博雲集博物館（圖一〇）。建於遼代，沿用於遼金元三代的豐州城，為佛教繁盛之地。在古城發現的二號塔銘上所刻『特授趙王鈞旨三道，住大永安寺』，說明原來信仰基督教的汪古部主，也崇尚佛教，是豐州大永安寺的功德主，住持由他任命。

圖八　三號豐州塔幢

（二）豐州塔銘考釋

一號塔銘：

法旨僧正賜紫沙門定林永安禪寺住持濬公靈塔

豐州在城定林禪寺住持賜紫沙門廣慧妙辯大師，諱智濬，出本州白塔趙氏之家，生而奇□，幼有空寂之樂，十二□禮州定林住持昭公，祝髮受具，樂學深經。一日師寂而逝承主持，風率諸友弟，可列先師之心，重修寺宇，煥目可觀。大德丁酉奉帝師法旨，充本州管內僧正，誠勖僧尼，住所治化，

圖九　豐州一號塔額銘拓本

恒義慈恕寬平，釋侶悅服，官庶翕然。延祐甲寅雪堂總統大禪師並諸衙見任、閑官耆宿、諸山合院疏請永主本寺。粤有塔魯麻大師，具州官耆宿諸山疏，奉趙王鈞旨賜永安主持，創雕花龍丈二牌一座，殿堂上下修補一新。丙辰塔魯麻並娘娘三姑姑第次俱殞，葬於定林祖塋內。

二號塔銘：

□□□□寺，多修勝事，內外相輝，特授趙王鈞旨三道，住大永安寺，東砌階基，啟建瑞應，講筵百日，飯僧千百，創塑當陽，焰光心紅，供桌伽藍神廟等一鼎新，金碧煥然，主領寺風率法禮，不負祖師之心，可用千萬餘緡，修完寺宇，煥目可觀，遠近讚美，能光祖刹者實由公也。恒義捨施、樂善恤貧、和溫性厚之德，恐其湮沒而求記，輒為次第始末出處之大概。故為之銘曰：哲哉偉大，拔萃超倫，名譽不朽，遠近揚新。獨作主盟，瑞應備新，修崇三寶，德行可遵。兩處伽藍，復焰無湮，不日而成，廣作聖因。郡有盛名，千古咸臻，有不亡壽，刻此貞珉。

本寺襲祖沙門退隱雲峰寺惠賢撰並書見住持講經沙門小師東峰惠昌、惠椿前住持講經沙門安峰惠定□□□□師孫福勝、福悅、福憐。

襲祖沙門前住持見提點寶峰惠彌、監寺福添、維那闍梨惠敏、典座闍梨惠斌、錢帛闍梨□禎、知歲德明、副持福錦、官門福享、知客福永、□□福□、庫頭德初

莊官福恒、福立、福鎧、福□、福□

前住持惠和、惠義。前監寺福□、福□

下院三聖寺住持闍梨惠讓。前住持惠延、惠鼎

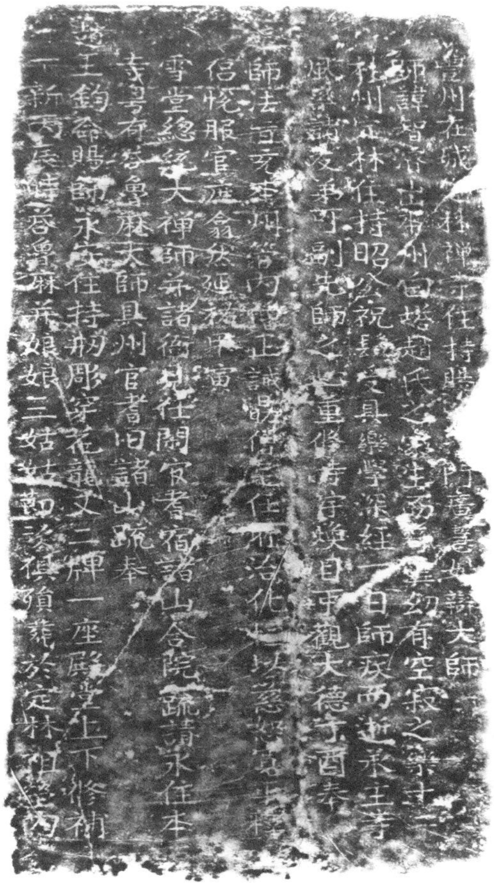

圖一〇　豐州一號塔銘拓本

傳法襲祖沙門瑞岩、野叟□緣

德寧路諸色人匠□總管府判官賈享甫

白雲庵住持惠臻、□定庵住持惠寧

三號塔銘：

雲泉慧公大宗師塔銘

師諱如惠，姓張氏，本郡人也。齠年祝髮，禮本州崇□禪寺秀公老太師，披制□□□□，忽一日念住□□，豈□滯於此也，乃策杖□識，至燕京萬壽禪寺，值萬松老師大闡□□，□本州□，雖扣參二十有餘稔，針芥末契，遇老師歸寂；改參無諍諫公，慕□□□，開堂出世實中統元年也。師還故裏，鄉中疏請住持。歲余，本寺廚庫、廊廡、殿宇、寮捨、山門一創重新，晨香夕燈，朝參暮化，演法誨人，無虛日矣。師至元壬辰二月八日，師將□世，召門人囑以后事畢，右脅而寂，僧臘三十有五，俗壽七十有九。永寂之日，緇素弔祭如雲。荼毗後，弟子重收靈骨藏於祖域。元統間，小師德延念先師之盛德湮沒歲久，罄已囊資命□造園數級焉。今法孫襲祖秋山圓覺，持祖師行狀，踵門囑令而言曰：『先師法價，雄冠古今，安得緘默而不語哉？』余應之曰：『惟乃焚香拜首，系之銘曰：

□□慧公，誕跡古豐，生資夙稟，氣質雍顒。法傳無讒，正業萬松。

屢提廢寺，葺補成功。忍厭塵宂，右協而終。咐囑后事，□□□寂。

俗壽皆周，僧臘俱備。示寂之時，緇素致祭。樹塔先塋，光揚祖域，

□□盛德，□傳后世。』

維大元歲次元統乙亥三月清明日，小師德延立石。講經沙門法孫圓昌、襲祖沙門秋山圓覺同立石。□□沙門□重孫明遇、□明□、□和□張□□、史氏□，住持闍梨圓祥、賈興甫刊立□□。襲祖沙門逸庵圓慶，襲祖沙門□庵□孫圓性，□□沙門圓昭、□□、圓□，住持德憬、德□、福□，典座圓明，□德安、德興，監寺□□，副寺圓音，住□□□大師、小師□德欽勸緣，前往□□孫□悟勸緣。□住持雲□慧公大宗師□銘□，住持報□□□□，襲祖沙門秋雲惠普撰並書。

四號塔銘：

□教□性□已□千裏□已重，住持□，德寧路諸色人匠都總管判官賈知刊，侄劉□賢、□祥，孫劉彥□、劉彥和、劉彥亨、□□□、劉彥□、□□□，劉彥□

（三）豐州塔銘研究

根據李逸友、朝克的研究成果，呼和浩特市東郊白塔村西南的古城，為遼金元三代的豐州城址。豐州城內的萬部華嚴經塔，通稱做白塔。這個稱謂至少起源於元代，從塔上第六〇八條題記有『大德十一年白塔東南巷』等字，可知一三〇七年時就已有此通稱。一號塔銘記定林禪寺住持智濬，『出豐州白塔趙氏之家』，可知延祐丙辰年（一三一六）所刻塔銘，就是運用當時通稱的塔名。豐州城內佛教甚為興旺，各種宗派都在這裏興建寺廟，傳播佛學。萬部華嚴經塔是屬華嚴宗的。今白塔五路村所存的四座僧塔，有三座塔銘證實屬於禪宗，其中三號塔銘記載僧如惠到燕京拜萬壽禪寺萬松大師為師，在其門下學佛二十多年。三號塔銘是在僧如惠圓寂以後四十餘年才刊刻的，他圓寂於至元壬辰（一二九二），刻石於元統乙亥（一三三五），相隔時間較長，而從塔銘後半段所見僧侶職事名單來看，這時豐州城內的禪宗仍然是很興旺的。

一號塔銘為定林永安禪寺僧智濬的墓塔。這座禪宗寺廟位於定林，而這座僧塔在今白塔村喇嘛廟前，如果以前未曾被人移動過，則可推定元代的定林位置，是在豐州城南面，而不是在城內。萬部華嚴經塔題記第五〇六條記『定林寺法明定澤甲寅年三月一十四日到寶塔記』，據一號塔銘可知為元代題記。該塔銘記延祐甲寅年（一三一四）智濬主持定林永安禪寺，與上述題記同年所為。從碑銘可見，定林禪寺主持在成宗大德丁酉年（一二九七）時，就任本州管內僧正（主管僧尼爭訟之僧官），其人『誠勖僧尼，住所治化，恒義慈恕寬平，釋侶悅服，官庶翕然』，是管理豐州僧侶事務的僧官，由管領全國佛教事務的帝師充命，且在各宗派寺廟之上。

元王朝推崇禪宗，豐州城內外的禪宗寺廟，從塔銘所見有定林永安禪寺、雲峰寺、三聖寺、崇□禪寺等。一號塔銘的定林永安禪寺與二號塔銘的大永安寺，應是同一寺廟的不同稱呼。

一號塔銘記僧智濬於延祐甲寅年『奉趙王鈞旨賜永安主持』；二號塔銘記『特授趙王鈞旨三道，住大永安寺』，僧名及年款缺失。由此可知，永安寺主持是由趙王鈞旨任命的，闊里吉思死後，由其弟術忽難襲封高唐王，至大二年（一三〇九）術忽難加封為趙王，並即以汪古部長讓給闊里吉思之術安。次年，術安襲封為趙王，以後的汪古部長都襲封為趙王。延祐元年（一三一四）三月，封術忽難之子阿魯禿（阿魯忽都）為趙王。因此一號和二號塔銘所記的趙王，應是阿魯禿（阿剌忽都）。這時豐州仍在汪古部管領範圍之內。

此外，在二、四號塔銘還刻有『德寧路諸色人匠都總管府』等字，說明這兩座塔銘也是趙王府管領工匠的官署參與刊刻的。

七 《王傅德風堂碑記》

（一）《王傅德風堂碑記》簡介

《王傅德風堂碑記》，原位於今包頭市達茂旗敖倫蘇木古城内南部的一座大院遺址。一九二七年，中國考古學家黄文弼先生作為中瑞西北科學考察團成員，考察了這座古城，並發現了此碑和一通蒙文碑，一九三一年發行的《燕京學報》以《西北科學考查團之工作及其重要發現》為題，摘要發表了《德風堂碑》。北平《新晨報》一九二八年九月二日副刊發表了碑文。一九三五年黄奮生著《百靈廟巡禮》（上海商務印書館，民國二十五年），也發表了他抄録的碑文。一九三七年冬，英人馬定前往調查攝照，證實了這座古城就是元代德寧路城址。上世紀七十年代，周清澍先生從北京圖書館舊報刊書庫抄出《新晨報》刊登的碑文，間有錯漏，據《百靈廟巡禮》録文補正。在他《汪古部事輯》系列論文中引用（説明見《中國蒙古史學會成立大會紀念集刊》第一四九頁，一九七九年）。這通碑的碑文有九百餘字，是前淨州路儒學教授三山林子良奉趙王懷都的鈞旨撰寫的，由王傅都事劉德彰篆額（圖一一）。

《王傅德風堂碑記》明確提到『趙王王傅府下轄德寧、砂井、淨州、集寧等路』。（黄奮生著：《百靈廟巡禮》）刊登在北平《新晨報》一九二八年九月二日副刊上林子良的《王傅德風堂碑記》中記述：『自至大元年（一三〇八），始立王傅府事，奉王□頒銀印，給虎符……俱備。王傅府後乃為趙國之綱紀，以下德寧、砂井、淨州、集寧等路及斷事官，所轄總計壹百……拾……屬焉。』《碑記》中提到的四處地區與《元史》相符。

關于這通碑記，早在一九三八年二月陳垣先生即發表有《馬定先生在内蒙發見之殘碑》一文（載《華裔雜志》第三卷第一期，中文原稿見《陳垣學術論文集》第一集，第二四四頁，中華書局，一九八〇年），文中有詳細的論述，并在《華裔雜志》刊發了碑石照片。

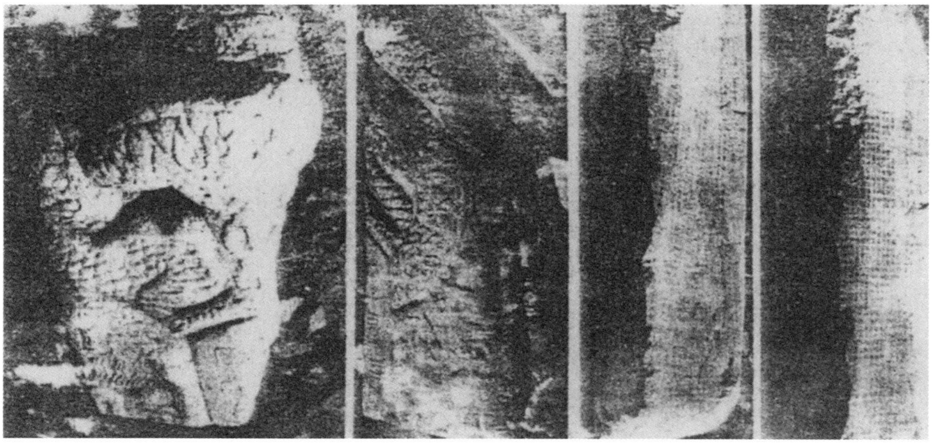

圖一一　《王傅德風堂碑記》（從左至右：一、二碑額，三、四碑身）

近又據周清澍先生考證推理：從馬丁所攝照片看，此碑蓋三石合為一碑，形如屏風，坐北朝南立于廳堂正中，與尋常廟宇碑銘之樹立庭階兩側者不同。其碑額則應在當中之一石，今雖裂為兩半，篆文仍完好。第一石即題目所在之一石，原在全碑之東邊，今存六百餘字，碑陰有帖木兒不花等題名。又一石，中有『風者天使也』等字，解釋德風意義，當為中間一石之一部，碑陰有府尉、司馬等題名。西邊一石正面照片餘未見，惟一小石有『王傅』『前任』字樣，又一小石有『見任』『降虎符』字樣，皆當為西邊一石碑陰之一部。蓋全碑正面為德風堂記，即碑之正文，從東向西起讀；背面為王府官屬題名，則從西向東起讀，王傅題名自應在先，故知此為西碑陰也。

通碑內容是頌揚汪古部首領趙王之功德，而立在王傅府廳堂內的，後因戰亂此碑下落不明。

（二）《王傅德風堂碑記》碑文

該碑現已不存，現將當年考古人員抄録、後經周清澍先生校改的碑文附録如下：

王傅德風堂碑記

……客前淨州路儒學教授三山林子良奉王鈞旨撰，王傅都事劉德彰篆額。

聖朝開拓封疆，混一於天下，亙古無比盛矣。人力所通，舟車所至，日月所照，霜露所□，凡有血氣者，莫不尊親，故曰配天。始自太祖，肇基於和林。世祖統正朔，修文於華夏，聖聖相傳，鬱鬱乎其文也。前翰林承旨閻復奉敕撰故高唐忠獻王記封謚，上至高祖暨公主國夫人，其文詳而且備，吾不復言之矣。然忠獻天資高敏，篤好聖學。王亦……外堂有八面玲瓏之中，以示子孫為之王也。前尚皇姑齊國大長公主忽答美實，繼尚皇女齊國公主愛雅失里。世子主安甫脫繈褓，詔以忠獻王母弟朮忽難，器識英偉，尊崇明教，能繼其事，授以金印、玉帶、海東青，封高唐王，尚齊國大長公主阿實突忽魯，恪守祖宗成業，治國以勤，撫民以仁，老安少懷，更□王。及主安出幼……阿拉的納八剌。至趙王阿拉忽突，英武之資，家齊國治，賞罰分明，尚趙國公主吉剌實思，生二子，長曰馬劄罕，次曰懷都。然馬劄罕，聰明仁智，才兼文武，識鑒精微，議論英發，朝會之時，諸王無出其右者。□□□年，襲封趙王，尚皇妹趙國大長公主速哥八剌，生一女八哑實里公主，□□郯王之子也。當時所任之人皆賢能，所行之事皆仁義，使頑夫識廉，嚚婦好貞，振起趙國之綱維，流風善政，煥然一新。元統□□□□王繼尚宗王晃兀帖木兒仲女□難公主。主天性聰明，懿德好善，崇敬三教，迨王馬劄罕薨，有女公主吉祥奴、世子八都帖木耳尚在繈褓之中，王母弟懷都趙王襲位，能遵國政，平日寡言，英風凜如泰山之安，保王業若磐石之固，不負駙馬王之位，朔方寧謐，萬口乂安，榮享太平之日。

自至大元年始主王傅，事奉……御眾以寬，臨下以簡，王旦之流也，文學黑臺和而不流，威而……是時天曆……實此等，皆是當塗之英俊，襟懷倜儻……登斯堂者，無屍其位，不素而餐，忠心報於國，膏澤□於民，憂民之憂，樂民之樂，不以將相為貴，……德性溫和，王戎之流也……

王侯四海來□堂，□□高唐忠獻王
子孫世為駙馬郎，先王馬劄罕高強

錢糧總管府　都事　多識爾　劄別臺　李榮祖　帖木兒不花

也里可溫

（三）《王傅德風堂碑記》與敖倫蘇木古城

敖倫蘇木城遺址，位於元上都西北今包頭市達茂聯合旗旗政府所在地百靈廟鎮東北約三十公里，艾不蓋河北岸的沖積平原上。古城建於元代，它既是活動在陰山一帶的汪古部首領趙王世家的府邸，為汪古部領地的政治、經濟、文化、宗教中心，又是元代德寧路所在地，為當時蒙古草原上的重要城市之一。據《王傅德風堂碑記》，可以確鑿的證實，當年的趙王府就設在城內，因為這通碑是為頌揚歷代趙王的功德，而立在王傅府內廳堂正中的。王傅相當於皇帝下設的宰相，王傅府相當於王相府。

《元史》對汪古部主和歷代趙王所記傳文，衹到術安為止。術安以後各世的情況沒有記載，幸虧有《王傅德風堂碑記》術安以後各位趙王才得以為後世所知。據《王傅德風堂碑記》可知，術安以後為阿剌忽都，阿剌忽都以後是馬劄罕、懷都。

《王傅德風堂碑記》：『至趙王阿拉忽突，英武之資，家齊國治，賞罰分明，尚趙國公主吉剌實思，生二子，長曰馬劄罕；次曰懷都。』

馬劄罕在《元史·諸公主表》中有『囊家臺子馬劄罕』，陳垣先生根據此碑寫出重要文章。根據此碑可知『馬劄罕，職明仁智，才兼文武，識鑒精微，議論英發，朝令之時，諸王無出其右者……年，襲封趙王，尚皇妹趙國大長公主速哥八剌，生一女八哂實里公主，鄃王之子也。』

圖一二　敖倫蘇木古城

圖一三　達茂旗博物館收藏的元代碑額

馬劄罕的繼任者是懷都，在《王傅德風堂碑記》中對懷都的功德亦有記載：『迄王馬劄罕薨，有女公主吉祥奴、世子八都帖木耳尚在繈褓之中，王母弟懷都趙王襲位，能遵國政，平日寡言，英風凜如泰山之安，保王業若磐石之固，不負駙馬王之位，朔方寧謐，萬口乂安，榮享太平之日。』《王傅德風堂碑記》建於懷都在位之時，此後的趙王沒有記載，馬劄罕的『世子八都帖木耳尚在繈褓之中』，參考其他材料得知，再一位趙王應當是八都帖木耳。由於《王傅德風堂碑記》在補充原始材料方面的重要價值，中外學者對此碑很是看重。

敖倫蘇木城遺址平面呈長方形，東西長，南北寬。坐北向南，方向偏東四度。南牆長九五〇米、北牆長九六〇米、東牆長五六〇米、西牆長五八〇米。現城牆遺跡清晰可辨，牆基寬約三米，東、西、北牆均斷斷續續有所保留（圖一二）。東牆北端殘存的一段城牆最高處約有三米，牆體為黃土與砂粒石塊夾板夯築，十分堅硬。四面城牆均辟城門，至今東門、北門、西門以及甕城和四個角樓遺跡均較明顯。城內建築遺址甚多，街道寬闊，佈局整齊，院落分明。早年，古城遺址內地表遺物非常豐富，大到石碑、碑額、基石及柱礎、石板、石條等石製建築構件，小至殘磚斷瓦、陶瓷殘片，比比皆是。現大多已收藏於達茂旗博物館（圖一三）。

汪古部，其在元初元上都以西黑水河岸邊築有新城，後更名為德寧路，其城址在敖倫蘇木古城內。該城是一座景教文化濃厚的城市，出土有許多景教文物，諸如《王傅德風堂碑記》和其他景教碑等。汪古部協助蒙古汗國抵禦金王朝，守護金界壕——邊牆的北岸（圖一四），並屢立戰功。因此與成吉思汗『黃金家族』一直保持著『世世為婚』的關係，因其部長受封『趙王』，故又名『趙王城』。

圖一四　汪古部守護的邊墻

八 《故祖母唐氏十五孺人壙記》碑

（一）《故祖母唐氏十五孺人壙記》碑簡介

該碑現藏於錫林郭勒盟正藍旗元上都博物館，為青石質，高六九·五釐米，寬四二·五釐米，厚二釐米。碑文為楷書，上面塗以朱砂，碑上方刻一圓環（圖一五）。

（二）《故祖母唐氏十五孺人壙記》碑考釋

據碑文所記與祖母唐氏相關的家人共十五位，先後合葬並立碑，故稱為『故祖母唐氏十五孺人壙記』。由此可知，這是一处家族墓地的墓碑。

碑文記載：『祖母唐孺人、其先世家居撫城之北隅。』考《元史》卷五八《地理志》興和路，唐屬新州，金置柔遠鎮，後升為縣，又升撫州，屬西京。此地距元中都較近，今屬張北縣。

碑文中先後出現兩個元代年號，第一個是『大德丁酉』，為成宗大德元年，即一二九七年；第二個是『大元至正九年八月』為元順帝至正九年，即一三四九年。

該碑為元代普通百姓家族墓碑，記載了祖母唐氏克勤克儉，和睦鄰里，『經營貯極、家道日進』五十多年的經歷。此外，碑文上還有建立墓壙時，建墓人對於墓地位置的選擇和昭告山神的祭語。此碑對研究元上都、中都地區漢人百姓的民風葬俗具有一定的參考價值。

圖一五　《故祖母唐氏十五孺人壙記》碑

九　《博陽幡杆石》碑

（一）《博陽幡杆石》碑簡介

此碑發現於烏蘭察布市四子王旗白彥花蘇木白彥花嘎查合同廟，現藏呼和浩特市艾博雲集博物館。碑長二四五釐米，寬四三釐米，厚二〇釐米。正面上方刻有半浮雕式蓮花，下方陰刻蓮花，碑的上部鑿長方形孔，下部鑿正方形孔（邊長一〇釐米），兩孔均貫通石碑。兩洞之間刻有萬字元號。以兩孔為中線，石碑正面兩邊刻有雲紋，但並無文字；碑背素面。在石碑兩側分別刻有兩行漢文，其中左側兩行碑文上面還刻有十字架及雲紋圖案（圖一六）。

（二）《博陽幡杆石》碑碑銘考釋

從碑文內容來看，這塊碑石是元代寺院中的幡杆石。碑文開頭所刻『博』、『陽』二字與其他碑文相比，字體稍大，且單獨豎排，應為題名。故將此碑石命名為『博陽幡杆石』。其全部碑文如下：

右側：博　施幡杆院主普升監寺普聚維那普彌殿主普祥

陽　庫頭普善功德主總管撒里蠻治中何答失蠻等

左側：□主□僧正劉普□□□

幡杆石夾子院主寧普□

（三）《博陽幡杆石》碑研究

通過考證，認為此碑系『功德主』『總管撒里蠻』、『治中何答失蠻』等官員，為某寺院所施捨的幡杆石。從碑文中所刻元朝特有的兩位官職『總管』、『治中』可以斷定該碑為元朝時期所立。內蒙古四子王旗、達茂旗等地在元代為汪古部趙王領地，這一地區歷來不乏有各種石碑出土。與以往出土之石碑相比，博陽幡杆石碑最大的特點便是佛教、景教、伊斯蘭教三教的內容集中刻在同一石碑上。因此，這塊石碑是研究元代宗教及宗教關係

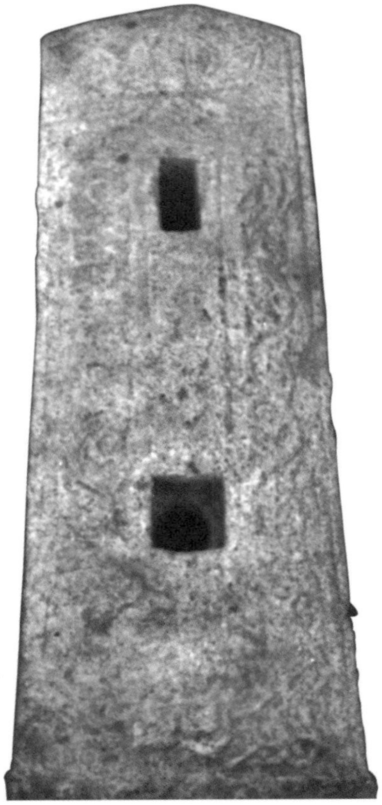

圖一六　《博陽幡杆石》碑

等問題的重要實物。下面將石碑上的上述三種宗教資訊予以分述。

第一，佛教資訊。縱觀碑文，可見較濃的佛教資訊，即多位元『普』字輩的僧人法號和僧職。這種佛教寺院眾僧特有的法號，其他宗教無此習俗。現對碑文中僧人的官職予以簡述。

院主：

監寺：禪宗寺院東序六知事之一，總管一寺事物。

維那：寺院三綱之一，管僧眾庶務，位於上座，寺主之下，後為禪宗寺院東序六知事之一，主掌僧眾威儀進退綱紀。

殿主：

庫頭：掌管寺院錢財進出。

第二，伊斯蘭教資訊。何答失蠻應是人名，『答失蠻』一詞源自於波斯語 Danishmand，意為有知識者，元時按其讀法音譯為『答失蠻』，是典型的伊斯蘭教教名。元朝政府將伊斯蘭教『學者、神學家』統秤為答失蠻，且常與僧、道、也里可溫（景教教士）並提，除統秤伊斯蘭教專職人員以外，答失蠻也以人名出現於史書。《元史》中出現有十二位答失蠻，但據楊志玖先生在《元代回族史稿》中的考證，這十二人中有四個人是同一人以不同時期和不同官職出現，因此，《元史》中出現的十二位答失蠻是八個同名的人。

第三，景教資訊。碑身沒有有關景教的文字資訊，但是卻刻有十字架、蓮花等景教圖案。包括內蒙古四子王旗和達茂旗、托克托縣等區域，在元代均系汪古部領地，汪古部舉部信奉景教。所以，這一地區有關汪古部的考古發掘不乏與景教有關的文物出土，尤其是石碑和墓頂石的發現更是如此。但凡與景教有關的石碑、墓誌石上都刻有十字架圖案。

另外，『總管』與『治中』是元朝在地方所設官職的名秤。其一總管，即碑文所刻撒里蠻的官職。元朝地方行政機構沿襲了金、宋『路』一級建制。路分兩等，據《元史·百官志》記載：『十萬戶之上者為上路，十萬戶之下者為下路。』官員設有達魯花赤、總管各一員，秩三品。除此之外，元朝中央和地方還設有各種名目的主管專門事物的總管府，也置總管一職。其二.治中，即碑文所刻答失蠻的官職。治中是元朝各總管府所置官職，秩四品左右。是總管的直屬下級官員，但並不是所有路均設此職，《元史·百官志七》載：諸路總管府，至元二十年，定十萬戶之上者為上路，十萬戶之下者為下路。上路同知、治中、判官各一員。下路不置治中員。除地方行政官員外，在主管專門事物的總管府也設有此職，但極為少見。《元史》中出現的僅有五例，分別為：隆禧總管府治中一員，會福總管府治中一員，崇祥總管府治中一員，壽福總管府治中一員，管領諸路打捕鷹房納錦等戶總管府治中一員。

通過此碑的多種資訊，可見元朝時期北方草原地區在政府的提倡下，多種宗教文化並存，共同發展、互相融匯的歷史情況。

一〇　崔氏家族墓碑

（一）崔氏家族墓碑簡介

崔氏家族墓碑於二十世紀八十年代初，在托克托縣古城鄉雲中故城遺址東北隅城牆外出土。一九九二年該縣文物部門將其收藏在呼和浩特市托克托縣博物館。墓碑的內容上起金末，下至元朝大德年間。墓碑為青石質，上端殘缺約三分之一，殘長八七釐米，寬六七釐米，厚一五釐米（圖一七、一八）。

（二）崔氏家族墓碑碑銘考釋

根據石俊貴先生主編的《托克托縣文物志》，崔氏家族墓碑正面陰刻楷書十九行，每行殘留字數不等，最多者有三十二個字。因暴露地表多年，其殘留部分的碑文亦難全部辨認。該碑背面陰刻立碑人崔子溫家譜。此碑對考證金元時期雲內州城址的位置和研究元代中期的民情風俗等，具有重要

圖一七　崔氏家族墓碑拓片（正面）

圖一八　崔氏家族墓碑拓片（背面）

的價值。

茲録殘存碑文如下：

……段思誠撰，河津縣儒學教諭田裕書。

……變譜牒不存，曾高而上，不可得而知也。公昆弟九人，皆以醫鳴於世，壬辰大兵南

……□難得拜。

……德常病歿，公挈家至雲內州，官賜居第，給衣糧，后遂家於此。流離之際□事。

……曰：君子小人之分，善與惡而已。聖人之教，人倫之本，吾不能一一言之。但願……

……墜，家有三教，餘慶堂故崔氏之門，世有成德，而無凶人。至元癸酉五月以疾□

……□郭東南隅五里之新塋，妻翟氏祔焉。德常一子曰琳，妻王氏，四孫。伯曰子忠，仲……

……□女孫六，子忠以家學繼武。祖考能針善藥，為當時所秤。子英性剛直，喜周……

……弟善居其室。子溫至元三十年以進義副尉西三州織染局大使入仕，考滿宣尉司

……校尉，晉寧路翼城縣尹，兼管□諸軍奧魯勸農事。大德十一年，改絳州稷山縣尹至□

……求當時之譽，初兄弟分異盡讓其家資與諸昆季。公二子，長曰瑞，次曰璘，女□

……后，子溫與妻趙氏事瑞，與叔母閻氏如事所生。璘妻師氏。五子：子貴、子佑、子□

……四，雖散處四方，而家傳不墜，何其盛歟！人謂古之君子有心□□□之志不在

……以來活人多矣，其子孫蕃衍如是，豈無所自而然乎，天道□□□□□銘□

……揚水之源深其流也長

……墜天道有常戒爾子孫

年　月　日

忠翊校尉、河津縣尹，兼管本縣諸軍奧魯勸農事崔子溫

石匠龍門張貴　男張伯達

該碑背面文字內容為立碑人崔子溫家族三支四代之譜系，從略。

（三）崔氏家族墓碑碑銘研究

文：『河津縣儒學教諭田裕書』

釋：河津縣在今山西臨汾西南。儒學為元朝設在河津縣當地的教育機構。

文：『變譜牒不存，曾高而上，不可得而知也。公昆弟九人，皆以醫鳴於世，壬辰大兵南……』

釋：金末元初時，戰爭頻繁，所以，曾祖以上的崔氏家譜沒有保存下來。立碑人崔子溫弟兄九人皆以行醫為職業，並小有名氣。『壬辰』應指金哀宗（完顏守緒）天興元年（一二三二），天興三年（一二三四）金滅亡。碑文中提及『大兵』，應指的是南下攻金的蒙古大軍。

文：『公挈家至雲內州』

釋：崔子溫的爺爺病逝後，立碑人崔子溫的二爺爺崔德□帶領崔家老少來到了雲內州。雲內州建於遼道宗清寧初年，歷經金、元，沿襲未改。明宣德初年，置兵官戍守，正統以後荒廢。

文：『至元癸酉五月以疾□……郭東南隅五里之新塋，妻翟氏襯焉。』

釋：至元癸酉是至元十年（一二七三）。『郭』指雲內州城郭。崔德常於至元十年病故後，在雲內州城郭東南五里遠的地方置新墳地，與其妻翟氏合葬於此。

文：『德常一子，曰琳，妻王氏，四孫。伯曰子忠，仲……』

釋：崔德常一個兒子，名崔琳，兒媳王氏，四個孫子：老大崔子忠，妻王氏；老二崔子英，妻李氏；老三崔子俊，妻岳氏、王氏；老四是立碑人崔子溫（過繼與崔瑞為子），妻趙氏。

文：『子溫至元三十年以進義副尉西三州織染局大使入仕，考滿宣尉司……』

釋：崔子溫於至元三十年（一二九三），以進義副尉這一職銜當上了西三州織染局的大使，從此步入仕途。西三州是遼金時期西南部邊界地區的三個州（豐州、雲內州、東勝州，其中雲內州和東勝州在今托克托縣境）。大使一職在元朝時是管理具體事務之官，主要為倉庫、工局官。禮部所屬儀鳳司、教坊司、會同館、宣政院，兩都規運提點所、御藥院、窯坊等機構亦置大使。大使品級隨所在機構而異。宣尉司是元代地方行政機構，掌軍民之務，分道以總郡縣。行省有政令則布於下，郡縣有情則達於省。

文：『晉寧路翼城縣尹，兼管□諸軍奧魯勸農事』

釋：晉寧路治今山西臨汾。翼城縣在山西侯馬東。『縣尹』為官名，一縣之長。春秋時楚國置，簡稱尹。元朝時為地方官，諸縣漢人之長官。上縣從六品，下縣從七品。『奧魯』，蒙古語，意為『老小營』。蒙古軍出征置老小輜重於後方，稱奧魯。佔領中原後，置奧魯官（蒙古語奧魯赤），凡軍戶皆歸奧魯官府管領，不受路府州縣統轄。世祖至元元年（一二六四）以後逐漸撤銷奧魯官，改由地方官兼領諸軍。奧魯管理軍戶，衹有部分蒙古軍和色目軍保留奧魯官。

文：『大德十一年改絳州稷山縣尹，至……』

釋：大德十一年（一三〇七）是大德最後一年。第二年便是至大元年，所以，碑文第十行最後的『至』字，應是至大之『至』。『絳州』，今山西西南之降縣。『稷山縣』，今山西侯馬西，河津縣東。

文：『公二子，長曰瑞，次曰璘，子溫與妻趙氏事瑞，與叔母閻氏如事所生』

釋：把這段文字與碑陰家譜相對照推考，可知『公』應是崔子溫之二爺爺崔德□（崔德常之弟）。崔德□有二子，長子崔瑞，次子崔璘。因崔瑞生有兩女，膝下無子，所以，將崔琳的四子崔子溫過繼給崔瑞。子溫與妻趙氏同叔母閻氏關係和諧，如同親母子一般。因此，在碑陰家譜中便出現了崔琳衹有三子，即子忠、子英、子俊，而獨沒有四子子溫，而崔瑞卻有了一個兒子，且有『六縣尹□□妻趙氏』等文字記載。如前所述，崔子溫共有兄弟九人。其姓名為三個字，中間一字為『子』字。其中崔琳生有四子，家譜中卻少了一個；崔瑞無子，家譜中卻有了一個兒子；崔璘有五子，家譜中記得清清楚楚。九兄弟中，子溫正好排行第六，且除子溫妻為趙氏外，其他兄弟之妻均為其他姓氏。這正好與碑文及立碑時崔子溫任河津縣尹的記載吻合。可以斷定，『六縣尹□□妻趙氏』中間看不清的兩字就是『子溫』二字。

文：『璘妻師氏。五子：子貴、子祐、子□……』

釋：崔璘與師氏生五子，崔子貴、崔子祐、崔子□、崔子明、崔子和。

此碑可以證實托克托縣境白塔村古城遺址為遼、金、元時期的雲內州城。『郭東南隅五里之新塋』，『郭』，應是城郭。石碑的斷裂處還殘留『城』字的一部分。『城郭』以前的關鍵幾個字雖不存在，但是，可以推斷出應是『雲內州』城郭東南。因碑文一開始就說，由於戰亂等原因，立碑人崔子溫的二爺爺帶領著全家來到了雲內州定居，爺爺病故後，葬於雲內州城東南五里遠的地方。此碑在白塔城南五里遠的地方出土，所以，白塔城古城遺址應是碑文中提及的遼、金、元時期的雲內州城。總之，崔氏家族家譜是目前托縣地區已知最早的家譜實物，對研究元朝時期當地的民情風俗是一件重要的實物資料。

一一　元代漢南地區平民墓碑

在元代漢南地區，由於社會較為安定，居民家族興旺繁衍。我們還搜集到與前文所述崔氏墓碑內容大致相同的兩通漢人家族的平民墓誌。

第一通墓誌為劉公墓誌銘，其上有至元十四年（一二七七）年款；第二通墓誌為至元三年（一二六六）宗祖之圖碑。

上述兩碑由鄂爾多斯市蒙古歷史文化博物館楊勇先生提供，碑的正背面均刻有漢字，其內容對研究元朝漢南地區漢人的族譜及社會形態有一定的參考價值。

（一）劉公墓誌銘

劉公墓誌銘，高四六釐米，寬四二釐米。其上有至元十四年（一二七七）年款（圖一九）。

碑上刻有：

劉公墓誌銘

公諱元，字得甫。稟性明敏，智識賢達。內則
孝於親，外則睦於人。為人慷慨，幼習儒書。至元十
四年，授陵州付身兗州務攢典。先人祖居於京兆
府人也。金從於黃蘆嶺之側居之。后至
大元國，遷於西溝三角城之東嶺，卜宅而居焉。於住宅
之北建其墳塋，厚葬其父母。又於與娘川之西，恰其

圖一九　劉公墓誌銘（左：正面，右：背面）

塵焉。如此廣置其田，厚與子孫遺恒業。公娶牛氏，已疾而亡。生五子二女。長曰劉文祚，十六年娶王氏，無嗣。生一女，娉望何不敏焉。孝經云：卜其宅兆，而安措之。為之宗廟，以鬼享之。春秋祭祀，以時思之。生事愛敬，死事哀戚。生人之本盡矣，死生之義備矣。

（二）宗祖之圖碑

宗祖之圖碑高四六釐米，寬四二釐米，其上有至元三年（一二六六）年款（圖二〇）。

碑上刻有：

慈父劉玩　慈母王牛氏　五子　三女
伯父劉侃妻楊氏　劉陳妻氏
叔父劉溫妻李氏　劉仲美妻郝氏
房伯父劉賢妻胡氏　叔父劉欽妻高氏
姑父白得禄　姑姑劉氏
男外甥白思文　妻喬氏
小男外甥賈世寬　賈世川　賈世賢
至元三年四月立石　劉文祚書丹　石匠賈得祚
石匠提領賈彥　弟賈得東

圖二〇　宗祖之圖碑（左：正面，右：背面）

一二　美岱召泰和門『大明金國』石匾

（一）美岱召泰和門『大明金國』石匾簡介

該石匾長六九·五釐米，寬五二釐米，厚一九釐米。其右側銘刻小字：『元後敕封順義王俺答呵嫡孫欽升龍虎將軍天成台吉妻七慶大義好五蘭妣吉誓願虔誠。敬賴三寶選擇吉地寶豐山，起蓋靈覺寺泰和門，不滿一月工城圓備，神力助佑，非人所為也』四行七十二字；中部銘刻大字：『皇圖鞏固、帝道咸寧、萬民樂業、四海澄清』四行十六字；左側刻小字：『大明金國，丙午年戊戌月己巳日庚午時建，木匠溫伸石匠郭江』二行二十五字（圖二一）。

『大明金國』：是蒙古人『葛根阿拉坦汗之國』的漢文硬譯。阿拉坦汗的尊號為葛根汗，意思是『大明』、『光明』。這塊石匾是研究北元歷史的珍貴實物。

（二）美岱召泰和門『大明金國』石匾考釋

『元後』：為蒙古土默特部，是為元朝皇室的後代，故自稱『元後』。

『敕封順義王俺答呵嫡孫欽升龍虎將軍大成台吉妻七慶大義好五蘭吉』：明隆慶年間，土默特蒙古部主阿拉坦汗受封為順義王；七慶大義好五蘭妣吉：為蒙古語的漢譯音寫，即斯琴太后烏蘭妣吉，她是土默特蒙古部主阿拉坦汗的孫媳婦，其夫君為阿拉坦汗的嫡孫欽升龍虎將軍大成台吉。

『丙午年戊戌月己巳日庚午時建』：即明萬曆三十四年九月四日正午，為一六〇六年；此年，美岱召泰和門建成，斯琴太后烏蘭妣吉迎來西藏喇嘛邁達里胡圖克圖，予以

圖二一　美岱召泰和門“大明金國”石匾

隆重禮遇。

邁達里胡圖克圖為西藏四世達賴喇嘛在蒙古地區的代理人。此前，西藏三世達賴喇嘛在蒙古地區圓寂，其轉世靈童為阿拉坦汗的重孫雲丹嘉措。雲丹嘉措幼年時期在美岱召居住，後被迎回西藏，是為第四世達賴喇嘛。此後，因蒙古地區無人掌教，四世達賴喇嘛在蒙古地區的代理人邁達里胡圖克圖東行，在蒙古地區繼續傳播佛教，晚年方返回西藏。邁達里胡圖克圖東來後，為美岱召大雄寶殿内的銀佛主持了開光典禮。

『木作溫伸石匠郭江』，均為漢族匠人的名字，美岱召泰和門的建成，有大批漢族匠人的參與。

（三）美岱召與『皇圖鞏固』石匾研究

美岱召位於内蒙古包頭市土默特右旗境内。北依陰山，南臨土默特平原。明隆慶年間，土默特蒙古部主阿拉坦汗受封順義王，在土默川始建城寺。明萬曆三年（一五七五）建成第一座城寺，明廷賜名『福化城』。萬曆三十四年（一六〇六），西藏喇嘛邁達里胡圖克圖來此傳教，受到隆重禮遇，所以福化城又叫『邁達里廟』或『邁達召』，以後逐漸秤之為『美岱召』（圖二二）。

美岱召是一座城與寺相結合的古建築群，周圍有城牆，平面呈長方形，周長六八一米，南牆中部開設城門，石匾即嵌於城門上方。

城門樓高約二〇米，寬一〇米，為三重簷歇山頂建築，名為『泰和門』。石匾為長方形，四周飾以螺旋形花卉圖案。石匾上刻有漢藏兩種文字，在漢文上方是藏文，為藏經六字真言：『唵、嘛、呢、叭、咪、吽』和『聖識一切第三世達賴喇嘛』。漢文為陰刻楷書共十六字：『皇圖鞏固、帝道咸寧、萬民樂業、四海澄清』。

圖二二　包頭市土默特右旗美岱召

一三　北元石碑（兩通）

該碑原位於呼和浩特市土默特左旗臺閣牧鄉達爾架村，現存內蒙古大學蒙古學院。

其一，博格多察罕喇嘛碑發現於一九六四年，碑文刻在自然石上，約二百二十多個蒙古文字，立碑人是阿拉坦汗的后裔恩和臺吉。碑文為藏傳佛教內容，從字體來看時間為北元末期，當地臺閣牧廟籌建之時（圖二三）。

其二，太公大元固什碑立碑時間為明萬曆十一年（一五八三）。石碑正面刻『忠順夫人長男大□下都督不他失禮皇胎基……』等漢字依稀可辨。忠順夫人阿拉坦汗之妻即三娘子。此碑內容與記載三娘子及其家族有關。碑的背面有三百六十多個蒙古字，內容與正面漢文對應（圖二四）。

圖二三　北元博格多察罕喇嘛碑

圖二四　北元太公大元固什碑

一四　蒙古文阿拉坦汗功德碑

（一）蒙古文阿拉坦汗功德碑簡介

這通石碑於二〇〇四年，由包頭市文物管理處張海斌處長在達茂旗考古調查時，在包頭市達茂旗百靈廟鎮鎮東一戶牧民家發現，當時被牧民當做進門的臺階石。石碑為花崗岩質，高一一六釐米、寬六六釐米、厚一六釐米，碑的兩面都刻有蒙古文，正面字跡模糊，背面文字較為清晰（圖二五）。

（二）蒙古文阿拉坦汗功德碑考釋

該碑碑文由內蒙古社科院喬吉先生進行考釋，確定這通蒙古文石碑刻於明萬曆二十年（一五九二），是一通北元時期阿拉坦汗的功德碑。碑文大意是：阿拉坦汗及其子孫後代將恭謹侍奉供養喇嘛教，使喇嘛教香火不斷，繁榮發展。同時，碑文還記載了阿拉坦汗從青海迎請第三世達賴喇嘛來蒙古地方弘揚佛法，傳播藏傳佛教等重大歷史事件。

據考，一九二七年中瑞西北科學考察團的黃文弼先生，在元代德寧路遺址——敖倫蘇木古城東北發現了此碑，並將這一發現刊於考察文集中，但未能翻譯確認碑文內容；六年後的一九三三年，德王將此碑運到烏蘭察布盟蒙政會（今秤南營所），將此碑豎立在蒙政會駐地。自一九三三—二〇〇四年，阿拉坦汗功德碑下落不明，直至二〇〇四年被考古工作者重新發現。

該石碑現由包頭市達茂旗博物館收藏，是北元時期阿拉坦汗尊崇喇嘛教的重要實物見證。

圖二五　阿拉坦汗蒙古文功德碑

一五　玄石坡刻石

（一）玄石坡刻石簡介

『玄石坡』又稱『立馬峰』。該刻石位於錫林郭勒盟蘇尼特左旗境內，距滿都拉圖鎮東二十一公里。石體為灰色花崗岩，在石峰中心一塊較大的石峰上刻『玄石坡』字樣（圖二六）。石峰頂端有一個約一〇釐米的小窟窿，可能是用來插旗杆的。

（二）玄石坡刻石考釋

在『玄石坡』西側四五米處的巨石上刻三十一字，其內容如下：

御製玄石坡銘。維日月明，維天地壽，玄石勒銘，與之悠久。永樂八年四月初七日。

從此銘文石向北八九米處的石峰上刻『立馬峰』三個大字。在『玄石坡』東側還有一塊巨石，上刻『維永樂八年歲次庚寅四月丁酉朔七日癸卯大明皇帝征討胡寇將六軍過此』。

『玄石坡』刻石，與明永樂帝朱棣北征蒙古有關。據史料記載，明永樂年間（一四〇三—一四二四）明軍曾北征六次。玄石坡銘文顯示：這組石刻是明成祖朱棣於永樂八年（一四一〇）敕命所刻。當年明成祖親率大軍北征，與蒙軍作戰，並刻石銘記。當明軍來到今內蒙古蘇尼特左旗昌圖錫勒賽汗山一帶時，即在『玄石坡』祭祀天地祖宗，並刻石銘記此次軍事行動的時間、地點、人物。此石印證了《明史》及《北征録》記載的真實性，對研究明代北征的用兵和行軍路線有一定的意義，也對有關史籍對於明代的地名記述起到參考作用。

圖二六　玄石坡刻石局部——文字

附録

一　蒙古國蘇赫巴托爾省刻石

該刻石位於蒙古國蘇赫巴托爾省納蘭蘇木（圖二七）。

二〇〇五年十一月十七日，內蒙古郭雨橋先生發現並對刻石拍照抄録銘文，其內容如下：在石面上部刻『擒胡山』三字；又選擇兩處石面分別刻『御製□銘，翰海為鑰，天山為鍔，一掃胡塵，永清沙漠』；『維永樂八年歲四月丁酉朔十六日庚寅大明皇帝征討胡寇將六軍過此』（圖二八）。

據《北征録》所記，此刻石的歷史背景是：明永樂七年（一四〇九），明將齊國公丘富奉皇帝之命，率千餘騎兵於八月在魯渠河南岸（今蒙古國克魯倫河）與蒙古軍交戰失敗，丘富等將軍戰亡。次年二月，永樂帝親率大軍再次北征，但仍然沒有成功。今天所見的刻石，即為這段歷史的見證。

二　《元耶律墓殘碑》

『年月未詳　今在武川縣

碑高□尺□寸。寬□尺□寸。在武川縣境四十頃地村東山梁上。古墳前碑文殘裂不完。首行存管理諸路巴烈〇耶律八字。二行存翰林國史編修六字。三行存翰林〇大〇張四字。四行存翰林待〇王四字。以下文共二十四行。泐蝕過半。擇其能辨認之字句。録存於後。以俟考證。斷句隔多字者記之以□。句中缺字別之以〇。文曰。前古功臣世禄之家。□有功□於後代。為世族之貴盛者也。耶律□祖〇尉公。諱保□。西域帖里薛雯人□當遼聖宗朝。授官不拜□加太尉開府儀同三司。改姓曳剌氏。□正隆間生孫子春□國朝太祖詔復耶律氏□。公主聞其賢□遣使召至位下。授以官。辭不就。□年七十二無病卒。□公諱子成。□文欽受皇太后令□為漏門。其高〇尺。傍施十二門。以象十二時。然燭於〇中〇〇水火籌箭。毫釐不差。□至大元年。宣授武略□路都□王嗣位□王金印。以下尚有殘缺之銘詞。末行署年月處。衹餘一元字。

歸綏道志古蹟門。編修張吉大墓。在保爾板申古城內。城僅敗址。

圖二七　蒙古國蘇赫巴托爾省刻石全景

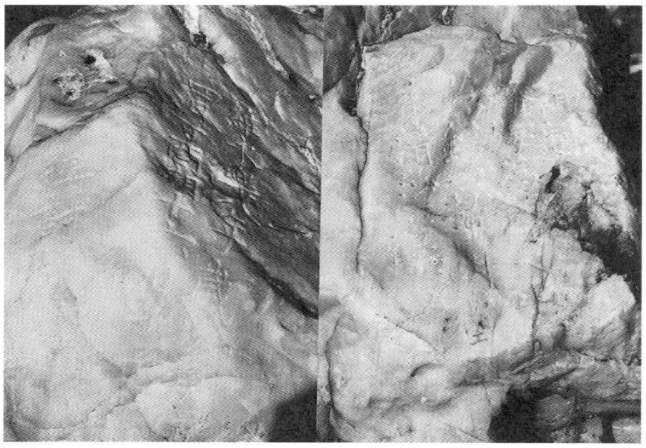

圖二八　蒙古國蘇赫巴托爾省刻石局部——文字

墓有石翁仲。碑字磨滅。可辨者有加太尉開府儀同三司孫子春子成正隆年等字。

案此碑詳審其殘字斷句。祇能辨其為耶律氏之墓碑。而耶律子春子成。俱不可考。惟中敘為漏門。毫釐不差。及至大元年宣授武略。末行署年月處。尚存一元字。審定為元代殘碑。固無可疑。而道志謂為編修張吉大墓。不知其何所依據。其第三行署撰書人姓名處有翰林張等字。豈因此遂疑其為翰林張之墓乎。吉大二字今固泐去不見。就令有吉大二字。亦係撰書人。非墓中人也。道志未經詳考碑中殘字。實為耶律氏。而正隆間為子春降生之時。非墓碑建立時也。』

（録自綏遠通志館編纂：《綏遠通志稿》第六冊，卷四十九《金石·元代碑刻》，內蒙古人民出版社，二〇〇七年）

三　《威寧井氏墓誌銘》輯録

作者虞集（簡介見卷一）。

碑文所述興和路威寧縣，故址在今內蒙古烏蘭察布市興和縣台基廟古城。井氏為威寧縣望族，世代為官。興和路金為撫州，屬西京路，一二五四年，忽必烈駐帳金蓮川，復立撫州，皇慶元年（一三一二）改為興和路。每年皇帝去上都，秋末由此還大都，興和路為供應之所。據《元史·地理志》卷五八：本路有八千九百七十三戶，人三萬九千四百九十五口，太原商人居多。本路轄四縣一州，其中高原、威寧縣和寶昌州在今內蒙古境內。

碑文中關於井氏族人曾任淨州路天山縣尹，以及上都興和等路打補鷹房提領所副官等職，可為研究元代『腹裏』地區官員情況及井氏家族史提供了第一手資料。

録自《張北縣志》卷八《藝文志·金石》。

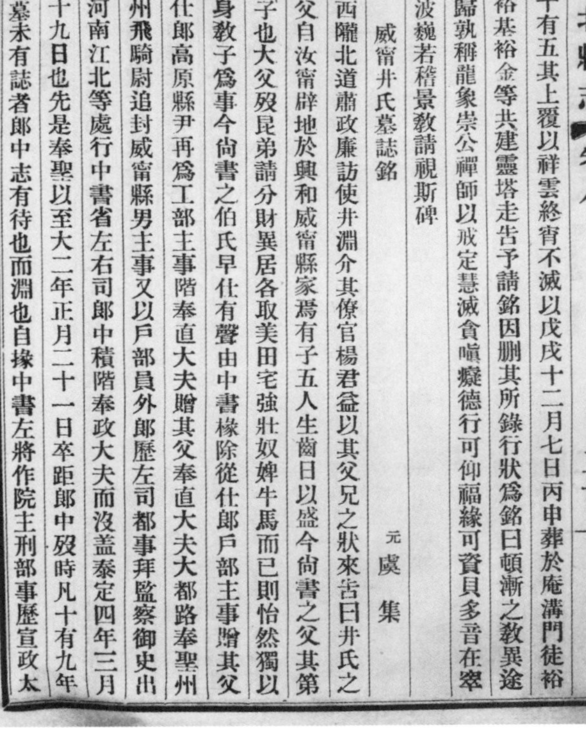

二十有五其上覆以祥雲終宵不滅以戊戌十二月七日丙申葬於庵溝門徒裕辯裕基裕金等共建靈塔走告予請銘因刪其所錄行狀爲銘曰頓漸之教異途同歸孰稱龍象崇公禪師以戒定慧滅貪嗔癡德行可仰福緣可資貝多音在窣堵波巍若稽景教請視斯碑

威甯井氏墓誌銘　元虞集

河西隴北道肅政廉訪使井淵介其僚官楊君益以其父兄之狀來告曰井氏之大父自汝甯辟地於興和威甯縣家焉有子五人生齒日以盛今尚書之父其第四子也大父歿昆弟請分財異居各取美田宅強壯奴婢牛馬而已則怡然獨以修身教子爲事今尚書之伯氏早仕有聲由中書椽除從仕郎戶部主事贈其父從仕郎高原縣尹再爲工部主事階奉直大夫贈其父奉直大夫大都路奉聖州知州飛騎尉追封威甯縣男主事又以戶部員外郎歷左司都事拜監察御史出爲河南江北等處行中書省左右司郎中積階奉政大夫而沒蓋泰定四年三月二十九日也先是奉聖以至大二年正月二十一日卒距郎中歿時凡十有九年而墓未有誌者郎中志有待也而淵也自掾中書左將作院主刑部事歷宣政太

禧屬官至刑部員外拜監察御史右司都事兵部郎中儲政院判徽政院參議既贈其父奉聖君朝散大夫同知興和路總官府騎都尉追封扶風郡伯參議遷內宰又贈其大父亞中大夫東平路總管輕車都尉進贈其父嘉議大夫禮部尚書上輕車都尉並追封扶風郡侯內宰改工部侍郎遷浙西憲副尋以侍郎而擢實右司直兼經筵官矣至元庚辰歲遷兵部尚書積階正議大夫憲台擢河西隴北道副使散官如故顧未有以成其先兄之志懼歲月之滋久而浸泯也請爲誌之東平侯諱伯全配王氏尚書公諱德成配高氏婦姑並追封扶風郡夫人子五人長曰源字彥明左右司郎君也娶侯氏繼郭氏以其夫貴皆封威甯縣郡次順隆興宣德鷹房提領次顯淨州天山縣尹次溫上都興和等路打捕鷹房提領所副官次元次淵字彥深河西隴北道廉訪使君也娶劉氏繼娶牛氏因其夫貴俱封扶風郡夫人女一人適同郡進士王弼早寡以貞節表其門孫男九人天歷二年秋右司爲刑部時天子自北方還上都供億視常歲爲夥有司請豫大儲蓄宰相刑部爲之出令使民得入粟受厚直於是任者輦者負者戴者畢至則平斗斛受之民以次得直去府史闒徼無姦留不日而粟盈鉅萬四方聞之商農日集都市

粟價頓平民益悅是歲予以太史亦在上都見刑部爲政陞中書兵部尚書擢河西隴北道憲使而信其父兄之善銘曰人有子孫或以貲令或以德存斯獲孰敦惟德弗競田取無繩器取竊病而有餘慶化行於家長怡約愉德用不孤爲善之符其符何有伯氏孔膴靡爵之好以介父母嗣伯以升匪季莫勝來侯來公尚勗爾能威甯桑梓蔽芾井里有隆斯封以享永祀

麃台嶺觀音堂記

元　譚榿　洛陽人

故中書丞相贈和寧忠獻王康里脫脫公之子曰鐵木兒達世偕弟達識貼睦邇既成景賢書院請於譚榿曰興和西南五十里曰桃山桃山之東五里曰麃台嶺供奉尚鷹每夏居焉歲丁丑有旨造鷹室刻二石鼓以紀歲月矣然其地乃草漠之衝轂交轢錯由秦晉燕齊而北者由灤京遼東而西者道必出焉智愚往復良惡弗辨不可以口舌訓惟觀音大士有救水火力毒八難之願雖在介胄亦爲敬禮嘗建堂兩楹於道傍先生爲吾記之予曰大士之願考之釋書可見吾儒雖罕言然而人遇暴難有叩蒙應者何誠也猶空谷呼聲非谷也人也大士遇人急難無叩不答者何明也猶日中物影非物也日也然則大士之明實我心之誠矣且

附：故元威寧井氏墓碑銘

『元威寧井氏墓碑銘』

至正二年　今在興和縣

縣治西北四十里許。碑樓窊村古墓。俗呼侍郎墓。墓前碑高九尺。寬三尺。額篆故威寧井氏墓碑銘八字。款署虞集撰。許有壬書。不知何年傾倒。斜裂為二段。後人復行豎立。將斷處之殘角。截而取齊。驟視之似全碑。實則裂處已殘損多字矣。墓之東南隅又一碑。碑陽題井公墓碑。陰題井君墓。

案此碑原文載於歸綏道志之藝文卷。註云。正黃旗四佐領地有古墓三。石翁仲石獅石羊各二。墓碑一。已中斷。碑內文亦有闕。今照道志録全文於後。以此次所拓。相互參證。註明後泐之字。以存其實。

河西隴北道肅政廉訪使井淵介。其僚友楊君。以其父兄之狀來告曰。井氏之大夫自□興和之威寧縣□家有子五人。生□日以盛。今尚書之交。其第四子也。大父沒。昆弟請分財異居。各取美田宅強壯奴婢焉牛□身教子□今尚書之伯氏早仕有聲。由中書椽除從事郎戶部主事。贈其父從事郎高原縣尹。再為工部主事。階奉大夫。大同路奉聖州知州。騎尉追封威寧縣男。主事又以戶部員外郎歷左司都事。拜監察御史出為河南江北等　奉政大夫而沒。泰定四年三月二十九日也。先是奉聖君以至大二年正月二十一日卒。距郎中沒時。凡□□中之志有待也。而□□也。自椽中書佐將作院主刑部事。歷宣政大禧屬官至刑部員外郎。拜監察御史右司都事。□院參議。既贈其父奉□君朝散大夫同知興和路總管府事騎都尉。追封扶風郡伯。參議遷內宰。又贈其大父亞中大夫東平路總管車都尉。追贈其父嘉議大夫禮部尚書上輕車都尉。並追封扶風郡侯。內□□尚書。積階正議大夫。憲台擢河西隴北道□使。散官如故。顧未有以成其先兄之志。懼歲□□□為志之。東平侯諱伯全。配王氏。尚書公諱德誠。配高氏。婦姑並追封扶風郡夫人。子六人。長曰源。字彥明。□次曰順。隆興宣德鷹房提領。次顯。淨州天山縣尹。次溫。上都興和等路打捕鷹房提領所副。

河西隴北道廉訪使君也娶□氏牛氏。因其夫貴俱封扶風郡夫人。女一人適同郡王弼。早寡。以貞節表其門。孫男□二年秋右司為刑部時。天子自北方還上都。供億視常歲為夥。右司請豫大儲偫。宰相使刑部為之出令。使民得入□□者輦者。負者。戴者畢至。則□受之。即以次得直去。府史閭儌無姦留。不日而粟盈鉅萬。四方聞之。商農日集。

都市粟價□□歲□□□子乙太史亦在上都。見刑部為政。陞中書兵部尚書。擢河西隴北道憲使。而信其父兄之善。銘曰人有子孫。或以資分。或以德存。所獲熟敦。惟德弗競。田取蕪□繩而有餘慶。化行於家。長枌幼揄。德用不孤。為善之符。其符何有。伯氏孔膴。縻爵之好。嗣伯以升。匪季莫勝。

來侯來公。尚勗爾能。威寧桑梓。蔽芾井裏。有隆斯封。以享永祀。至正二年歲次壬午季夏丁未月癸亥日立石。又墓碑一。前面題字六行。曰贈亞中大夫東平路總管輕車都尉。追封扶風侯。祖氏。扶風郡夫人。

井公之墓。贈嘉議大夫禮部尚書上輕車都尉扶風郡侯。□母氏。扶風郡夫人。井公之墓。碑陰有字三行。曰大元故奉政大夫河南行中書省左右司郎中井君墓。』

（録自綏遠通志館編纂：《綏遠通志稿》第六册，卷四十九《金石·元代碑刻》，內蒙古人民出版社，二〇〇七年）

卷六　印璽、禮器、符牌等項銘文研究

卷六説明

在蒙元時期的金石文物中，有一部分為皇帝、貴族、勳臣、中央政府或地方政府頒製的金屬質文物。如印璽、禮器、符牌、武器、衡器、錢幣等，其上鑄造或銘刻的多民族文字，涉及當時的政治、經濟、軍事、文化和民族關係。

這些珍貴的金屬質文物，有些為國內外所罕見。例如，一九九二年在呼和浩特市武川縣出土的監國公主印，為成吉思汗的三公主以監國公主的身份頒給『河北都總管』的官印。這是迄今所見唯一的成吉思汗公主的印信。此后，又在呼和浩特發現一枚『宣差河北東西等路課税所揮官之印』，此印與監國公主印無論從印文風格、內容以及造型等方面，均十分相似，該印應為大蒙古國時期阿剌海別吉公主在任漠南監國時，頒發給河北、山東、山西地區的税務長官的印信。這方『宣差河北東西等路課税所揮官之印』，對於研究大蒙古國時期蒙古貴族參與中央税收管理的情況，具有重要的參考價值。而本卷收録的元代『皇帝之寶』和『移相哥大王印』，則均為罕見的印璽資料。

現藏內蒙古元代瓷器博物館的『中書禮部造』八思巴文『左衛阿速親軍百戶印』在內蒙古為首次發現。此印對於研究元代阿速軍很有價值。又如，在興安盟索倫、呼和浩特市清水河縣發現的八思巴文金牌和銀牌，是元代官府頒發的表明特別身份的牌符，也是元代驛站管理方面的珍貴實物。現藏興安盟文物站的五種文字夜巡銅牌，其上鑄有漢文、八思巴文、波斯文、藏文、畏兀兒字蒙古文等五種文字，表明元朝官兵來自諸多民族，它在出土的元代牌符中尚屬首例，因而極為珍貴。

現藏錫林郭勒盟蒙元博物館的元成宗大德二年（一二九八）銅火炮，比中國國家博物館所藏元文宗至順三年（一三三二）的銅火炮早三十四年，是迄今所知時代最早的銅火炮。在呼和浩特發現的『至正四年大都路造』銅權，分別鑄有漢文、畏兀體蒙古文、八思巴文、波斯文、亦思替非文（古阿拉伯文）等五種文字，大都是元朝的首都和政治、經濟、文化中心，人口號秤百萬，商業十分繁榮，此銅權即是元代大都繁榮的商業活動的實物見證。

上述各類金屬文物及其銘文，其上鑄造或銘刻著眾多民族的文字，是元代發達的對外經濟貿易和多民族分佈的實物見證，對於開拓《元史》研究領域具有重要的價值。

一 印璽

（一）『監國公主入宣差河北都總管之印』銅印

該印長一〇八釐米，寬一〇七釐米，體厚一·〇釐米，通鈕高六·三釐米，重一四〇〇克。一九五八年武川縣東土城子五家村出土。銅印為方形，鈕上刻有『上』字和『王』字。印文為陽刻九疊篆字漢文，共三行十四字，為『監國公主入宣差河北都總管之印』。印的正中有古蒙文兩行（圖一）。經考證，此監國公主為成吉思汗的公主阿剌海別吉，曾任漢南監國，可直接任命漢南與河北地區的軍政長官。此印為阿剌海別吉以監國公主的身份，頒給『河北都總管』的官印，這也是迄今所發現的唯一的成吉思汗公主的印信。

附：貴由汗印璽

一直以來學術界命名為『貴由汗印璽』，其實有可能是其父太宗窩闊台汗時所掌的國印，後傳於嗣子貴由汗。一二四五年三月，羅馬教皇英諾森四世（Pape Innosent Ⅳ）致蒙古大汗兩封國書。貴由汗印璽約六寸見方，於一二四六年曾加蓋於貴由汗致羅馬教皇英諾森四世的復函之上，信函（長一一二釐米，寬二〇釐米）以及加蓋的印跡被完整保存下來。

據羅馬教皇英諾森四世派往蒙古草原的普蘭諾·卡賓尼（Plano Carpini）所著《蒙古史》記述：『在貴由舉行登基典禮以前。黠思馬把他親手製作的皇帝寶座和他鑄造的皇帝印璽給我們看，且把印璽上刻的文字告訴我們』。當時西方世界基督教士經貴由汗宮廷侍衛兼通事鐵木耳的翻譯解釋印璽之文大意為：天上之上帝，地上之貴由汗，奉天帝命而為一切人類之皇帝。降者可保，拒者滅之。於今我們根據現有文獻對該印璽大致翻譯如下：『長生天氣力里，大蒙古國大皇帝之聖旨：聖旨所到之處，友邦或敵國民人，宜敬信者，宜惶恐者。』

貴由汗印璽銘文的拉丁文轉寫：

圖一 "監國公主入宣差河北都總管之印"銅印

güyüg qaγan-u tamaγ-a-yin bičig

第一行：mongka tngry-yin

第二行：küčündür, yeke mongγol

第三行：ulus-un dalai-in

第四行：qanu ǰrlγ, il bulγa

第五行：irgen-dür kürbesü

第六行：büsiretügei ayutuγai.

（二）『宣差河北東西等路課稅所揮官之印』銅印

該銅印為方形，印文為漢文九疊篆書，共三行十五字，為『宣差河北東西等路課稅所揮官之印』（圖二）。此印與前所介紹的監國公主印，無論從印文風格、內容以及造型等方面，均十分相似。因此，估計該印為大蒙古國時期成吉思汗的公主阿剌海別吉在任漢南監國時，頒發給河北、山東、山西地區的稅務長官的印信。

印文中的『河北東西等路』，指的是河北、山東、山西等地。『課稅所』係指蒙古太宗二年（一二三〇），窩闊台汗聽從耶律楚材的建議，以均定中原地稅、商稅、酒、醋、鹽、鐵、山澤之利，在河北、山東、山西設立的十路『徵收課稅所』。即：燕京、宣德、西京、太原、平陽、真定、東平、北京、濟南、平州等十路課稅所。這些課稅所中除燕京（治今北京）、北京（治今內蒙古寧城）之外，其餘八路課稅所，均為河北、山東、山西等路課稅所的組成部分。由此可見，『宣差河北東西等路課稅所揮官』在大蒙古國時期對中原漢地的稅收管理享有重權。

這方銅印，對於研究大蒙古國時期蒙古貴族參與中央稅收管理的情況，具有重要的參考價值。

圖二　“宣差河北東西等路課稅所揮官之印”銅印

（三）八思巴文『管女直侍衛親軍萬戶府』銅印

該印呈正方形，邊長八釐米，通高八釐米（圖三）。現藏內蒙古博物館。

印面陽刻八思巴文，內容為『管女直侍衛親軍萬戶府印』。印背面右側刻漢字『管女直侍衛親軍萬戶府印』；左側刻『中書禮部　造』、『至元十九年四月　日』。此為元代中書省禮部鑄造的八思巴文管理女真的官印。對於研究元代蒙古對女真人的管理情況十分重要。

圖三　八思巴文“管女直侍衛親軍萬戶府”銅印

（四）八思巴文『永昌等處行樞密院斷事官府印』銅印

一九八三—一九八四年間，內蒙古文物考古工作者對阿拉善盟額濟納旗黑城遺址進行了考古發掘，在東街的一個店鋪遺址發現了這方官印。該印呈正方形，邊長八·四釐米，通高九·二釐米（圖四）。現藏內蒙古文物考古研究所。

印文為八思巴字，內容為『永昌等處行樞密院斷事官府印』。背面右側陰刻漢文，內容與八思巴文相同；左側刻『天元元年二月　日　禮部造』。天元元年為公元一三七九年，此年是北元脫古思帖木兒可汗建元之年，年號『天元』。脫古思帖木兒可汗為昭宗弟，一三七八年立，一三八八年被阿里不哥后也速迭兒縊殺。蒙古自昭宗以後，史稱北元。多年來北元文物出土發現甚少，這方『永昌等處行樞密院斷事官府印』，是北元汗廷在亦集乃城的重要實物證明，也是北元中書省所頒的高級別銅印，對於見證和研究北元歷史十分珍貴。

圖四　八思巴文“永昌等處行樞密院斷事官府印”銅印

（五）八思巴文『中書分戶部印』銅印

該印長八・三釐米，寬八・一釐米，厚一・七釐米，鈕高七・二釐米。銅印近正方形，扁狀梯形鈕，印正面陽刻篆書八思巴字三行，內容為『中書分戶部印』。印背右側刻有與印文一致的漢字一行；左側刻『中書禮部造　至正廿五年四月　日』漢字兩行。在印鈕頂部刻『上』字（圖五）。

這方元代官印，出土於赤峰市克什克騰旗應昌路遺址。為至正二十五年（一三六五）頒發的元朝中央六部之中書分戶部印。這是元代級別最高的印信之一。此印出土地為魯王城附近，這應與元末順帝率百官由大都退至應昌路魯王城的歷史有關。在一三六八—一三七〇年間，魯王城實際上已經成為元帝在草原上與明朝抗衡的臨時首都。這方『中書分戶部印』，就是當時用過的重要文物。

（六）八思巴文『運糧百戶』銅印

該印為方形，印文為陰刻八思巴文，意為『運糧百戶印』。印背面右側刻漢文『運糧百戶印』；左側刻『中書禮部造』（圖六）。

圖五　八思巴文“中書分戶部印”銅印

圖六　八思巴文“運糧百戶”銅印

（七）八思巴文『東路蒙古侍衛親軍都指揮使司醫學教授印』銅印

該印邊長五·五釐米，印厚一·三釐米，鈕高四·三釐米，通高五·六釐米。通遼市科左後旗海吐蘇木徵集，現藏通遼市博物館。印面陰刻八思巴文，意為『東路蒙古侍衛親軍都指揮使司醫學教授印』。印背面右側刻漢文三行，為『東路蒙古侍衛親軍都指揮使司醫學教授印』；左側刻兩行漢文『中書禮部造　至正八年十月　日』（圖七）。至正八年為公元一三四八年。

此印為元代隨軍蒙古醫學教授之印，十分珍貴。

（八）八思巴文『東路蒙古侍衛親軍百戶印』銅印

該印邊長六·八釐米，印厚一·三釐米，通高七釐米，其出土地呼倫貝爾市新巴爾虎右旗東北方為著名的黑山頭蒙元古城遺址。現藏呼倫貝爾民族博物院。印面陰刻八思巴文，意為『東路蒙古侍衛親軍百戶印』。印背面右側刻漢文『東路蒙古侍衛親軍百戶印』；左側刻『中書禮部造　至元五年四月　日』（圖八）。至元五年应為前至元，即公元一二六八年。

圖七　八思巴文“東路蒙古侍衛親軍都指揮使司醫學教授印”銅印

圖八　八思巴文“東路蒙古侍衛親軍百戶印”銅印

（九）八思巴文『欽察親軍千戶所印』銅印

該印邊長七釐米，印厚一·九釐米，通高八釐米。呼倫貝爾市新巴爾虎右旗出土，現藏呼倫貝爾民族博物館。印面陰刻八思巴文，意為『欽察親軍千戶所印』。印背面右側刻漢文『欽察親軍千戶所印』；左側刻『尚書禮部造　至元廿二年十二月　日』（圖九）。至元二十二年為公元一二八五年。

（一〇）八思巴文『西域提軍都指揮使司百戶印』銅印

該印邊長六·五釐米，通高七·五釐米。於赤峰市巴林左旗野豬溝鄉下河村徵集，現藏赤峰市巴林左旗博物館。印面陰刻八思巴文五行，意為『西域提軍都指揮使司百戶印』。印背面鈕右側刻漢文『西域提軍都指揮使司百戶印』；鈕左側刻『中書禮部造　至正二年十月　日』，印鈕頂面上方刻『上』字（圖一〇）。至正二年為公元一三四二年。

（一一）八思巴文『宗仁蒙古侍衛親軍都指揮使司百戶印』銅印

該印邊長六·六釐米，鈕高五·四釐米，通高七·三釐米。一九八九年赤峰市松山區紅廟子出土，現藏赤峰市敖漢旗博物館。印面陰刻八思巴文五行，意為『宗仁蒙古侍衛親軍都指揮使司百戶印』。印背面右側刻漢文『宗仁蒙古侍衛親軍都指揮使司百戶印』；左側刻『中書禮部造至治三年四月　日』（圖一一）。

『宗仁』為元代宗仁衛的簡稱，至治為元英宗碩德八剌的年號，至治三年即公元一三二三年。此印為首次出土的宗仁衛的實物資料。

圖九　八思巴文“欽察親軍千戶所印”銅印

圖一〇　八思巴文“西域提軍都指揮使司百戶印”銅印

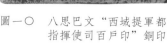

圖一一　八思巴文“宗仁蒙古侍衛親軍都指揮使司百戶印”銅印

（一二）八思巴文『秤海屯田百戶印』銅印

該印邊長六·二釐米，印厚一釐米，鈕高六釐米，通高七釐米。於通遼市紮魯特旗香山農場徵集，現藏通遼市博物館。印文為陰刻八思巴文豎行，意為『秤海屯田百戶印』。印背面右側刻漢文『秤海屯田百戶印』；左側刻『中書禮部造 至正八年三月 日』（圖一二）。

（一三）八思巴文『兵農運糧百戶印』銅印

該印邊長六·五釐米，鈕高四·八釐米，通高六·四釐米。赤峰市翁牛特旗海日金山牧場烏敦塔拉出土，現藏赤峰市翁牛特旗博物館。印文為陰刻八思巴文三豎行，意為『兵農運糧百戶印』。印背面右側刻漢文『兵農運糧百戶印』；左側刻『中書禮部造 至正廿六年 月 日』（圖一三）。

今翁牛特旗烏丹鎮，為元代全寧路所在，屬上都路管轄，是元代主要糧食供給、陸運地區之一，故設專門機構進行管理。此印為元代軍中掌管運糧的官印。至正二十六年為公元一三六六年。

圖一二 八思巴文“秤海屯田百戶印”銅印

圖一三 八思巴文“兵農運糧百戶印”銅印

（一四）八思巴文『合同記號』銅印

該印為圓形，直徑二·四釐米，鈕高二釐米，通高二·九釐米。赤峰市敖漢旗敖潤蘇莫蘇木烏蘭章古出土，旗境內有元代五十家子古城。

印面為圓形，中部陽刻方框，框內刻八思巴文，意為『合同記號』。印面周邊有四個半月形邊框，內刻『S』狀紋（圖一四）。

該『合同記號』銅印，是元代經濟活動中簽定契約時使用的印證。現藏赤峰市敖漢旗博物館。

（一五）八思巴文『祥州站印』銅印

該印為正方形，邊長五·六釐米，柱狀鈕，通高六釐米。一九八一年出土於呼倫貝爾市新巴爾虎左旗吉木胡朗圖蘇木烏爾遜河口東側河灘上。印文為八思巴文，意為『祥州站印』。印背面右側刻漢字『祥州站印』，左側刻『中書禮部造　皇慶元年九月　日』（圖一五）。皇慶元年為公元一三一二年。

此印出土時放置在一個銅盒中。出土地點有磁州窯瓷片、銅鍋殘片、鐵車釧、漁具等。距此處二公里為甘珠爾花鎮，這里有遼、金、元時期古城。經考證，此印為元代祥州驛站印。

圖一四　八思巴文“合同記號”銅印

圖一五　八思巴文“祥州站印”銅印

（一六）『常樂驛印』銅印

此印為元代驛站印。邊長五・六釐米，通高四・七釐米，出土於烏蘭察布市涼城縣三泉村。印文為『常樂驛印』四個九疊篆字（圖一六）。

元代沿用大蒙古國時期的驛站制度，全國設驛站一千五百多處。主要分為蒙古站赤和漢地站赤兩種。常樂驛為元代木憐道上的驛站，其管轄的驛道為蒙古驛道的幹線之一，對溝通中原與蒙古地區的經濟、文化發揮過重要的作用。現境內金元遺址分佈較多，曾出土金元窖藏錢幣和文物，還發現元代壁畫墓等。至今，此地古貌猶存。

（一七）八思巴文『甕吉剌八禿爾百戶印』銅印

該官印於一九八九年在河北赤城縣蔚家窯村發現。該印重七〇〇克，方形。邊長六・五釐米，厚一・二釐米，通高六・五釐米。柄高五・三釐米，呈梯形。印文為八思巴字。背款右側刻『甕吉剌』，左側刻『中書禮部造，至正十八年二』（圖一七）。至正十八年為公元一三五八年

『甕吉剌』又譯作弘吉剌、弘吉列、甕吉里等，是蒙古迭兒列斤部之一支。元代皇后多出此族。『八禿兒』又譯為把阿禿兒、拔都兒、拔都魯、霸突魯、巴特爾等，即義士、英雄。忽必烈對甕吉剌子孫以滅金有功賜號八禿兒。八禿兒屬怯薛執事之一，為宮中警衛隊，分番入值，侍衛皇帝。

圖一六　“常樂驛印”銅印

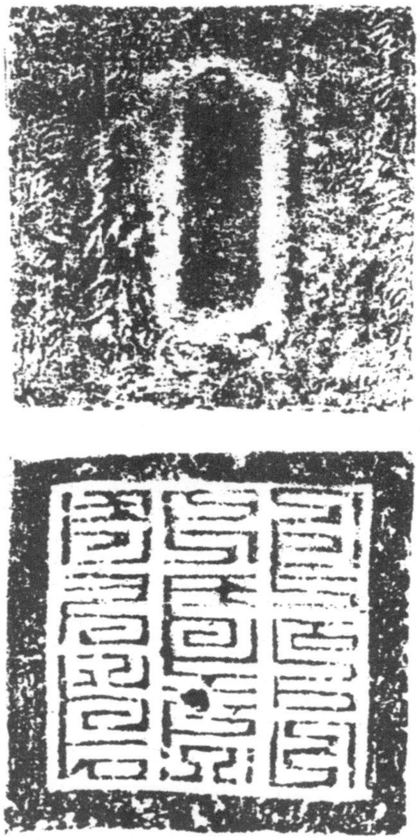

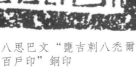

圖一七　八思巴文“甕吉剌八禿爾百戶印”銅印

（一八）八思巴文『管女直侍衛親軍萬戶府印』銅印

該印於一九八四年烏蘭察布盟文物工作站在察右前旗小淖鄉十三號村徵集。印呈正方形，扁長形鈕，印面直徑八釐米，厚一·七釐米，鈕上窄下寬，寬三·六—四·三釐米，厚一·六釐米，高六釐米。印文為篆書八思巴文，意為『管女直侍衛親軍萬戶府印』十一字；左邊刻款為『中書禮部造，至元十九年四月　日』，書分兩行，共十三字（圖一八）。至元十九年為公元一二八二年。

元代的侍衛親軍人選，不衹是蒙古族充任，還選拔其他民族成員共同組成。

圖一八　八思巴文“管女直侍衛親軍萬戶府印”銅印

（一九）八思巴文『萬戶府印』銅印

該印於呼和浩特市清水河縣小缸房鄉半畔子村鷹嘴子山洞出土。印面近正方形，邊長八·七釐米，梯形直鈕。通高一〇釐米，印厚一·二釐米，重一三五〇克。印文為八思巴文，意為『萬户府印』。邊框較寬。刻漢文背款：『萬戶府印』，左側刻『中書省禮部造』（圖一九）。

『萬戶府』這一官職在成吉思汗時期就已設置，《元文類》謂：『國家肇基朔方，輔相之臣與凡百執事惟上所命，其各官皆因其事而命之。方事征討，重在軍旅之事，故有萬戶、千戶之目。』忽必烈在少數民族地區和邊疆設有宣撫使司、安撫使司或宣慰使司都元帥府，下設萬戶府、千戶府。此印印文為八思巴字，應在八思巴被忽必烈封為『國師』之後所鑄造，約在至元二十至二十七年之間。

在元代，清水河縣屬中書省直轄下的山西大同路管轄。大同路當時在呼和浩特市地區下屬有豐州（城址在今呼和浩特市東郊白塔古城）、雲內州（城址在今呼和浩特西白塔古城）、東勝州（城址在今托克托縣大皇城）。這方銅印的出土地點距上述三州八〇—一〇〇公里左右，很可能是統領呼和浩特豐州、雲內州、東勝州的萬戶府之印。至今，清水河縣古道遺址清晰可見。

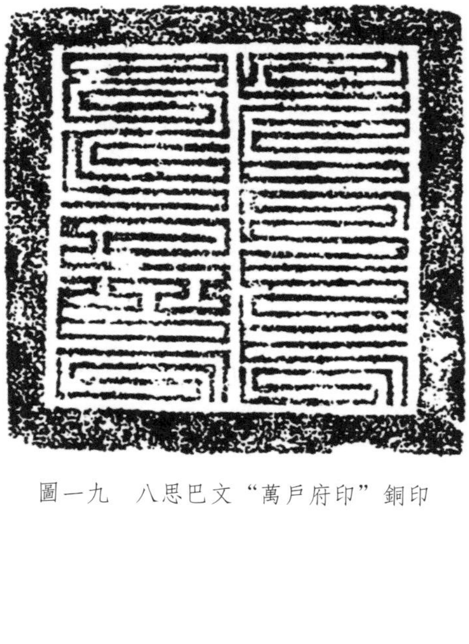

圖一九　八思巴文“萬戶府印”銅印

（二〇）八思巴文『寶昌州判官兼捕盜印』銅印

該印於一九七三年出土於巴林左旗哈達英格蘇木道班後面遺址中。該印邊長五·四釐米、高六·五釐米，印文為八思巴文，意為『寶昌州判官兼捕盜印』。長方鈕，鈕上有一漢字『上』。印背刻『寶昌州判官□□□印』，左邊刻『中書禮部造　延六年九月　日』（圖二〇）。《元史·地理志》謂：寶昌州屬興和路，『金置昌州，元初隸宣德府，中統三年隸本路置鹽使司，延祐六年改寶昌州』。印背的『延六年』當為延祐六年（一三一九）的省略文。这年為公元一三一九年。

（二一）八思巴文『中書右司都事所印』銅印

該印為北元八思巴文官印。一九六七年於內蒙古阿拉善盟額濟納旗徵集。此印方形，邊長六·四釐米，厚一·五釐米，重六四〇克。直鈕已殘。印文為八思巴文：『中書右司都事所印』，印背刻款：『中書右司都事所印』和年款宣光二年等楷書漢字（圖二一）。

元代官印在八思巴文推行之際，規定諸省禮、部、台印信並用蒙古字。按元制，中書省左司和右司，設有『都事』官，此印即為印證。此印背刻款宣光二年（一三七二），此時明朝已建立，元朝統治者已退居北方草原，但仍鑄用八思巴文官印。此印當出自額濟納元代亦集乃路古城。

圖二〇　八思巴文“寶昌州判官兼捕盜印”銅印

圖二一　八思巴文“中書右司都事所印”銅印

（二二）八思巴文『富峪驛印』銅印

該印於一九六三年在赤峰市寧城縣甸子鎮黑城村古城遺址出土。印呈方形，邊長五·五釐米。長方形直鈕，右側邊款漢字楷書『富峪驛印』，左側邊款『中書禮部造』，『皇慶元年　月　日』（圖二二）。

黑城村古城始建於戰國燕，為右北平郡郡治所在地，西漢時期繼續沿用，遼時為富峪館址，宋使王曾《行程録》及沈括《熙寧使虜圖鈔》，記載遼中京西南百餘里有富峪館，沈括作『富穀館』。此館為北宋使臣由今河北入寧城到達遼中京的必經之地，館址城垣至今猶存。

此地金代屬北京路大定府富庶縣，元初為富庶縣，為大寧路（大明鎮）所領七縣之一。但在此設富峪驛一事，《元史》沒有明確記載。元代的富峪驛應源於遼代富峪館，是採用了過去的習慣稱謂，因此，到了明代又恢復了這個稱謂，在金大明建富峪衛所。《明史·地理志》載：大寧都指揮使司『富峪衛本富峪守禦千戸所，洪武二十二年二月置，二十四年五月改為富峪衛。』

圖二二　八思巴文“富峪驛印”銅印

（二三）八思巴文『都達魯花赤印』銅印

該印正方形，長方形直鈕。印邊長七·六釐米，印文為漢字篆書『都達魯花赤印』。一九七二年在赤峰市翁牛特旗出土，現藏赤峰市翁牛特旗博物館。印背右側刻楷體漢字『都達魯花赤印』（圖二三）。

『達魯花赤』為蒙古語，漢譯為『長官』。該職稱多見於《元史》記載，在戸、禮、兵、工部等機構中，大量任用這種官員，其中在寶鈔系統使用尤多。據《元史·百官志》戸部條云：『諸路寶鈔（都）提舉司，達魯花赤一員，正四品……副達魯花赤一員。寶鈔總庫，達魯花赤一員，從五品。印造寶鈔庫，達魯花赤一員，正七品。燒鈔東西二庫，達魯花赤一員，正八品。至元二十四年，分立燒鈔東西二庫，秩從八品』。在禮部中，達魯花赤有正三品，兵部中有從三品，品位都很高。

在元代正官（職）多以蒙古人充任，並掌印辦事。此官職在不同機構和部門中品位差別較大，從正三品到正八品，相差五個級別，但大體上以『都達魯花赤』為最高，『副達魯花赤』次之，『達魯花赤』又次之，以此區分正副官職。

圖二三　八思巴文“都達魯花赤印”銅印

（二四）八思巴文『雲需總管府經歷司印』銅印

該印正方形，邊長六・五釐米，印厚一・五釐米，柄高五釐米，通高六・五釐米。出土地為河北省赤城縣大營子村，元朝時為元上都所屬的察罕腦兒行宮轄地。印文為八思巴文，意為『雲需總管府經歷司印』。印背部右側刻漢文『雲需總管府經歷司印』，左側刻漢文『中書禮部造　延祐二年七月　日』（圖二四）。

據《元史・百官志》記載『雲需總管府，秩正三品，掌守護察罕腦兒行宮及行營供辦之事……延祐二年置。』延祐二年為公元一三一五年。『雲需』即皇帝所需之意，『經歷』是總管府中的首領官之長，管理文書案牘等事，秩從五品至七品，多由吏員升任。順帝初年規定，『經歷』必須由蒙古人、色目人擔任。

（二五）八思巴文『驍忠義兵千戶所提押印』銅印

該印正方形，扁長方形鈕，印邊長五・八釐米。於鄂爾多斯市鄂托克前旗城川蘇木城川古城徵集。印文為八思巴文，譯作漢文為『驍忠義兵千戶所提押印』（圖二五）。

元朝末年多有義兵組織，此印應為元末軍事用印。

（二六）『都元帥下左監軍之印』銅印

該印為正方形，邊長九・七釐米、高四・五釐米。重一・二九二千克。印文為九疊篆字『都元帥下左監軍之印』。印鈕頂部刻『上』字（圖二六）。

都元帥府為軍事官署名，領以都元帥、副都元帥。元初制度未備，諸將多沿金制以都元帥繫銜，於軍前署都元帥府。在邊地以宣慰司兼都元帥府，掌軍旅之事，秩從二品。元廷曾專設北庭、蒙古軍、曲先塔林、察罕腦兒等處都元帥府。

該印為都元帥部下左監軍用印。

圖二四　八思巴文“雲需總管府經歷司印”銅印

圖二五　八思巴文“驍忠義兵千戶所提押印”銅印

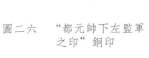

圖二六　“都元帥下左監軍之印”銅印

（二七）八思巴文宣光五年『太尉之印』銅印

北元官印。印文為『太尉之印』，印背部刻有『宣光五年二月』等字樣（圖二七）。宣光為北元大汗必力克圖汗（一三七〇—一三七八）年號，宣光五年為公元一三七四年。太尉為元高官大司徒、司徒、太尉三公之一，係非常設。此時，為元退居漠北階段，局勢困難，太尉為虛職。

（二八）八思巴文天元五年『甘肅省左右司印』銅印

北元官印。印文為『甘肅省左右司印』，印背部刻有『天元五年六月』字樣（圖二八）。天元為北元大汗烏薩哈爾汗（一三七八—一三八八）年號，天元五年為公元一三八二年。甘肅省為『甘肅等處行中書省』的簡稱，為元代十行省之一。轄境包括今甘肅、寧夏及內蒙古部分地區。天元五年之時，甘肅一部分仍為其所控制，此印為當時的官印。

（二九）八思巴文『郾城等處義兵百戶之印』銅印

該印青銅質，方形、直鈕。通長七·一釐米，邊長六·三釐米，厚一·一釐米，重五八〇克。印文為篆書八思巴文，由左向右排列，漢譯為『郾城等處義兵百戶之印』。印背篆刻三行漢字，鈕右側一行為『郾城等處』，左側兩行為『義兵百戶之印　至正十八年八月造』（圖二九）。

郾城，縣名，屬河南省，現為郾城市。百戶，官名，元朝軍制，設百戶為百戶之長，統帥百人，又稱『卒帥』，為世襲軍官，。駐守各地的屬百戶所，隸屬各縣千戶所。百戶所分上下兩等，上等百戶所設蒙漢百戶各一員，下等百戶所設百戶一員。『至正』，順帝年號；十八年為公元一三五八年。

該印一九九八年四月出土於呼和浩特市托克托縣東勝州故城南護城河處，現藏托克托縣博物館。

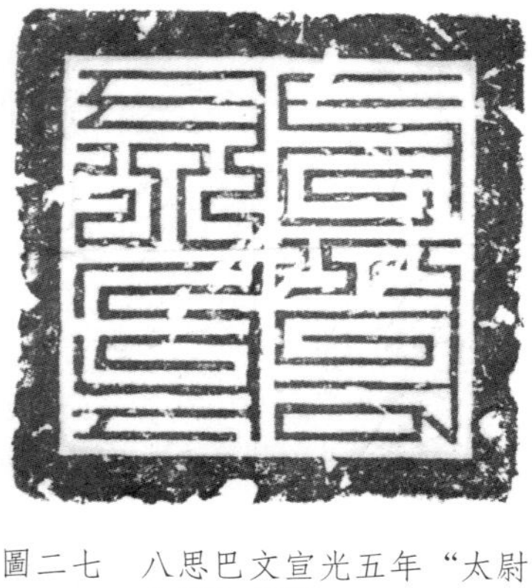
圖二七　八思巴文宣光五年“太尉之印”銅印

圖二八　八思巴文天元五年“甘肅省左右司印”銅印

圖二九　八思巴文“郾城等處義兵百戶之印”銅印

（三〇）八思巴文『左衛阿速親軍百戶印』銅印

該銅印為方形，邊長六・五釐米，高六・八釐米，厚一・五釐米，重七八〇克，現藏內蒙古元代瓷器博物館。銅印，印文為陰刻八思巴文，共三行，意為『左衛阿速親軍百戶印』。印背面右側刻漢文『左衛阿速親軍百戶印』，左側刻漢文『中書禮部造　至元二年五月　日』（圖三〇）。

阿速，蒙古語意為『守衛』，史籍亦秤阿思、阿蘭等，為高加索奧體賽人的祖先——古代奄蔡人的後裔。由於他們鬈髮碧眼，在元時期也秤『碧眼回回』或『綠睛回回』，成為當時的色目諸族之一。

阿速人素秤慓悍，善於騎射，持波斯語，信東正教。一二二一年，成吉思汗西征，速不台率軍自高加索逾太和嶺北上，大敗阿速等部聯軍。一二三九年，窩闊台汗率師征服阿速部落。《元史》列傳載有阿速首領杭忽思、阿兒思蘭等父子、兄弟歸附之事。杭忽思乃阿速國主，太宗兵臨其境時，杭忽思率眾來降，賜名拔都兒，並賜以金虎符，命他統領其土地百姓。不久，太宗下旨，選拔阿速軍千人及其長子阿塔赤扈駕親征，後東還蒙古，阿塔赤入直宿衛。

一二五三年，蒙哥汗搜括阿速人戶東遷中原，組成阿速軍為之服役。阿塔赤跟從憲宗南征，隨軍抵達四川釣魚山，在與宋兵作戰中因功受賞，蒙哥汗親賜美酒、白金。蒙哥死後，在忽必烈與阿里不哥、阿藍答兒、渾都海的汗位爭奪戰中，阿塔赤率先赴敵，腹部中箭，忽必烈聞訊厚賞白金，召入宿衛。其後，阿塔赤子伯答兒繼承千戶，佩戴金虎符。

圖三〇　八思巴文"左衛阿速親軍百戶印"銅印

元武宗至大二年（一三〇九），詔設左、右阿速兩衛，主要屯墾於大都以北，古北口內的潮河川以及雲中等地。

元時期，駐紮在大都（北京）的阿速禁衛親軍有三萬人。阿速軍首領也秤達魯花赤（蒙古語『鎮守官』之意）。

元順帝元統（一三三三—一三三五）、至元（一三三五—一三四〇）、至正（一三四一—一三七〇）年間，做出數次重大軍事調整。阿速人福定進知樞密院事，入掌軍國大事，很多阿速軍印信在此期間予以新鑄。如：

遼寧省博物館現藏之『左衛阿速親軍百戶印』，其印面為八思巴文，印背右刻漢文『左衛阿速　軍百戶印』，左刻『中書禮部

造　元統三年九月　日』，鑄於元順帝元統（一三三三—一三三五）年間。

吉林市博物館藏『右衛阿速親軍都指揮使司百戶印』，其印面也為八思巴文，印背右側刻有『右衛阿速親軍都指揮使司百戶印』的漢字，左側刻有『中書禮部造至正六年三月日』的漢字，鑄於元順帝至正（一三四一—一三七〇）年間。

據此可知：本書收録的這方『中書禮部造　至元二年五月　日』的『左衛阿速親軍百戶印』，應為元順帝在至元（一三三五—一三四〇）年間的軍事調整中為阿速軍新鑄之印。到元順帝後期時，尚有阿速軍六〇〇〇餘人在安徽阜陽一帶參加鎮壓紅巾軍之戰。入明以後，阿速軍餘部作為蒙古大汗的親軍，隨之外遁漠北，依然堅持元朝的正統，阿速部首領阿魯台被明成祖稱為『孤忠』。現藏內蒙古元代瓷器博物館的元順帝至元二年（一三三六）『左衛阿速親軍百戶印』，在內蒙古為首次發現，對於研究元代軍事很有價值。

（三一）『交鈔庫合同』銅印

該印呈長方形，印文為漢字、楷書『交鈔庫合同』（圖三一）。內蒙古明博草原文化博物館藏品。銅印中的『交鈔庫』又稱『行用交鈔庫』，簡稱『行用庫、鈔庫』，為鈔幣兌換機關。中統元年（一二六〇）置於燕京，後諸路及部分府、州也有設置。由寶鈔總庫管領新鈔、鈔本，在行用交鈔庫發行、兌換，設提領、大使、副使等官員。

據《中國古鈔圖輯》所載南宋『壹貫背合同銅印』可知，此交鈔庫合同印，為加蓋在紙鈔背面的墨印。

圖三一　"交鈔庫合同"銅印

附録一 『皇帝之寶』印模

此為罕見的、唯一傳世的元代『皇帝之寶』印模（圖三二）。印璽實物早年已失傳。該印模原收録於羅振玉《隋唐以來官印集存》。後見葉其峰《古璽印與古璽印鑒定》書中（文物出版社，一九九七年）並有考證。該印正方形，邊長一二·五釐米，是迄今所見最大的一方八思巴字元印。印面左邊刻八思巴文『皇帝』二字，右邊是漢文『之寶』二字，中行是梵文，意為吉祥、隆盛。

據《元典章》元代御寶分為受命寶、傳國寶及『皇帝之寶』等八寶。據考，清以前的寶璽印痕，除漢代『皇帝印璽』封泥外，可見者僅此元代『皇帝之寶』之印文，因而十分珍貴。

附録二 『移相哥大王印』印模

此為與移相哥有關的金石文物（圖三三）。實物早年已失傳。該印模原收録於羅振玉《隋唐以來官印集存》，『山陽丁氏藏，今不知所在，無鈕』。後見葉其峰《古璽印與古璽印鑒定》書中（文物出版社，一九九七年）並有考證。印面為正方形，據測邊長一一·二釐米。印文為漢字九疊篆。移相哥活動的時間約在元立國前後，故此印的年代當在至元初年或更早一些時間。迄今傳世的蒙古宗王印難得一見，『移相哥大王印』填補了這一空白。

圖三二 “皇帝之寶”印模

圖三三 “移相哥大王印”印模

附録三　八思巴文『武備寺經歷司印』等印

一　八思巴文『武備寺經歷司印』銅印

一九八五年于赤峰市發現，銅質，印面方形，邊長六·二釐米，梯形長鈕高六·五釐米，鈕上有一楷書『上』字，左側邊款為漢字『武備寺經歷司印』，右側邊款為漢字『至元廿九年七月　日中書禮部造』。印文為八思巴文。

元朝大都（今北京），留守司設若幹寺監。武備寺係掌管繕治戎器，兼典受給的重要機構，列諸寺之首。武備寺其他官員有卿、少卿、丞、經歷、知事、及令史等。這個機構在元代『武備』中地位重要，因而設置變更也比較頻繁。據《元史》卷八十六《百官志》武備寺條記載：至元五年（一二六八），始立軍器監。二十年（一二八三）立衛尉院，改軍器監為武備監。隸屬衛尉院。二十一年改監為寺，與衛尉院並立。大德十一年（一三〇七），又升為（武備）院，至元四年，復為武備寺，設官如舊。其下屬官員，由院自由選擇其匠戶之能者任之。

『經歷』原為武備寺所屬官，官位在五品以下。武備寺下屬有利器庫，廣勝庫、壽武庫以及各路軍器人匠提舉司等。此印為『經歷司』印，說明在至元二十九年（一二九二）七月以前，武備寺下設有『經歷司』，與各庫、司並列。

二　八思巴文『白登縣印』銅印

一九七六年，赤峰市克什克騰旗魯王城附近出土。銅質，印面方形，邊長六釐米，長方體，梯形直鈕，右側邊款為楷書『白登縣印』四字，左側邊款兩行為楷書『中書吏禮部造』、『至元十二年六月　日』，印文為八思巴文。

此印為元代縣印。元代白登縣隸河東山西道宣慰使司大同路，在今山西省大同市附近，與魯王城相距甚遠，估計是元末戰亂時期流散到魯王城一帶的。大同地區自古是由中原進入塞北的重要通道之一，故此印與草原地區有密切的關係。

關於元朝中央的『吏禮部』，據《元史》卷八五《百官志》：『世祖中統元年（一二六〇），以吏、戶、禮為左三部……至元元年（一二六四），以吏禮自為一部……五年，又合為吏禮部……七年始列尚書六部……八年仍為吏禮部……十三年，分置吏部。』此印為至元十二年（一二七五），即分置吏部的前一年頒發的。

三　『彈壓之印』銅印

一九六四年於赤峰市發現，銅質，印面方形，邊長九·三釐米，長方形矮鈕，鈕上有一楷體書『上』字，無邊款，印文為陽文漢字九疊篆書。

『彈壓』，隸屬元代鎮撫司，除蒙漢鎮撫二員外，尚有上千戶，中萬戶，下萬戶以及千戶、中千戶和上千戶等，均為管軍官員。《元史·百官志》

載：『鎮撫司……彈壓二員，蒙古、漢人參用。上千戶所從八員，蒙古一員，漢人一員，俱從六品，銀牌。』『彈壓』職官起源很早，最初含有『鎮壓』意義。『彈壓』一職，在元代任用較廣，用員較多，但實際品位並不高。

四　『管勾所印』銅印

一九七三年寧城縣三座店鄉出土，銅質，印面略呈長方形，長四·八釐米，寬四·五釐米，長方形直鈕，鈕上有一楷書『上』字，無邊款紀年，印文為陽文漢字九疊篆書。

『管勾』是元代中央機關中品位較低的辦事員。《元史·百官志》載：『中書省管勾一員，正八品，掌出納四方文移緘縢，啟拆之事，郵遞之程期，曹屬之承受兼主之』。『架閣庫官勾二員，正八品，掌皮藏省府籍帳案牘，凡備稽考之文即掌故之任』，相當於現代管公文收發傳達人員。

五　『宣差之印』銅印

一九一七年翁牛特毛山東鄉出土，銅質，印面方形，邊長八·六釐米，長方形鈕，無邊款，印文為陽文漢字九疊篆書。

『宣差』之職最早見於遼代考古資料，《王悅墓誌銘》稱王悅弟曾任宣差中京大內，《金史·百官志》。百官俸給條云：『宮中承應人因公差出，皆見請錢粟貫石，口給食料，若特奉宣差勾當者。依本格……』各司中多有差委官員，一般隸於提控，『差發課程』、『差發稅糧』之屬。在元代各部及寺、監中皆有奏差，宣使官，職位較低，在譯史、通史、通事、知印之下。但卻有兩種『宣差』官職位較高，其一為金符宣差，元世祖忽必烈中統四年（一二六三）立御酒庫，設金符宣差。其二為太醫院『宣差』，《元史》太醫院條載『中統元年（一二六〇）置宣差，提點太醫院事，給銀印。』至元二十年（一二八三）改為尚醫監。二十二年復為太醫院，給銀印，置提點四員、院使、副使，判官各二員，原為秩正二品，大德五年，升正二品，設官十六員。以後不斷增加官員，是元代中央機關中較大的機構。

此印形制較大，印文中有『宣差』二字，應為提點太醫院的『宣差』，印面磨損嚴重。此印可能是元順帝北奔時，太醫院官員隨行攜帶而流落到塞北的。

二 祭器、符牌

（一）『全寧路文廟内用』祭器銅爵

該銅爵高二一·四釐米，寬九·八釐米，長二一·七釐米。於赤峰市翁牛特旗徵集，現藏赤峰市翁牛特旗博物館。

銅爵上飾獸面紋，在流口背面鑄有三行二十一字：『皇姊大長公主施財鑄造祭器永充全寧路文廟内用』（圖三四）。

該銅爵是皇姊大長公主祥哥剌吉，敬奉全寧路文廟的祭器，反映了元代蒙古弘吉剌部貴族尊孔奉儒、吸納漢文化的史實。

（二）『全寧路三皇廟内用』祭器銅簋

該銅簋高九·一釐米，寬三一·四釐米，口徑二一·三釐米。於赤峰市喀喇沁旗徵集，現藏内蒙古博物院。

銅簋雙獸耳、子母口、扁圓腹，腹部鑄有銘文三行三十二字：『皇姊大長公主施財鑄造祭器永充全寧路三皇廟内用』（圖三五）。

一九五七年，在赤峰市松山區猴頭溝鄉元代遺址中出土了一件同樣的銅簋，現藏赤峰市博物館。

據《元史·仁宗紀》記載：延祐六年（一三一九），皇姊大長公主祥哥剌吉曾因作佛事而釋放全寧路囚犯。據此，可以認定這件銅祭器是祥哥剌吉大長公主因作佛事而施財鑄造並敬奉全寧路三皇廟的，反映了元代蒙古弘吉剌部貴族信奉道教、吸納漢文化的史實。

圖三四　“全寧路文廟内用”祭器銅爵

圖三五　“全寧路三皇廟内用”祭器銅簋

（三）八思巴文銀質鎏金長牌

根據陳永志研究員的研究考證，該牌長三〇釐米、寬八釐米、厚〇・一釐米，圓圈內徑二釐米、外徑四・五釐米。一九九八年十二月在呼和浩特市清水河縣下城灣古城村發現，現藏內蒙古文物考古研究所。

該長牌保存完好，銀質鎏金，鍛造，長條形片狀，圓角。首部有一圓形系掛孔，孔外緣附扣一個可以旋轉活動的圓圈，圓圈一側凸起處刻劃有『丁字八十號』五個漢字。牌身正面陰刻三行雙體八思巴文，背面兩行八思巴文，計三十個字。正反面內容聯起對譯成漢語即是：『借助長生天的力量，皇帝的旨意是神聖不可侵犯的，不尊敬服從的人，將會被定罪致死』（圖三六）。

此牌應是元朝皇帝的聖旨牌。

（四）八思巴文金質長牌

該長牌，長二五・七釐米，寬八・一釐米，厚一釐米。金質，手工打製。二〇〇一年四月，在興安盟科右前旗索倫鎮發現，現藏內蒙古大學民族博物館。

該金牌整體形狀與清水河長牌相同。牌首圓孔外刻有『張字九十六號』字樣。牌身正反面陰刻八思巴文五行。漢意為『借助長生天的力量，皇帝的旨意是神聖不可侵犯的，不尊敬服從的人，將會被定罪致死』（圖三七）。

這件金牌為元朝傳達皇帝聖旨或軍令用的牌子。此類牌子文字內容單一，牌上銘文皆為『皇帝的旨意是神聖不可侵犯的，不尊敬服從的人，將會被定罪致死』。因此，它與清水河縣發現的長牌相同，均屬於元朝皇帝的聖旨牌。

圖三六　八思巴文銀質鎏金長牌

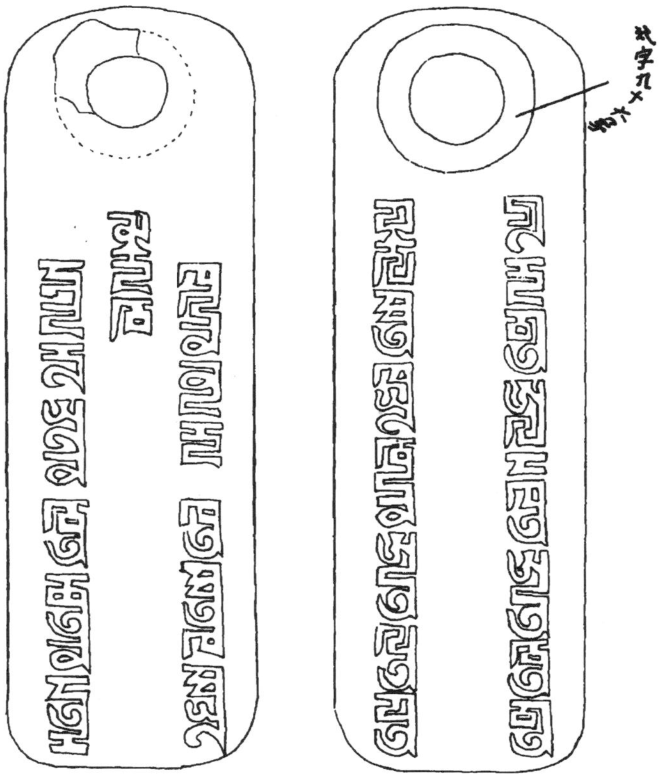
圖三七　八思巴文金質長牌

（五）『帥』字款『押』文銅牌

該牌為銅質、圓形，雙面均有文字。內蒙古明博草原文化博物館藏品。其上方有一孔用於懸掛。正反面所鑄內容不同。牌身正面中心上方鑄一左右旁位置顛倒的『帥』字，『帥』字下方鑄有四組圖案，其外緣環鑄兩虎圖案；牌的背面鑄有蒙古文、波斯文、八思巴文的『押』字，其外緣環鑄兩虎圖案（圖三八）。

根據這枚銅牌上『帥』的左右旁位置顛倒的情況考證，該銅牌應為帥府印蓋『押』字的印信，即元朝時期，印蓋在出入元帥府各種物品上的押印。元承金制，設元帥府管理軍事。其後由樞密院管理軍事，故此可知此銅牌為元初之物。

在這件銅牌上鑄有漢文、畏兀兒字蒙古文、波斯文、八思巴文等四種文字，表明此帥府所管轄的地區人員的身份、族源復雜，來自多種民族。該銅牌在蒙元時期的符牌中極為罕見，因而彌足珍貴。

圖三八　“帥”字款“押”文銅牌

（六）五種文字夜巡銅牌

該牌通高一六·三釐米，直徑一一·三釐米，厚〇·六釐米。一九八五年，在興安盟科右中旗杜爾基蘇木色音花艾裏發現，現藏興安盟文物工作站。該牌保存完好，銅質，正反面所刻內容相同。牌身正面中心刻一『元』字，元字外緣環刻有漢字『天字拾二號夜巡牌』及藏文一行，再外緣環刻有連環雲朵紋；反面中心豎刻有一行八思巴字，左側刻有畏兀兒字蒙古文，右側刻波斯文，再外緣刻有連枝草葉紋（圖三九）。

據考，這類銅牌為元朝官兵夜巡之身份的證明牌。

在這件銅牌上鑄有漢文、八思巴文、波斯文、藏文、畏兀兒字蒙古文等五種文字，表明此地官兵身份族源復雜，為當時元朝建立初期的現狀。它在出土的元代符牌中尚屬首例，因而極為珍貴。它填補了我國元代符牌實物收藏的空白，具有較高的研究價值。

圖三九　五種文字夜巡銅牌

（七）『大元國上都路開平府』泰定二年鑄鐵雲版

該鑄鐵雲版為圓形，直徑五九釐米，厚三·六釐米，重約五〇公斤。二〇一〇年冬在錫林郭勒盟徵集，現藏錫林郭勒盟蒙元文化博物館。

雲版的上部為如意雲頭形，鑄有圓孔用以懸掛，肩部雲紋處留有寬約二釐米的間隔帶，用於擴音；中部鑄定音孔（圖四〇）。

雲版體型碩大，正反面鑄有內容不同的漢字。其正面內容以定音孔為界，分為左右兩部分。

定音孔右側鑄楷書漢字共六行，主要內容為：維大元國上都路開平府……三不剌居住禮佛信士李仲成……泰定二年十月

定音孔左側鑄楷書漢字共六行，主要內容為：白蓮彌陀寺謹施雲版 自許願已後承蒙三寶威力吉祥如意者 泰定四年八月 奉佛……

雲版背面因銹蝕較重，鑄文模糊，可辨認的僅有：化緣者……

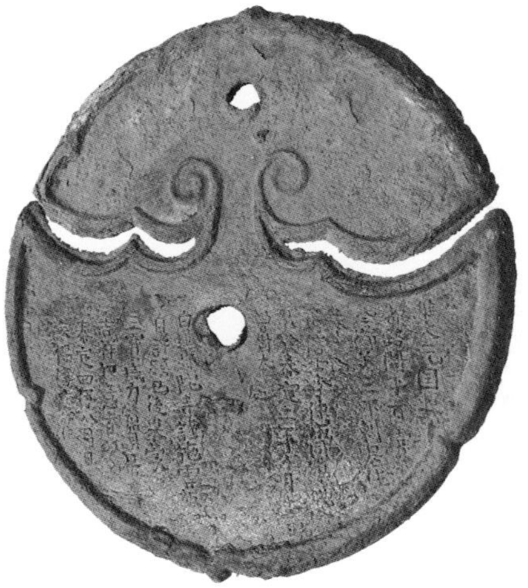

圖四〇 "大元國上都路開平府"泰定二年鑄鐵雲版

經研究考證：這件鑄鐵雲版為大元國上都路開平府彌陀白蓮寺所用的法器，施主為三不剌居住的上都人李仲成，許願時間為泰定二年（一三二五），還願時間為泰定四年八月（一三二七）。

該雲版上所鑄『大元國上都路開平府』字樣為元上都地區首次發現的重要文物。施主李仲成其人在《元文類》卷四一有記載：英宗至治四年（一三二三）『上都李仲成造靴車神風弩，射八百餘步。』其所居住的三不剌在元代也秤為甘不剌、三卜剌、三部落，是蒙古語 saibulaq 的漢文寫法，漢語意為『好泉子』。元人袁桷在《清容居士集》卷一九中，對『三不剌』有所記述：『其地有泉如懸簾，五色貫射，在昔世祖皇帝名之曰三不剌，以其國語志之也。』據蒙古歷史地理學界考證，三不剌約在今錫林郭勒盟蘇尼特左旗一帶。元朝皇帝每年巡幸上都，經常到這裏遊獵。

上都人李仲成在英宗至治四年（一三二三）造靴車神風弩，射八百餘步，此人應為三不剌的能工巧匠。英宗在一三二〇年即位，次年改元至治，其實際在位時間僅為三年，一三二三年，英宗在上都南坡遇弒，年僅二十一歲。『南坡之變』震驚朝野，為了緬懷英年早逝的英宗，元人按照至治四年紀年以紀念英宗（一三二〇—一三二三）。

同年（一三二三）八月，晉王也孫貼木兒在龍居河（今克魯倫河）即位，秤泰定帝，逾年改元（但是，一三二八年泰定帝也突然逝世，年僅三十六歲）。

泰定年間，元代民間處在動蕩不安之中。特別是大元朝的英宗突然逝世，以及泰定帝追查參與『南坡之變』的宗王、大臣、宿衛等相關人員的巨大風波，在全國特別是在上都地區，產生了很大的震動，也會對『禮佛信士』，能造『軏車神風弩，射八百餘步』巨大兵器的李仲成產生相當的影響。

故此，泰定二年（一三二五）李仲成在上都路開平府彌陀白蓮寺許願祈福以求吉祥平安；泰定四年（一三二七）又在彌陀白蓮寺為吉祥平安還願，並為白蓮寺敬獻鐵鑄法器雲版祈福。此事正處在從『南坡之變』發生後到泰定帝去世前的錯綜複雜的歷史階段。

這件大元國上都路開平府彌陀白蓮寺所用的鑄鐵雲版，為瞭解生活在上都地區普通民眾在當時動蕩不安的政治時局下，許願祈福以求吉祥平安的心態；瞭解當時在民間傳播有淨土宗佛教信仰；對瞭解當時在上都路開平府建有『彌陀白蓮寺』等一系列歷史情況提供了珍貴的實物資料。它填補了我國元代符牌實物收藏的空白，對促進元代社會文化宗教歷史研究具有重要意義。

附録：元代景教牌飾、徽章、阿拉伯文金幻方等

在內蒙古包頭、鄂爾多斯等地，多次發現此類景教牌飾和銅徽章。其上有十字架、鳥、花等圖案，但幾乎沒有一對是完全相同的（圖四一）。在鄂爾多斯博物館、香港大學博物館均有收藏。在西方，先後有伯希和、明義士、韓百詩等都對此類遺物做過研究。

帽飾直徑四·八釐米，整體由金片製成，表面為十字架圖形，在十字架圖形周圍，飾以祥雲寶珠圖案，在十字的正中嵌有寶石一枚。這件景教十字架金飾，應為景教教士帽上的飾件。

幻方長三·九釐米，寬三·四釐米，為元代伊斯蘭教教徒配以護身的物品。上刻四四縱橫圖，共分十六格，內刻阿拉伯數碼和拉丁文字母，其縱橫對角相加之和均相等，頗具神秘性（圖四二）。

戒指金質，戒面長一·二釐米、寬一釐米，鑲嵌綠松石，略呈長方形。在戒面托座邊緣處，陰刻一周古文字，其何文何意待考（圖四三）。

圖四一　鄂爾多斯地區發現的元代景教銅牌飾

圖四二　阿拉伯文金幻方

圖四三　嵌松石古文字金戒指

三 銅炮、銀瓶

（一）八思巴文『大德二年』銅炮

該炮用紫銅鑄造，重六二一〇克，通長三四·七釐米。一九八七年，在錫林郭勒盟正藍旗發現，現藏內蒙古蒙元文化博物館。

銅炮上刻有兩行八思巴文，漢意為『大德二年於迭額列點數整八十』（圖四四）。『大德』是元成宗的年號，大德二年即公元一二九八年。『迭額列』為元代武庫地名；『點數整八十』是此炮的編號。它比中國國家博物館所藏至順三年（一三三二）銅火炮早三十四年。經中國人民革命軍事博物館專家鑒定，『大德二年』銅火炮是迄今所知國內外時代最早的火炮。

該炮尾部有兩個水準軸孔，其作用與後世的大炮耳軸相似，既可以便利地架設銅火炮，又可以進行比較精確的瞄準。中西學界普遍認為，中國元代的銅火炮是世界上最早的金屬管型射擊火器。目前發現的元代銅火炮共有單兵手持火炮和安放在架子上發射的碗口銃兩個基本類型，這兩個類型分別是金屬管型射擊火器槍和炮的鼻祖，珍藏在蒙元文化博物館內的這件銅火炮屬於安放在架子上發射的碗口炮。

（二）『行在市秤』鎏金銀瓶

該銀瓶出土於錫林郭勒盟蘇尼特左旗恩格爾河管區。高二一釐米，寬七·七釐米，口徑二·五釐米，足徑五·二釐米。殘缺變形。銀質鎏金，肩至足飾高浮雕鹿、鳥、山石、河流等紋，具有典型的南宋風格。

瓶底豎式鏨刻三行漢字，從右至左分別為『拾貳兩伍千（錢）重』、『關西四郎□ 趙永□』和『行在市秤』字樣（圖四五）。所謂『行在』特指皇帝所在地而言，南宋時秤杭州為『行在』，以表示不忘北宋舊都汴梁，所以杭州被秤為『行在』之都。故此推斷，這件銀瓶制於杭州，後隨元滅南宋而被攜帶至蒙古草原。故此件銀瓶，是元朝統一南北的實物見證。同時出土的還有龍鳳紋金馬鞍、景教金質十字架飾片，以及金銀首飾等珍貴隨葬品。據考，墓主人為蒙古貴族女性，可能為信仰景教的汪古部公主或王妃。

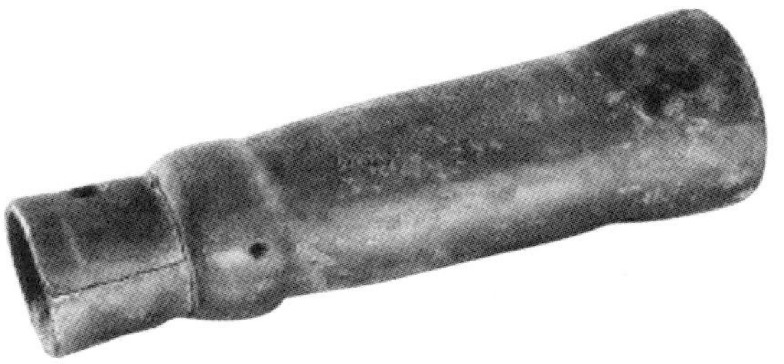
圖四四　八思巴文“大德二年”銅炮

圖四五　“行在市秤”鎏金銀瓶

四　銀錠、錢幣

（一）『至元五年』銀錠

該銀錠為模鑄，正面略大於背面；兩端圓弧，中間束腰。長一六釐米，首寬一一釐米，腰寬六·三釐米，厚二·八釐米，重一·九五六克。二〇〇〇年出土於赤峰市元寶山區哈拉木頭村。

銀錠正面鏨刻銘文四行五十一字，從右至左：『至元五年　月　日銷鑄匠陳德　彭祥／興國路回買山澤所產煉成足色白銀五十兩重／經歷牛承事／提調官總管申亞中／達魯花赤嘉議』（圖四六）。銘文筆劃粗細、深淺不一，粗深者為澆鑄時所書，淺細者為提取銀錠時由掌管銀庫的官員所刻書。

銘文所提『興國路』，為江西省興國路銀山。據以往考古發現，在唐、宋、明清時期為供銀產地，唯獨缺元代的資料。這枚至元五年銀錠的發現，正好彌補了元代的空白。

『提調官』是掌管鈔庫的官職；『總管』也是官職，由漢人或色目人充任；『達魯花赤』也為官職，掌印、寶鈔及玉器，由蒙古人充任；『嘉議』大夫，為正三品管職。從這枚銀錠上的銘文分析，『陳德、彭祥』為當時冶煉銀錠的工匠，『經歷牛承事』是監督成色的官員。銀錠成品最後交總管申亞中、達魯花赤嘉議驗收、入庫。

這枚銀錠是迄今為止所發現的元代銀錠中銘文最多的一枚，銘文內容可以表明，元代在銀貨的管理、鑄造、驗貨、入庫等各個環節都分工明確，制度完備。

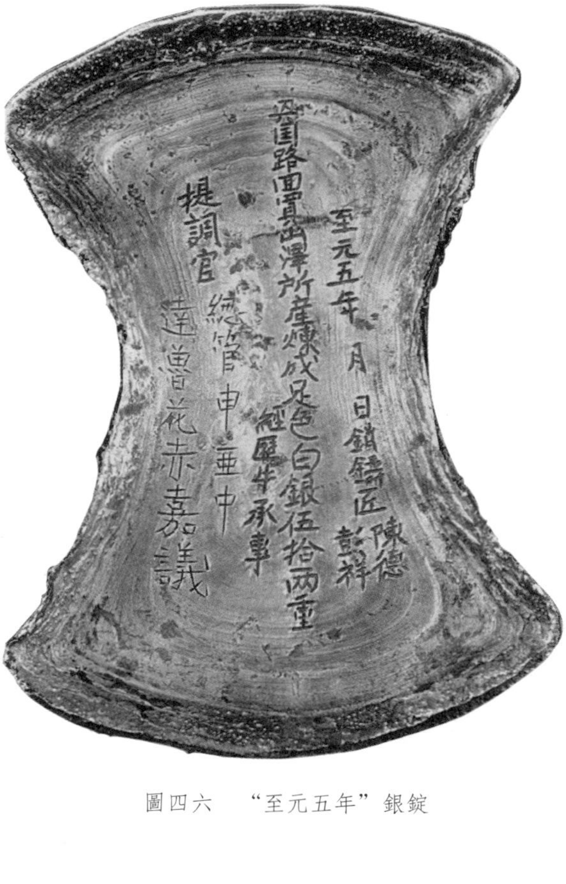

圖四六　“至元五年”銀錠

（二）『至正七年』銀錠

該銀錠發現于赤峰市阿魯科爾沁旗，現藏該旗博物館。銀錠長一三·八釐米，兩端寬九·八釐米，腰寬五釐米，厚二·五釐米。重一七八〇克。銀錠下部鑄戳記，銘文為『至正七年』；上部文字漫漶不清（圖四七）。

（三）『至正八年蒙山課銀』銀錠

該銀錠在赤峰市敖漢旗敖吉鄉新丘村元代窖藏出土。其形制、平面呈亞腰形，兩端略翹起，周緣略上折，兩端外圓弧較大，即各為圓形的四分之一，束腰略寬。通長一六·二釐米，首寬一一·八釐米，腰寬六·八釐米，重一九三〇克。正面鏨刻四十六字，內容為：上方橫刻兩行『蒙山課銀/元字型大小』；其下竪刻六行：『瑞州路總官府提調官/收銀庫官胡文輔/庫子劉惟善/爐戶雷興吾/銷銀匠易志周/至正八年　月　日造』等字（圖四八）。至正八年為公元一三四八年。

這枚銀錠產自江西瑞州，其銘文內容不僅反映了元代在銀貨的管理、鑄造、驗貨、入庫等各個環節都分工明確，是研究元代以銀為本制度的重要實物。同時，也為研究元代課稅制度提供了寶貴資料。

（四）『至正十年』撒花銀銀錠

該銀錠于赤峰市敖漢旗克力代鄉太吉合窯村元代窖藏出土。其左上、下邊均已切掉，僅存右側一塊。正面尚存鏨刻文字『號』、『至正』三個完整的字。右上角一字僅存一部分，應是『銀』字。『至正』下邊的字也僅存一部分，應是『十』字。該散碎銀長六釐米，寬五釐米，厚一·八釐米。重一九七克。

這件散碎銀是從銀錠上切下的一塊。顯而易見，這是在行用過程中將整個銀錠切碎後秤量計值的散碎銀兩。這也證明元代確曾根據需要將五十兩一錠的元寶根據需要而任意截鑿成小塊，以便於流通行用。但往往是銀塊越鑿越小，成為撒花銀子。這些散碎銀最後又被聚在一起銷鑄成銀錠。

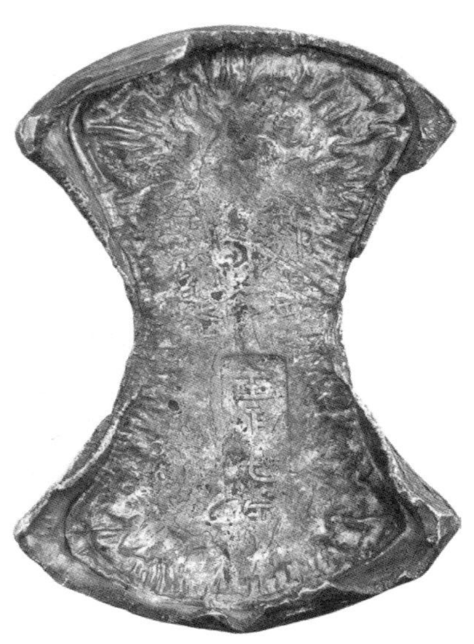

圖四七　“至正七年”銀錠

圖四八　“至正八年蒙山課銀”銀錠

（五）元上都遺址出土元代錢幣

這組錢幣是張振宇先生于一九九六年從元上都附近農牧民處得到的，其品相上乘，銘文清晰，茲分述如下（圖四九）：

大德通寶，素背，銅質，直徑二·四釐米，厚〇·二釐米，重六·四六克，是成宗大德年間（一二九七—一三〇七）鑄幣，目前較為少見。大德通寶分漢字和八思巴字兩種銘文，前者有小平、折二、折三和小供養錢，有大小兩種。

八思巴文大元通寶，素背，銅質，直徑三·七釐米，厚〇·二釐米，重一五·七二克，是武宗至大三年（一三一〇）鑄幣，《元史·食貨志·鈔法》有明確記載：『武宗至大三年，初行錢法，立資國院，泉貨監以領之。……曰大元通寶者，一文准至大通寶錢一十文。』

至正通寶，背『卯』、背『辰』，紀年錢，銅質。背『卯』者直徑二·九五釐米，厚〇·一九釐米，重六·三四克，為兔年（至正十一年，一三四二）所鑄；背『辰』者為折三錢，直徑三·四釐米，厚二·二釐米，重一一·八四克，為龍年（至正十二年）所鑄。同時還得到一枚至正通寶背『辰』小平錢。紀年至正通寶錢，是於至正十年（庚寅年）開始鑄造，到至正十四年（甲午年）停鑄的。在五年期間，以八思巴文寅、卯、辰、巳、午五種地支，作為紀元鑄於至正通寶錢幣的背面穿之上。該五種至元通寶錢，各分小平、折二、折三等，即有十五品。如今背『寅』和背『午』字的至正通寶錢已很難見到。在元代錢幣中，祇有至正通寶加鑄紀年字樣。

八思巴文“大元通寶”

大德通寶

背八思巴文“卯”

至正通寶

背八思巴文“辰”

至正通寶

圖四九　元上都遺址出土元代錢幣

（六）元代寧昌路古城遺址出土『至大元寶』金錢

『至大元寶』金錢，一九七四年於赤峰市敖漢旗瑪尼罕鄉五十家子村元代寧昌路古城遺址窖藏出土，係金箔模壓而成，直徑二·一釐米，重一·四克。錢文為楷書對讀，其中的『寶』字俗寫簡化，這在中國古代尚屬首見（圖五〇）。

內蒙古考古學家李逸友先生有專文對這類錢進行考證，李先生根據《古泉匯考》引《閒居録》云：『至大改元，婦人首飾皆以金銀作小錢，戴之，謂之春錢。越明年，有鑄錢之令。三年春，錢行用，其先兆歟。』又因這枚『至大元寶』金錢與銀項圈、銀鐲、銀環等物共同出土，可旁證其為婦女用的首飾，故推測這是一種春錢，即裝飾錢。目前存世的唯有一枚元代金質春錢，向後人揭示了在元代武宗至大年間（一三〇八—一三一一）具有的婦女頭上佩戴錢形飾物的習俗。該錢現藏赤峰市敖漢旗博物館。

（七）五種文字『至元通寶』

該錢正面為漢字『至元通寶』，背面有四種文字，據薩拉哈紮布先生對此進行的識讀與翻譯為：穿上為八思巴文『至』字，穿下是梵文『元』字（陳乃雄先生認為是八思巴文並譯作『治』字），穿右為察合台文『通』字，穿左為西夏文『寶』字，恰與正面的漢字銘文內容相對應（圖五一）。

現詳細譯解如下：穿上的八思巴字，是元代『國書』，表示元朝本身；穿下的天竺（古印度）梵文，是八思巴創造蒙古新字的依據，是帝師、國師所操的語文；穿右的察合台文，寓意察合台是成吉思汗的次子，是察合台汗國的創始人，代表宗室諸王；穿左的西夏文，說明西夏是被蒙古帝國征服的國家，是『滅國四十』之一，代表臣民；錢背漢文表示元朝本土。根據中原文化習俗，圓錢方穿可理解為天圓地方、四方國家都在大元一統之下，錢幣上使用五種文字，也表示此意，這是錢幣史上的一個創舉。

圖五〇　寧昌路古城遺址出土“至大元寶”金錢

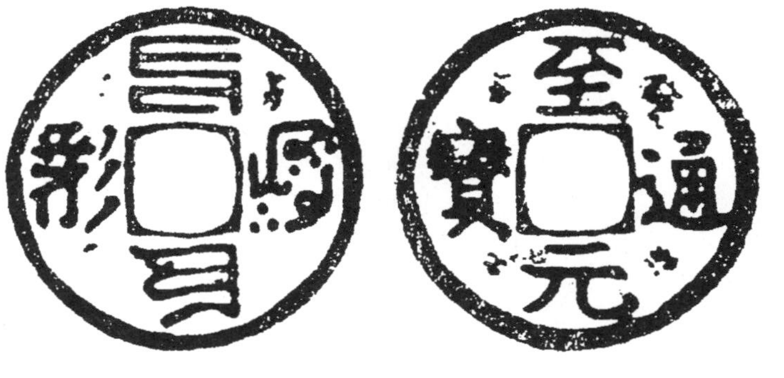

圖五一　五種文字“至元通寶”

（八）『大元國寶』祖錢

在阿拉善盟發現一枚『大元國寶』折十鉛質祖錢（雕母），錢徑四・六釐米、穿寬一・六釐米，重五三・三克。錢文篆書，遒美，是倣金代『泰和重寶』當十錢所雕刻。銘文『大元』為元朝在錢幣上鑄行的國號（圖五二）。

（九）梵、漢文合背錢『大元通寶』

這枚錢幣兩面的銘文為梵漢兩種文字，即一面為梵文，錢文左旋讀為『dai un tung ba』，每一梵文上方加（日月）符號，表示吉祥之意。銘文『大元』為元朝在錢幣上鑄行的國號（圖五三）。

（一〇）『延祐通寶　大昊天寺』供養錢

『延祐通寶』背『大昊天寺』供養錢，青銅質，直徑三・八釐米，穿寬〇・九釐米，厚〇・二釐米，重一七克。該錢生坑綠鏽，包漿自然，是品相上乘的元朝鑄錢。它的面世，為我們瞭解大昊天寺以及元代『供養錢』的歷史提供了實物資料（圖五四）。

『供養錢』是寺觀內作為供品錢幣的總稱。它一般藏於佛像腹中或懸於佛龕之旁，所以又稱『佛藏錢』。終元一朝所鑄各種金屬貨幣中幾乎近半是供養錢。品種和形制之多，背紋之繁雜，為歷代所罕見。如這枚供養錢一面為年號，另一面則將寺觀的名稱鑄於其上，在中國貨幣史上尚屬首創。

大昊天寺，今隆恩寺的前身，位於今北京西部的薦福山腳下。該寺始建於遼代清寧四年（一〇五九），道宗御書寺額，元代沿用。毀於元末明初戰火。明正統四年（一四四〇），重修擴建，更名隆恩寺。

元朝延祐三年（一三一六）、至治二年（一三二二），分別在大昊天寺舉行了盛大的『水陸法會』。『水陸法會』是中國佛教最隆重的一種經懺法事，全稱為『法界聖凡水陸普渡大齋盛會』，是設齋供奉以超度水陸眾鬼的盛會。水陸法會歷史悠久，相傳始於南朝梁武帝。在宋元年間十分盛行，屆時帝王將相都會親臨現場參加聚會，所以朝廷甚為重視。由此可見，『延祐通寶』背『大昊天寺』供養錢，當為仁宗延祐三年（一三一六）在大昊天寺舉行盛大水陸法會而特別鑄造的紀念幣。

圖五二　“大元國寶”祖錢

圖五三　梵、漢文合背錢“大元通寶”

圖五四　“延祐通寶　大昊天寺”供養錢

（一一）『大朝通寶』

自明清至民國間，『大朝通寶』錢流傳極少，從披露的資料與圖譜看，總共衹有十幾枚。關於為何朝何代所鑄造的錢幣，歷史文獻中未見任何記録。最早對這種錢幣進行研究的是清乾隆年間著名錢幣學家翁樹培，他在《古泉滙考》中認為『大朝通寶』當鑄造於蒙古國未改國號大元之前。這一説法為後世『大朝通寶』錢的研究奠定了基礎。此後，宣愚公先生又著《大朝通寶續考》，從古籍史料、金石碑刻、塔幢墓誌中輯録出相關資料，以補充論證翁樹培的説法。一九九二年，臺灣學者蕭啟慶又撰文指出『大蒙古國』係蒙古語 Yeke Mongghol Ulus 的漢譯，在成吉思汗時代即已有之，並進一步指出：『大朝』與『大蒙古國』都是蒙文 Yeke Mongghol Ulus 的漢譯。後者為直譯，前者為簡譯。在此簡譯中，省去種族之秤的蒙古，並將原義為『人民』、『國家』的 ulus 一字，依漢人的觀念，譯為『朝』字。

由於這種錢幣多發現於天水，故有人進一步研究認為，這種錢幣的出現應與成吉思汗征西夏時曾在天水一帶駐紮、休養有關，當鑄於天水，是當地在成吉思汗認可之下，以『大朝』名義而鑄造的。將『大朝通寶』錢的鑄造與成吉思汗相聯繫的觀點在今天錢幣學界相當流行，幾乎已成為定論。但也有學者認為，大朝通寶錢應是忽必烈即帝位後尊崇佛教的産物。

二十世紀七十年代以後，這種錢幣在不同地區陸續有新的發現，而且數量較多，逐步引起了學術界的關注（圖五五）。

在『大朝通寶』銀錢的背面發現了具有標志性意義的文字——畏兀兒字蒙古文銘文（圖五六）。經研究這些銘文的意思是『蒙兀兒（帝國）、合罕、錢、寶』之意。

楊富學先生在總結了目前學術界關於『大朝通寶』錢幣鑄造時代的四種觀點，即蒙古國時期説、成吉思汗時期説、蒙古國至元代早期説、元初説的基礎上，進行了深入研究，得出如下結論：『大朝通寶』錢幣鑄造的時代上限應在一二四七年西藏歸順蒙古之後，下限應在一二六九年八思巴文頒行之前，是奉蒙古可汗之命鑄造的，流通區域在西夏與金之舊地，即甘肅、寧夏、陝西和內蒙古地區。

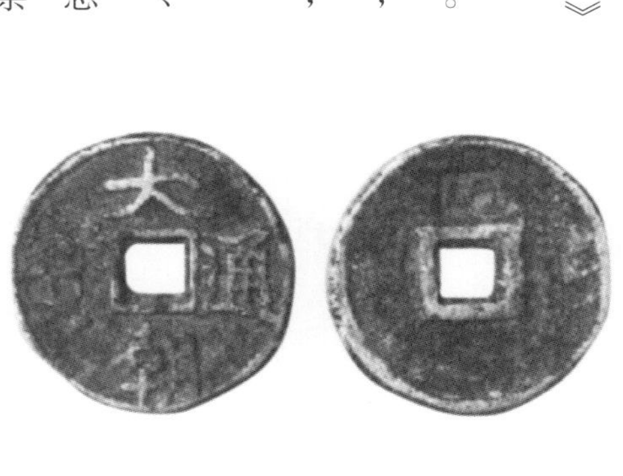

圖五五　“大朝通寶”

圖五六　“大朝通寶”背畏兀兒字蒙古文銘文

（一二）元代錢幣與銀錠研究

元代在發行紙幣的同時，也鑄行了少量的銅錢。見於史籍記載的元代鑄造行用銅錢，祇有至大和至正年間鑄品，錢文有『至大通寶』、八思巴文『大元通寶』、『至正通寶』和『至正元寶』等四種。但目前所見元朝諸帝都有年號錢出土或傳世。據考證，史書記載之外的這些銅錢，是為了紀念某些慶典，如皇帝登基、改年號、祝壽生子或戰爭勝利而鑄，數量很少，以作賞賜饋贈、供養、壓勝之用。同時，紀念錢亦兼行用功能。

此外，元代白銀和紙幣並行作為貨幣流通。在推行鈔法制度中，主要是『以銀為本，虛實相權』，用白銀作為價值尺度，而且要用白銀兌現。元王朝每年需要付出大量白銀，主要用於賞賜。如每年定額賞賜諸王、公主、駙馬的金、銀、鈔、幣四種歲例中，白銀即佔較大比重。此外，因功特賞也用銀。同時，又大量用於宗教佛事支出。元朝末年，民間也大量使用白銀進行各種交易和借貸。

元朝行用白銀是做成銀錠，即為秤量貨幣。按成色可分為花銀和白銀兩種，其來源有課、稅、科差銀等三個方面，其中課銀是行用銀錠的主要來源，每錠為重五十兩的白銀。關於元朝秤銀錠為『元寶』，是因紙幣有『元寶交鈔』，故自忽必烈中統年間始便在銀錠上鑄『元寶』二字（圖五七），以便持鈔人可至平准行用庫兌換出銀兩，從此，人們習慣上把銀錠秤作『元寶』，直到後世仍長期沿用。

元代鑄幣影響甚廣，在蒙古諸汗國的錢幣上均有不同程度的反映。如察合台汗國錢幣上即鑄有『寶』、『課』和『祐』等漢字；在有的錢幣上還可見到蒙古傳統的圖案（圖五八—六〇）。

上述這些貨幣上不同的銘文，對考證當時的政治、經濟、民俗文化、書法藝術等均有參考價值，因此，本卷擷取部分記錄於此，以備研究參考。

圖五七　元代銀“元寶”

圖五八　察合台汗國“課”字錢

圖五九　有多種蒙古傳統圖案的汗國錢

圖六〇　伊兒汗國銀幣

五　銅權

（一）『中統元年』銅權

該銅權呈六面體形，高一六釐米，底寬九·五釐米，重三·五七八千克。正面鑄『中統元年』四字，背面鑄『以同校秤』。底邊飾卷草紋。底部鑲嵌小銅片，表明該銅權因使用磨損，重量已微有不足，故在其底部鑲嵌小銅片，以補磨損之銅，以示政府交易公平。另外，該權上所鑄銘文『以同校秤』說明此為母權，可用來校驗其他銅權（圖六一）。這件實物是元代嚴格的度量衡制和『以同校秤』的見證。

『中統』為忽必烈於大蒙古國時期所用年號，凡五年，即公元一二六〇—一二六四年。『中統』寓『中原正統』之意。

（二）『至元元年　保定路官造』銅權

這枚銅權出土於烏蘭察布市察右中旗廣益隆元代古城。高九釐米，底徑四釐米。造型呈塔狀，銘文從右至左為：『至元元年/校勘相同/千四/保定路官造』（圖六二）。

保定路為路名。元太祖十三年（一二一八），更保洲立燕寧路，置總管府。中統元年（一二六〇），隸燕京道。二年，改隸中書省。至元元年（一二六四），仍改隸中書省。十二年（一二七五），更保定路。此枚銅權，為至元元年（一二六四），由保定路官造，並經過校勘，予以『千四』編號的標準銅權。

圖六一“中統元年”銅權（上：正面，下：背面）

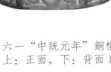

圖六二“至元元年　保定路官造”銅權

（三）五種文字『元貞元年　大都路造』銅權

這枚銅權高一一釐米，底長五·五釐米，底寬三·三釐米。出自烏蘭察布市廣益隆元代古城遺址。銅權為六面，正面中間鑄『元貞元年　大都路造』漢文兩行；背面中間左側鑄八思巴文，右側鑄漢文『三十五斤秤』；其餘四面分別鑄畏兀字蒙古文、波斯文、亦思替非古阿拉伯文等五種文字（圖六三）。

大都路為路名，大都為元朝首都，本金中都。元太祖十年（一二一五），更大興府立燕京路，置總管府。中統元年（一二六〇），隸燕南道。二年，改隸中書省。至元元年（一二六四），更中都路，仍改隸中書省，改秤中都。四年（一二六七）在金中都舊城東北興建新城。七年（一二七〇），隸尚書省。九年（一二七二），隸中書省；尋更大都路。同年八月，世祖自上都至大都，定中都為首都，改秤大都，建中書省衙署。十一年（一二七四），宮闕告成，始御正殿受朝賀。大都是元朝的政治、經濟、文化中心，城週二萬八千六百米，城開十一門，人口百萬，全國各地的商人，以及各國使團、商隊絡繹不絕。外國人秤大都為『汗八里』，意為『大汗之城』。

此枚銅權，為元成宗元貞元年（一二九五），由大都路官造，根據元朝疆域遼闊、各民族在大都經濟交流密切的需要，其上鑄有漢文、畏兀兒字蒙古文、八思巴文、波斯文等五種文字，並經過校勘，標明『三十五斤秤』的標準銅權。

圖六三　五種文字“元貞元年　大都路造”銅權

（四）『大德四年造　提調官』銅權

該銅權呈六面體形，正面鑄『大德四年造』五字，背面鑄『提調官』三字。內蒙古明博草原文化博物館藏品（圖六四）。

『大德』為成宗鐵穆耳年號，『大德四年』為公元一三〇〇年。

『提調官』為元朝太僕寺、大都兵馬司、漕運司長官的總秤。或簡秤『提調』（意為主管）。至元九年（一二七二），改千戶所為兵馬司，隸大都，以刑部尚書一員提調，此為提調之始。二十五年（一二八八）太僕寺也設提調官二人，漕運司也置提調官。

該銅權為大德四年（一三〇〇），由元朝太僕寺、大都兵馬司、漕運司長官府官造，並經過校勘的標準銅權。

（五）五種文字『至正四年　大都路造』銅權

該銅權呈六面體形，高九釐米，底寬六釐米，重〇·八〇九千克。兩面鑄漢字銘文，內容分別為『至正四年　四十五斤』、『大都路造』；除兩面鑄漢字外，其餘四面分別鑄有畏兀兒字蒙古文、八思巴文、波斯文、亦思替非文等五種文字，此類銅權較為罕見（圖六五）。

此枚銅權，為元順帝至正四年（一三四四），由大都路官造，根據大都商業繁榮、經濟交流密切的需要，其上鑄有漢文、畏兀兒字蒙古文、八思巴文、波斯文、亦思替非文，並經過校勘，標明『至正四年　四十五斤』的標準銅權。

圖六四　"大德四年造　提調官"銅權

圖六五　五種文字"至正四年　大都路造"銅權

（六）『至正六年』銅權

這枚銅權通高九·五釐米，底寬五·一釐米，重〇·五四五千克。權呈六面體形。正面兩行豎鑄『至正六年　三十五斤』，背面兩行豎鑄『上都留守　司官校同』字樣（圖六六）。

『上都留守司』全名為：『上都留守司兼本路都總管府』，官署名，秩正二品。掌上都守衛，兼理民事。元帝車駕還大都，則領上都諸倉庫事。

上都為元都城，故址在今內蒙古正藍旗。蒙古憲宗六年（一二五六）忽必烈于灤水北之龍崗建開平府城，為藩府駐所。中統元年（一二六〇），在此即位。四年（一二六三），升開平府為上都。二年，改隸中書省。至元元年（一二六四），隸燕南道。改上都總管府，又給留守司印。九年（一二七二），升中都為大都，上都仍為皇帝夏季駐地，十九年（一二八二）並為上都留守司兼本路都總管府，元帝車駕每歲巡幸上都，百官分屬隨從，上都與大都並秤兩都。

此枚銅權，為元順帝至正六年（一三四六），由上都留守司兼本路都總管府官造，並經過校勘，標有『至正六年　三十五斤』的標準銅權。

圖六六　“至正六年”銅權

後記

二〇〇八年三月，由我們承擔的國家社會科學課題《草原金石録——對散落於内蒙古各地蒙元時代碑銘整理與研究》專集，歷經三年多的努力，通過了國家文物局專家組的初審。此後，又經過四年的不斷增補、修訂，現在以《草原金石録》為書名，由文物出版社出版發行。這些年來，因課題内容龐大加之蒙元金石資料的缺少和諸民族文字釋讀的困難，所以我們的研究工作衹能緩慢地進行，雖然費時較多，但也逐漸認識到金石之學在研究蒙元歷史方面所起的重要作用。

今天，在《草原金石録》即將出版之際，我們要特别感謝内蒙古大學周清澍先生。數年來，周先生不但對本書做了全面審改修訂，而且對本書的學術定位、卷目安排、資料檢索等，都給予具體的指導。周先生指出：金石之學起源于宋代，自歐陽修著《集古録跋尾》，趙明誠著《金石録》，開創了中國古代金石之學。清代學者錢大昕把金石文字看成比書本記載更直接、更原始的史料。

錢大昕指出：『金石之學，與經史相表裏』；『歐、趙、洪諸家，涉獵正史，是正猶多。蓋以竹帛之文，久而易壞，手抄版刻，輾轉失真，獨金石銘勒出於千百載以前，猶見古人真面目，其文其事，信而有徵，故可寶也』（《潛研堂文集》卷二五《郭允伯金石史序》、《關中金石記序》）。當時，金石研究至唐代而止，錢大昕則對宋元明金石更為關注。指出：『歐、趙之視唐、五代，猶今之視宋元明也。故於宋元石刻，愛之特甚』（《潛研堂文集》卷二五《金陵金石記序》）。因此，周先生認為金石之學在文獻資料流傳較少的内蒙古地區，更應當予以重視。

周先生回憶說：上世紀五十年代，我國著名的蒙古史專家翁獨健先生就勉勵他在蒙元史研究中，要重視金石之學。周先生的學長蔡美彪先生則在《怎樣學習和研究元史》一文中，將金石考古列為基本史料之四。周先生本人在研究汪古部家族歷史的過程中，使用了元代有關的金石學資料，如：《王傅德風堂碑》、《駙馬高唐忠獻王碑》、《趙王先德加封碑》等，從而對編制汪古部統治家族世系表和相關史料的研究工作，起到了重要作用。周先生對《草原金石録》的關注和對我們的提攜指導，體現了我國蒙元史學界重視金石之學的優良傳統。

從二〇〇八年至今，我們對草原金石文物的收集範圍逐步從内蒙古擴大到蒙古草原地區。在新增的内容中，有新疆師範大學牛汝極先生對内蒙古發現的景教碑古敘利亞文銘文的研究成果；還有内蒙古社會科學院張雙福研究員對蒙古草原發現的畏兀兒字蒙古文碑文的研究成果。以上所增内容，為讀者提供了一批重要的蒙元碑刻研究新成果。在此，向牛汝極先生和張雙福先生表示感謝！書中所録的元上都遺址、白道嶺等航拍圖，選自塔拉、楊林主編的《內蒙古攝影考古集》一書，特此致謝！

本書在編寫過程中，適逢文物出版社總編輯葛承雍先生來內蒙古考察，葛先生對本書很感興趣，並建議將此書列入文物出版社申報國家古籍出版重點項目，我們深表贊同和感謝。此間，中國考古學會理事長徐萍芳老先生來函，對本書所録蒙哥汗三年（一二五三）景教碑予以詢問，並建議與新疆發現的此類碑銘加以對照研究。徐老還鼓勵我們繼續深入考古調查，向學界提供更多的蒙元考古資料。徐老的來信令我們深受鼓舞。

在本書的資料調查收集、整理過程中，我們得到內蒙古文物考古界同仁的大力協助。在此，要感謝內蒙古文物考古研究所陳永志所長對本書的支援。感謝于寶東、杜曉黎、李興盛、楊勇、劉志一、賈鴻恩、田彥國、石俊貴、珊丹、鄧宏偉、翟禹、石俊、張海波、馮永林、阿雲嘎、袁永明等同仁和朋友的幫助。還要感謝內蒙古博物院孔群先生為本書提供了一些重要的照片。感謝內蒙古圖書館何遠景、內蒙古大學圖書館朱敏、內蒙古大學蒙古學院圖書室額爾德尼、內蒙古社會科學院圖書館劉蒙林等學者，為我們查閱珍貴的圖書資料所提供的熱情幫助。還有，感謝我們的家人東升和夢禹，他們在電腦圖片整理方面做了許多工作。

最後，我們要特別感謝本書的責任編輯、文物出版社的張曉曦女士，她在編輯金石文物圖書方面具有豐富的經驗。在擔任本書的責任編輯工作中，她按照葛承雍總編輯强調的編輯出版『精品』的標準，經常為碑文的一個字、書中的一段話以及圖文的匹配，與我們認真研究推敲，為保證本書的出版質量付出了辛勤的勞動。

總之，是上述各位的關心與付出，才使我們順利完成了本書的編著工作，并得以出版面世。

現在，《草原金石録》即將付梓，我們既感到欣慰、也感到不安，由於我們的研究水平有限，本書難免存在紕漏之處，還需方家指正，并且期待再有新的金石考古資料面世。

如果本書的出版，能够為蒙元史研究界提供金石文物方面的幫助，我們將頗感欣慰。

王大方　張文芳

二〇一二年九月於呼和浩特